国 际 象 棋
300个重要局面

每周学习五次　成为更好的棋手

【瑞典】托马斯·恩奎斯特　著

刘 瑶 译

辽宁科学技术出版社

沈阳

图书在版编目（CIP）数据

国际象棋300个重要局面 /（瑞典）托马斯·恩奎斯特
著；刘瑶译. — 沈阳：辽宁科学技术出版社，2023.9（2025.8 重印）
ISBN 978-7-5591-3107-2

Ⅰ.①国… Ⅱ.①托… ②刘… Ⅲ.①国际象棋—对
局（棋类运动）Ⅳ.①G891.1

中国国家版本馆CIP数据核字（2023）第140155号

出版发行：辽宁科学技术出版社
　　　　　（地址：沈阳市和平区十一纬路25号　邮编：110003）
印 刷 者：北京博海升彩色印刷有限公司
经 销 者：各地新华书店
幅面尺寸：170mm×240mm
印　　张：23.5
字　　数：409千字
印　　数：4 001～6 000
出版时间：2023年9月第1版
印刷时间：2025年8月第2次印刷
责任编辑：于天文
封面设计：潘国文
版式设计：颖　溢
责任校对：栗　勇

书　　号：ISBN 978-7-5591-3107-2
定　　价：99.00元

联系电话：024-23284740
邮购热线：024-23284502
E-mail:mozi4888@126.com
http://www.lnkj.com.cn

目录

引言

《国际象棋300个重要局面》展示了在开局、中局和残局中的局面思想。最初我做了两次电子课程，该课程标有"少即是多"，针对的是瑞典棋手，尤其是我的SK Rockaden俱乐部的青少年。主要想法是每周非常认真地研究5个局面，然后定期开会讨论其中的一些局面，有时我会要求学生们以这些局面为对局训练的起始局面。

在编写本书的过程中，所有局面都经过了准确性检查，有一些被省略或被替换，但仍保留了原始材料2/3以上的内容。然而，本书的一个重要变化是，现在有150个残局局面，与开局和中局的合计数量相同。最初的配额是50个开局、150个中局和100个残局。

我做出改变的原因有两个：第一，我认为缺少了很多重要的残局局面；第二，很难解释什么是开局局面和中局局面，难以画出一条标准一致的分界线。

根据阿列克谢·苏埃京的说法，当发起攻击时，中局开始，我是赞同的。例如：1. e4 c5 2. Nf3 d6 3. d4 c×d4 4. N×d4 Nf6 5. Nc3 g6 6.Be3 Bg7 7.f3 0-0 8.Qd2 Nc6 9.Bc4 Bd7 10.0-0-0 Rc8 11.Bb3 Ne5 12.h4，意味着这是一个中局局面，因为双方的目标都已经很清晰了。另一个例子：1.e4 e5 2.Nf3 Nc6 3.Bc4 Nf6 4.Ng5，此时局面对于白方而言，代表着中局；对于黑方而言，代表着开局。

这样的推理可能会让水平不太高的棋手感到困惑，所以我选择将开局和中局放在一起，不定义具体到底是哪个阶段。例如，快速的子力出动在开放局面中更重要，但在封闭局面中，子的调动可能更重要，从而赋予开局更多的中局特色。超现代主义者甚至将开局视为中局，因为在更高级别的棋手中也不明确什么是什么，我认为将两个阶段视为一个阶段是最合适的。

哪个阶段是最重要的学习阶段？在我看来，是残局阶段，因为在残局阶段更容易看出各个棋子之间是如何协作的。可以说，通过从前到后的学习，更容易理解棋子如何发挥最佳效果以及它们在开局或中局应该如何相互协调——除非平衡被严重破坏，某种攻击已蓄势待发。

如果你真的想学习如何运用象和马，没有比研究3种不同的将杀方法更好的方式了。如果你想学习如何运用双象，应该研究罕见但重要的双象对抗一马的残局。

强调残局价值的另一个原因是多子残局需要更多的分析研究，因为这类残局在国际象棋文献中或多或少被忽略了。所有的每方有两个子残局在很大程度上都没有得到充分体现，3个子的、4个子的也是如此。

根据斯皮尔曼对残局的巧妙定义，每方子的价值总和不应超过13分。这意味着剩下4个轻子的局面被视为残局，但严格来说，后和车不是——因为对王的危险增加。众所周知，王的灵活性和安全性在残局阶段有其他的考量标准。目前，尽管有斯皮尔曼的定义，但我选择将每方有两个子的局面视为残局，即使包含的是重子且王具有一定危险。

20世纪90年代当我学习德沃列茨基和尤苏波夫的《比赛的训练》（*Training for the Tournament Player*）时我第一次意识到完整的局面概念包括局面思路。作者用几个局面阐述了这个非常重要的概念。当时我还没有完全意识到这个概念的重要性和高度的实用价值，但作为一个年轻人只是在不知不觉中实践。然而，随着时间的推移，我意识到这在很大程度上是一种被遗忘和低估的加速国际象棋进步的方式。

令人惊讶的是，直到今天，仍然没有一本书专注于这个有趣的局面草图概念。也许其中的一个原因是，在最优秀的教练中它一直是一个被隐藏得很好的秘密。

列弗·阿尔伯特（Lev Albunt）的几本书中列出了300个最重要的局面和320个关键局面，但这些主要集中在战术上，并且在它们的方法更为基础。他的其中一本书实际名为《300种最重要的局面和构想》（*Most Important Positions and Ideas*）。此外，济亚季诺夫的另一本书名为《成为特级大师的必备知识》（*GM-Ram: Essential Grandmaster Chess Knowledge*），列出了300个局面，但遗憾的是没有答案。

不仅局面和思路本身很重要，而且答案应该以教学和易于学习的方式呈现，以促进理解。毕竟，你要一直学习、理解和记住局面的思路，因此你需要尽早地将局面融入你的有意识的国际象棋思维中。当然，如果你在年轻时没能学习国际象棋思维，那么无论现在的年龄多大，学习这些思路仍然比根本不学习要好。

要从这种学习方法中受益，重要的是经常地重复这些局面，一次又一次地看它们，看看你是否能立即想起这些思路。如果你忘记了答案或技巧，应该一遍又一遍地检查它们，直到永久地嵌入脑海中。局面思路在对局的所有阶段都很重要，包括从开局到中局以及从中局（或多子残局）到残局的过渡阶段。

其他相关材料可以在亚瑟·范·德·奥德维特林最新的书中找到：《国际象棋模型识别训练——关键性着法和动机》（*Train Your Chess Pattern Recognition—Key Moves and Motifs in the Middlegame*）。这些侧重于开局和中局，并专注于国际象棋的模型识别，同样也是本书的另一个重要组成部分。

然而，在这里我想提炼出最重要的局面思路和技术，并只关注这些。换句话说，是为了方便训练，使其更加有效和简练。如果数量少一些就足够的话，为什么要研究那么多局面呢？通过学习一个关键局面、一个思路或一种技术，你可以将其应用于许多其他的情况中。

仅300个局面，有限的数量源于"少即是多"的动机，也符合数量越少忘记越少的原则。换句话说，记住300个局面思路会比记住1000个更容易，因为你需要学习和定期重复的局面数量较少。

在20世纪70年代末，作为一名少年，我第一次接触到了这个明智的训练概念。我的俱乐部 SK-33位于瑞典恩雪平小镇，他为我和我的一个朋友安排了与罗伯特·丹尼斯的几次会面，罗伯特·丹尼斯当时是斯德哥尔摩著名的儿童国际象棋专家。他为初学者编写了书籍和学习材料，具有很高的教学水准。他是能够帮助像我和彼得·弗兰森这样渴望走进国际象棋的棋手的合适人选，顺便说一句，彼得·弗兰森后来在1980年获得了瑞典青年锦标赛冠军。

当我们见面时，我们同意遵循一个严格和结构化的系统，这需要每周非常认真地研究帕赫曼的*Mittelspielpraxis im Schach*和*Endspielpraxis im Schach*的5个局面。如果你雄心勃勃地遵循这样的时间表，你将需要用大约1年的时间来吸收从局面中获得的知识并终生利用这些知识。

只研究5个局面的原因是要专注于那些最重要的局面，并且只专注于它们。如果你研究太多的局面，并且一扫而过，那么你违反纪律的风险就会增加，然后忘记你曾经努力学习的东西。

关键是要慢慢学习，让你有时间反思这些局面，如果你能和你的朋友讨论它们就更好了。最好的学习方式实际上是教别人，所以如果你有这样的机会，你应该好好利用它。另一种学习方式，尤其是残局，是与朋友或电脑进行对弈。

我们如何知道国际象棋中哪些才是重要的300个局面（局面思想）？当然，这是一个相对动态的概念，取决于你以前的知识和经验。对于新手来说，展示如何用单后杀单王很重要，但如果你已经知道如何做到这一点，那么它就会变得多余甚至浪费时间，除非你真的觉得需要重新审视这个过程。

这本书的目标等级分为1000～3000，意味着我选择了同时满足所有级别。这也意味着水平越低，需要研究的局面就越多。

在最高级别，等级分大约达到3000分，这意味着当你用一个后对抗一个车或者当你用双象对抗一个马时，你必须能够打败计算机。在时间压力下，你必须能够在你落后两个兵（车前兵和象前兵）的车残局中进行防守，以及在落后一两个兵（尤其是臭名昭著的车前兵和马前兵）的后残局中保持和棋。

同时解决不同级别的一种方法是从高难度局面开始，然后随着对局面的认识变得更加清晰，等待更基本的东西出现。在这种情况下，同一个对局可能有两个编号的图示，或者它们可能是对局结束时的部分。

在300个重要的局面中，你不会找到任何关于如何用单后杀单王来获胜的图示或变化，你也不会找到一个关于如何用后战胜马的编号图示。然而，你会发现一个重要的局面，展示了如何用一个后对抗两个马，并且在变化中你将看到后如何战胜一个马。

与单王相比，唯一的区别就是不需要考虑逼和之类的陷阱。你应该忽略马为将杀而战，而不是为了获得马。因此，通过更高难度的局面，一些更容易的局面将出现在变化中。

以下局面并不被认为是重要的，但它嵌入在更复杂的版本的变化中，其中黑方有两个马，因此该局面被认为比一个马的更重要。

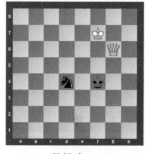

数据库

后对单马的技巧与对单王的相同，但在某种程度上，它变得更容易，因为没有逼和陷阱。诀窍是为将杀而战，而不是为了吃掉马：

29.Kf6 Ke3 30.Qe8+ Kf3 31.Qe7 Ne2 32.Qe5 Ng1 33.Qd4 Ne2 34.Qd3+ Kf2 35.Kf5 Ng1 36.Ke4 Kg2 37.Qd1 Nh3 38.Qf3+ Kh2 39.Ke3 Nf4 40.Qf2+ Kh3 41.Kf3 Nh5 42.Qg1 Nf6 43.Qg3#，将杀。

现在你可能会争辩说，一个后对一个马的子力分配是非常罕见的，这当然是真的。我自己从来没有在一场重要的比赛中遇到过这种情况，但在决定一个局面是否重要时，这个事实是无关紧要的。整个概念是建立在这样一个想法之上的，即与你是否会在实际比赛中遇到这个局面没什么关系。什么是更重要的甚至是至关重要的呢，其实是更深入地了解棋子的内在特质，它们的移动以及它们在任何特定局面的实际价值。

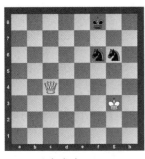

比尔戈尔 1843
白先

例如，比尔戈尔（Bilguer）的著名研究被列为300个重要的局面之一，你应该理解、掌握和吸收这些局面中重要的思路。后和王正在与两个马和一个王进行战斗，唯一获胜的方法和需要掌握的重要思想就是把王隔离在底线。

根据帕赫曼和谢龙所说，白方应该进入黑方的心脏并把后中心化1.Qe6？，但这实际上只会在1. Kg7之后走向和棋。如果白方走符合逻辑的1.Qc7！，把黑王隔离到底线，将会有43步的强制将杀！

防守方的王前进的唯一途径是遮挡后在第7线上的控制线，这意味着要将马置于被动的位置。注意，后的价值被降低了，仅仅发挥了车的作用。把后移动到e6，进行中心化，实际上是一个错误，在此之后黑方可以协调它的力量。后在这个局面中不应该像后一样行事，它应该谦虚，表现得就像车一样，只控制着第7线，不需要展示任何斜线的力量。有时，即使是伟大的棋手，当涉及后时，也会忽略第7线的重要性。我们不得不忘记后就是后，并降低它的价值，你可以想象把它变成一个单纯的车或者象。后是真的强大，它可以在棋盘上任意变换角色，除了变成马。例如列蒂的对局，后在棋盘的角上扮演象的角色。

这是一个很有启发性的例子，12岁的摩菲没有把后当作第7线的车来用。

摩菲走了既漂亮又安静的中心化着法：**19.Qd5**。他错过了更快、更好的对王的猎杀。【19.R×f7+ K×f7 20.Qd7+（注意，后在第7

P. 摩菲 – A. 摩菲
新奥尔良 1949
白先

线表现得像一个车。）

20.Kf6(20.Kg8 21.Qe6#，后在经典的斜线上展现了像象一样的将杀。）21.Be7+ Kg6 22.Ne5+ Kh5 23.Qh3#】后就是后，在斜线上移动，在竖线上将杀。

菲舍尔 – 泰曼诺夫
候选人赛 温哥华1971
白先

菲舍尔 – 泰曼诺夫
候选人赛 温哥华1971
白先

图克马科夫 – 沃伊特凯维奇
伯尔尼 1993
白先

19.Qc4 20.R×f7+ Kg8 21.Rf8#，将杀。

注意，尽管这个局面具有指导意义，但它并不被视为重要的局面。首先，它具有战术性质；其次，它只是以最简单的形式展示主要原则。

另一个关于第7线的对局片段来自本特·拉尔森批评尼姆佐维奇把第7线视为一个元素。但是，它确实是国际象棋中极其重要的元素，每当涉及重子时，我们都会一遍又一遍地重复它。不要错过斯图涅茨基从1939年开始的研究，第220个局面，你会明白这一点。

处理重要局面的另一个方面是观察如何将其转变为其他重要局面。例如，多子残局经常转换为每方一个轻子的残局。

一个典型的例子是菲舍尔–泰曼诺夫，选局269。

首先，我们来看这个多子残局，从第25步开始。

这里刚刚进行了车的交换。在第45步，象对马的残局中，白方在技术上获得了胜利。这两个局面都被认为是重要的，因为它们在各自的局面中包含不同的思路和技术。

另一个区别是难易度方面的。为了能够理解哪个更难，我们需要了解基础的局面。

在每方2个车，王翼4个兵对3个兵的残局中保持和棋，你首先需要知道如何在单车残局中保持和棋，在选局233格利戈里奇–斯梅斯洛

格利戈里奇 - 斯梅斯洛夫
莫斯科 1947
白先

鲍戈留波夫 - 阿廖欣
世界冠军赛 1929
白先

夫这种情况下，你将用车兵对抗象兵。

让300个局面发挥作用的最有效的方法是什么？

我的建议是遮盖答案，观察局面，然后评估，根据特定的局面尝试找到正确的着法、延续、方法、计划、技术等。

如果你已经熟悉了，请继续下一个。如果不熟悉、需要更新知识或重复该局面，您可以考虑5~30分钟，这取决于你的实力和之前学过的局面思路。

我们来看选局86，鲍戈留波夫和阿廖欣之间的比赛局面，以更具体的形式说明如何利用一个重要局面。

关于这个局面的理解要点是，尽管是异色格象和对称的阵型，白方仍具有主动权——后翼车通过a1-d1-d3-f3的调动来给f7施压。这是要记住的最重要的思路，在这场世界冠军赛中，直接导致了战胜阿廖欣，顺便说一句，阿廖欣并不是特别喜欢防守。

当下到最后你会学到其他的东西，比如发挥全局作用，这是鲍戈留波夫的专长，以及稍微主动地对抗进攻者的心理重要性。因此，仅从这个特定局面就可以学习几个重要的思路，并且可以在许多其他局面中使用它们。

当你熟悉了关键思路之后，在一周后重复它们，这样做可以让你了解到真正记住了多少。我的建议是你每周学习5个局面，在一周后重复它们，然后再做5个，符合"少即是多"的原则，这意味着少做总比什么都不做要好。相反，如果你练习得太快、太努力，就会增加你一事无成的风险。如果不重复这些局面，你会忘记它们。请记住，重复是这一教学理念的核心，为了最大限度地提高训练的效果，你应该对自己负责任。毕竟，重复是所有学习之母，所以，如果你真的想提高对国际象棋的理解以及实战技巧，不要忘记它。

您会注意到许多较长的变化并没有图示支持，其目的是更容易直观地学习特定主题。有时，一个有趣的兵残局以另一种类型的残局出现，会以一个小图示的形式呈现。如果这个兵残局被认为很重要，那么图示会编号。

祝你好运，300个重要的局面，不要忘记整个概念的关键点是：学习更少的局面意味着能记住更多的局面！

读完本书后，请随时通过thomasengqvist@protonmail.com与我联系。我非常感谢您对可能的未来版本的评论和反馈。

第一部分

150个重要的开局和中局局面

1~30　出子

开局的关键因素是理解出子的价值。局面越开放，出子越重要。因此，在发动进攻前应该出动你的所有子（包括后翼的车）是很正常的。然而，如果是封闭性开局，快速出子通常不那么重要，子力调动将会被优先考虑。难题是当处于半开放或半封闭局面时，我们该怎么做？

另一个重要的概念是第二波出子，即在开局的出子几乎完成之后，一个或几个子进行第二次移动。有时这代表了开局向中局的过渡，特别是如果有了明确的进攻目标之后。

保罗·摩菲（1837—1884）是理解开局快速出子重要性的第一位棋手，所以我们从他开始。

以下是在我教授学生出子价值时最爱用的两个局面，而非对局早期不成熟的进攻和防守。

选局1

摩菲 – 斯坦利

1857

白先（图1）

图1

这个局面出现在伊文思弃兵之后：1.e4 e5 2.Nf3 Nc6 3.Bc4 Bc5 4.b4 B×b4 5.c3 Ba5 6.d4 e×d4 7.O-O d6 8.c×d4 Bb6 9.Nc3!

摩菲是国际象棋历史上第一个经常走这样看似简单出马着法的棋手。直到今天，它仍被认为是最好的着法。白方的优势在于对中心的强大控制，并赢得了时间。白方应该巩固这些暂时的优势，以获得对弃兵的充分补偿。

另外一位伟大的棋手阿道夫·安德森更喜欢9.d5?!进攻，但因为摩菲的发现，这一着法被认为是肤浅的。虽然它的优势是a1-h8开放的黑格大斜线，但经典的a2-g8斜线仍然是封锁的，同时黑方在b6的象变得更强了。

更重要的是出子而不是进行短期的攻击或防御。换句话说，人们应该避免缺乏后续攻击的一着式威胁，应该专注于长期收益。

选局2

米克－摩菲

1855

黑先（图2）

图2

这个局面出现在1.e4 e5 2.Nf3 Nc6 3.d4 e×d4 4.Bc4 Bc5 5.Ng5?!之后，现在摩菲进行出子：

5.Nh6!。

从他的对局中，我们可以推断出最好在开始进攻之前先出子。而这个局面也有力地证明了摩菲的原则：快速出子优于在完成出子前的进攻。

对于经验不足的棋手来说可能会试图走5.Ne5?，看似攻守兼备的一着。然而，在6.N×f7 N×f7 7.B×f7+ K×f7 8.Qh5+ g6 9.Q×c5之后，由于黑方破坏了最基本的开局原则之一：出子原则，而使白方不成熟的突然进攻变得合理。

6.N×f7 N×f7 7.B×f7+ K×f7 8.Qh5+ g6 9.Q×c5 d6，黑方出子领先，**白方必须争取均衡。**

选局3

P. 摩菲 – A. 摩菲

新奥尔良 1949

白先（图3-1）

图3-1

图3-2

在1.e4 e5 2.Nf3 Nc6 3.Bc4 Bc5 4.b4 B×b4 5.c3 Bc5 6.d4 e×d4 7.c×d4 Bb6 8.O-O Na5 9.Bd3 d5?? （9.d6） 10.e×d5 Q×d5? （10.Ne7） 11.Ba3 Be6 12.Nc3 Qd7之后，我们获得了图3-1的局面。这是一个古老的例子，展示了摩菲在12岁时的里程碑式的发现。

当你出子领先时，你应该通过弃一个兵来打开中心线。

13.d5! B×d5 14.N×d5 Q×d5（图3-2）

15.Bb5+!

摩菲清空d线。

15.Q×b5

中心线已经打开，是时候将杀了。

16.Re1+ Ne7 17.Rb1 Qa6 18.R×e7+ Kf8 19.Qd5

正如引言中所提到的，更快速、更令人惊艳的是：19.R×f7+!，将对王进行追捕：19.K×f7 20.Qd7+ Kf6 21.Be7+ Kg6 22.Ne5+ Kh5 23.Qh3#。

19.Qc4 20.R×f7+ Kg8 21.Rf8#

白方在a3-f8和a2-g8两条斜线的帮助下获胜，这是典型的国际象棋浪漫主义时期。

选局4

舒尔滕 - 摩菲

1857

黑先（图4）

图4

这个局面出现在1.e4 e5 2.f4 d5 3.e×d5 e4 4.Nc3 Nf6 5.d3 Bb4 6.Bd2之后，现在摩菲走了6.e3！打开了对方王所在的中心线。

7.B×e3 O–O 8.Bd2 B×c3 9.b×c3 Re8+ 10.Be2 Bg4 11.c4

选局5

接续上一个局面的最后一步11.c4

黑先（图5）

图5

11.c6！

黑方想要打开中心线，所以选择了符合逻辑的攻击白方先锋d5，而不是基于c4的11.b5！?。

12.d×c6 N×c6 13.Kf1

现在两条中心线都是开放的，黑方应该利用他更灵活的子，寻找决定性的战术组合。

13.R×e2 14.N×e2 Nd4 15.Qb1 B×e2+ 16.Kf2 Ng4+ 17.Kg1 Nf3+！ 18.g×f3 Qd4+ 19.Kg2 Qf2+ 20.Kh3

Q×f3+ 21.Kh4 Nh6 22.h3 Nf5+ 23.Kg5 Qh5#

我的建议是你要将这个模型棋局牢牢地记在心里。特别是，第6步和第11步是要记住的重要思路。当出子领先时，一定要打开中心线。当中心线被打开时，应该全力进攻。

选局6

沃伊塔泽克 – 王玥

波伊科夫斯基 卡尔波夫 2012

黑先（图6）

图6

这个局面出现在1.d4 d5 2.c4 c6 3.Nc3 Nf6 4.e3 Bf5 5.c×d5 c×d5 6.Qb3之后，现在王玥走了一着，做出了突破性的改变。

6.Nc6!

应对威胁的最佳方式就是出子。记得之前梅克–摩菲的对局，摩菲走的是5.Nh6!。王玥的选择是最符合逻辑的，也是最积极的，因为这加速了他的出子。

6.Bc8也是可以走的，但是相较于前者有些消极；

而6.Qb6 7.N×d5 Q×b3，会因为8.N×f6+过渡将军而丢兵。

如果白方选择走7.Q×b7会失一先。7.Bd7之后，白方为了把后带到一个安全的地方，再次失去两先。黑方计划Rb8，接下来Nb4和Bf5。黑方的第二个思路是打开局面，利用出子领先的优势。

8.Qb3 Rb8 9.Qd1

虽然后安全回家了，但是却浪费了时间。

菲利多尔（1726—1795）提出了一个有趣的观点：一个兵价值三先。如果我们数一数后的移动次数，那么白方后已经走了4步，仍处于d1格上。但是，我们需要为黑象走到d7减去1步。

现在，根据摩菲提出的原则，黑方应该打开局面。记住，6.e3!，来自舒尔滕－摩菲的对局。

在9.e5之后，毫无疑问，黑方有很好的补偿，因为出子领先掌握了主动权。白方的另一个问题是要为后翼象找到一个灵活的位置。

选局7

塔尔－斯梅斯洛夫

候选人赛　南斯拉夫 1959

白先（图7-1）

图7-1

图7-2

5.d4!

这样走并没有损失时间，因为d7马阻碍了黑方的自由出子。因此，对于白方来说打开局面是有利的。选择较慢的5.g3，不是很精确，因为它没有利用黑方在两翼出子落后的事实。

5.d×e4

5.e×d4 6.e×d5 c×d5 7.N×d4，考虑到黑方的子没有放置在灵活的位置，留给了他一个d5的结构性弱点。例如，在这样的局面中，后翼的马应该放在c6。

6.N×e4 e×d4　7.Q×d4 Ngf6　8.Bg5 Be7　9.O-O-O

白方有巨大的出子优势，塔尔很快就会获胜：

9.O-O　10.Nd6 Qa5　11.Bc4 b5　12.Bd2 Qa6　13.Nf5 Bd8　14.Qh4 b×c4　15.Qg5 Nh5　16.Nh6+ Kh8　17.Q×h5 Q×a2 18.Bc3 Nf6（图7-2）

19.Q×f7! Qa1+　20.Kd2 R×f7 21.N×f7+ Kg8　22.R×a1 K×f7　23.Ne5+

Ke6 24.N×c6 Ne4+ 25.Ke3 Bb6+ 26.Bd4黑方认输。

塔尔走得像摩菲一样，当他意识到出子领先，就立刻打开局面。

选局8

斯梅斯洛夫 – 尤伟

候选人赛

纽伊豪森/苏黎世 1953

白先（图8）

图8

7.e4!

斯梅斯洛夫通过合理的局面弃兵来获得主动权。

这样说可能有点夸张，如果彼得罗相选择避免危险，那么塔尔则选择欢迎危险，斯梅斯洛夫介于他们之间——这说明了这着的合理性。

7.d×e4 8.d×e4 N×e4 9.Nd4 N×d2 10.B×d2 Bh7 11.Bc3

更精确的走法是11.Re1，为黑格象保留所有的选择。例如，如果黑方将马放到b6，那么白象能着陆在a5。白方有出子优势，并且两条中心线都已开放。因此足够补偿兵了。

选局9

阿廖欣 – 塔塔科维尔

德勒斯登 1926

白先（图9）

白方拥有更灵活的局面并且出子领先。基于此，他应该打开中心。接下来阿廖欣走了原则性的着法。

图9

12.f4!

还有另外一种打开局面的方式，但是在王翼，走12.h4!?，接着走h5。注意，12.O-O?，给黑方机会封锁局面12.f4，放慢节奏。这是在黑方出子落后情况下唯一的优势。

之后，12.e×f4 13.O-O Na6 14.R×f4 Nb4 15.Rh4，阿廖欣55回合之内获胜。

选局10

蒂曼 – 温肯斯

1988

白先（图10）

图10

白方出子领先，因此，根据摩菲的原则，打开局面是很重要的，要抓住时机。黑方通过在d5的兑换帮助白方做到了这一点。

11.O-O-O! 强有力的长易位之后，白方威胁用马入侵d5。常规走法11.c×d5？是一个错误，因为11.Bf5之后，黑方已经赶上了出子，黑白双方的出子数量是4对4。除此之外，黑方还拥有主动权，因为有令白方不愉快的，必须进行防御的威胁。

11.B×c3 12.N×c3 N×c3 13.Q×c3. Q×c3+ 14.b×c3 d×c4 15.B×c4

黑方所有活跃的子都已经被兑换掉了，d6兵也注定是一样的。在9步之后，白方获胜。

选局11

彼得罗相 – 埃布拉利泽

第比利斯 1945

白先（图11）

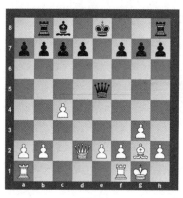

图11

如果出子领先，但却没有兵可以用来打破局面，那么你应该怎么做呢？合理的出子走法15.Rfd1，它也是对局中的实际走法，但并不是最强大的。

以摩菲的方式，关键的走法是：15.c5！白方试图打开局面，因为他出子领先。

15.b6

在15.Q×c5？ 16.Rac1 Qe5 17.f4 Qe6 18.Kh1之后，白方不仅威胁R×c7，还有Qd4同时威胁a7和g7兵。如果黑方通过15.O-O拖延开放局面，白方走16.Rac1，接下来f2-f4和e2-e4。迟早c8黑象都要出来，局面自然会打开，白方优势，因为他有更多的子参与战斗。

16.c×b6 a×b6 17.f4接着把车放在c线和d线，给黑方施加强大的局面压力。

更高级别中，出子过程以何种顺序进行，有许多微妙之处。这里有两个例子，分别来自西西里防御和英国式开局。

选局12

波罗刚 – 弗罗洛夫

莫斯科 1991

黑先（图12）

这个局面出现在1.e4 c5 2.Nf3 e6 3.d4 c×d4 4.N×d4之后，黑方走，4.Nc6出动后翼的马。这一着是泰曼诺夫对保尔森变着的巧妙改进，与4.a6相比，出动

图12

马对白方的局面施加了更大的压力，并且限制了白方的选择。节约时间，推迟到有必要的时候再走a7-a6。科托夫将其命名为"新保尔森"，但最终这个体系被当之无愧地命名为泰曼诺夫变着。

泰曼诺夫决定采用这样的走法顺序，是由于1972年他在莫斯科用保尔森方式输给卡尔波夫：4.a6 5.Bd3 Bc5 6.Nb3 Bb6（现在6.Be7很常见，为刺猬局面做准备）7.O-O Ne7 8.Qe2 Nbc6 9.Be3 Ne5 10.c4! B×e3 11.Q×e3 O-O，现在最强着法是12.Be2!，准备用f2-f4抢占更多的空间。泰曼诺夫的第4步也是到达舍文宁根变着的巧妙方法，杜绝危险的凯列斯进攻：4.Nf6 5.Nc3 d6 6.g4。

5.Nc3

早期尝试建立马洛契兵阵：5.c4 Nf6 6.Nc3 Bb4对白方中心施加了更大的压力，迫使7.N×c6 b×c6 8.Bd3（8.Bd2?!）黑方获得了一个舒服的局面，可以在8.d6、8.e5、8.O-O或8.d5之间进行选择，以寻求平衡。

想要走到合理的马洛契局面，唯一方法是耗时地调动：5.Nb5，几乎强制通过之后的着法进入刺猬阵型：5.d6 6.c4（根据卡尔波夫的说法，6.Bf4毫无意义。然而，从一个心理学角度来说是黑方在强制的6.e5之后被迫形成另一种兵结构）6.Nf6 7.N1c3（7.N5c3之后黑方不需要走a6）7.a6 8.Na3尽管刺猬阵型的名声很好，但也未必适合每一个人的口味。（8.Nd4使黑方更容易马上走8.d5或准备在8.Be7之后走。8.Bd7也足以平衡局面。）

选局13

接续上一个选局12，分支变化最后一着8.Na3

黑先（图13）

图13正常的走法是8.Be7，然后9.O-O。但更明智的走法顺序是8.b6，准备快速地Bb7，接下来Nd7，马在这里比c6更加合适，最好的位置是d7，因为它不处在c线上，可以Ne5进攻c4兵，或者Nc5进攻e4兵，视情况而定。

图13

阿南德-伊列斯卡斯，1992年在科尔多瓦利纳雷斯的一场比赛中，按下面的走法继续：9.Be2 Bb7 10.O-O Nb8 11.f3 Nbd7 12.Be3 Be7 13.Qd2 O-O 14.Rfd1 Qc7 15.Rac1 Rac8 16.Bf1 Rfe8 17.Kh1 Qb8 18.Nc2 Ne5 19.b3 Ba8 20.Bg1 Red8，双方都有机会。

第三种选择是卡斯帕罗夫的弃兵8.d5?!。1985年春天，卡斯帕罗夫在飞行过程中发现了这一走法。同时秋天他在世界冠军赛对阵卡尔波夫的第12场和第16场比赛中走了这个"超级炸弹"。第16场的续着如下：9.e×d5 e×d5 10.c×d5 Nb4 11.Be2 Bc5?!（*11.Nb×d5重新得回了弃掉的兵，但在12.O-O之后让白方的局势有所好转*），现在卡尔波夫错过了最强的续着：12.Be3! B×e3 13.Qa4+ Bd7 14.Q×b4 Qb6 15.Q×b6 B×b6 16.Nc4，黑方落于战斗的下风。

5.d6 6.g4

凯列斯的攻击力显然较弱，f6没有马，不能用获得的先手去进攻，但这一步仍然是有目的的，因为它准备用一场兵的暴风雨来席卷黑王未来的住所。

6.a6 7.Be3 Nge7

选局14

接续上一个选局13，主变的最后一着7.Nge7

白先（图14-1）

黑方的局面有些不协调，如果轮到他行棋，会选择兑换掉c6的马，然后将e7马走到c6。根据德沃列茨基的描述，e7马是多余的，实际上e7马想要通过兑换进行中心化，成为d4的马。在这种情况下，白方为黑方的计划设置障碍是明智之举。

8.Nb3!

这样的着法会令黑方感到有一点不舒服。

8.Ng6（图14-2）

图14-1

图14-2

一般来说，在西西里防御中，马被放到g6并不是一个好的位置。

9.Qe2!

后在e2的位置对白方的局面来说似乎是不协调的，但是后翼车在半开放的d线上有着很好的视线，这也是一种优势。此外，白方要避免在不远的将来马处于c4或f3的威胁。后保护g4兵，白格象可以通过走到g2出子。

可选择的续着有：9.Qd2 b5 10.O-O-O Nge5 11.g5 Na5 12.f4 Nec4，进攻白后获得一先。之后：13.Qf2 Rb8 14.f5 N×e3 15.Q×e3 Qb6黑方再获一先，因为白方没兴趣按照黑方的意图换后。16.Qg3 Be7 17.N×a5 Q×a5 18.e5 d5 19.f6 B×b4 20.N×d5 e×d5 21.e6之后，白方之前的弃子有补偿，这在1996年埃里温的希洛夫-波尔加的对局中被证明。

9.Be7 10.O-O-O b5 11.f4 h6 12.Qf2 Bd7

选局15

接续上一个选局14，主变的最后一着12.Bd7

白先（图15）

图15

13.Kb1

根据波罗刚所说，在西西里防御的90%的对局中，白王的安全格都处在h1或b1上。这样的数据信息证明，如果在发动真正的攻击前，白方选择避免像这样强大的预防性和巩固性走法，那么一定要有一个足够的合理理由。因为，一旦攻击开始就没有回头的机会。也可以将Kb1视为长易位的完成，王可能暴露在c1–h6的斜线上，另外a2兵也较弱。

13.Rb8 14.Be2 Na5 15.N×a5 Q×a5 16.Bd3 Bh4

这个局面是一个很好的例子，无须担心16.b4。白方只需要简单地走17.Ne2，然后Nd4，马的位置非常好，而黑方的攻击无法继续进行。白方略优，在41回合赢得胜利。

选局16

马林 – 科尔涅夫

帕劳公开赛 2008

白先（图16）

图16

1.c4 e5之后，马林发现2.g3可能是最精确的走法。这种走法顺序的一个优点是避免当前流行的变化：2.Nc3 Bb4。例如3.Nd5 Bc5是阿南德喜欢的变化。

2.Nc6

白方对中心的控制暂时被削弱，所以黑方可以2.c6在中心进行积极的下法。最好的应对着法：3.d4 e×d4（3.e4是可下的，可能被4.d5充分利用，将挺进很高的e4兵孤立）4.Q×d4。

选局17

接续上一个选局16，主变的最后一着2.Nc6

白先（图17）

3.Nc3!

很想走3.Bg2，以避免烦人的Bb4，在3.f5之后（*同样有趣的是内波尼亚奇*

图17

提到的3.h5 4.Nf3 e4 5.Nh4 g5。在2017年鲁汶，伊万丘克-内波尼亚奇的快棋赛中，继续4.d3?! h4! 5.g4?! h3!令人毛骨悚然，黑方占得主动权）。

4.Nc3 Nf6白方没有有用的着法。

5.e3（5.d3 Bb4给黑方一个积极的局势），黑方接下来走出了不可思议的着法5.d5! 6.c×d5 Nb4，白方没有优势。考虑到他的两个马位置都很好，黑方拥有如此出色的变化并非巧合。

白方的第3步很好地说明了拉斯克所倡导的著名原则，即先出马再出象。这有两个原因：首先，在对局的早期阶段，马比象更强大；其次，马更容易出动，与象相比，马有更多可供选择的格子。

3.Nf6

3.f5可能的应着4.e3，准备d2-d4。在3.h5之后，根据莫罗泽维奇的理论，白方可以走4.Nf3。

第三种选择是3.Bb4 4.Bg2 Nge7 5.Nd5 Bc5 6.Nf3 O-O 7.O-O d6 8.e3就像在2018年莫斯科，斯维德勒-内波尼亚奇的那场比赛。

4.Bg2

选局18

接续上一个选局17，主变的最后一着4.Bg2

黑先（图18）

有时决定如何出象并不容易，类似个人品位或遇到特别的对手所产生的心理因素可能会影响选择。

4.Bc5

这是四马变例中的卡尔波夫变着，但另一个不错的选择是4.Bb4。当卡尔波夫在面对像科尔奇诺伊或卡斯帕罗夫这样的重量级高手时，更喜欢采用在战略上雄心勃勃的着法。黑方对c3马施加压力，并计划随时消灭它，提高对中心白

图18

格的控制。这意味着白格大斜线是危险的，在c3初步兑换之后，进行e5-e4或d7-d5。为了避免这一战略问题应走5.Nd5。这是卡尔波夫、塔尔、格奥尔吉乌等直觉型棋手所青睐的着法。

5.Nf3 d6 6.d3 O-O 7.O-O

黑方的c5象与c7-d6-e5-（f4）的兵链配合得很好。这与白方的g2象与e2-d3-c4-（b5）兵链的配合类型相同，有时甚至还有a6。两位棋手的目标都是提高他们象的灵活性。

7.a6 8.a3 Nd4 9.Ne1 h6 10.b4 Ba7 11.e3

白方遵循的主要计划是将黑方的黑格象限制在被动状态。

11.Bg4 12.f3 Bd7 13.a4 c6 14.a5 Re8 15.Kh1 Nf5 16.Nc2 d5 17.e4 Nd4 18.c5 Nb3双方同意和棋。

注意，黑方更难活跃c兵和f兵，因为被马挡住了，而白方在后翼的进攻速度比黑方在另一侧的更快。学习如何走好这种变化的建议是研究卡尔波夫执黑的对局，他出象到c5和b4。

我们将利用一些具有启发性的例子来继续讨论象的出子。同时，我们还将讨论什么时候去阻碍对方象的出动。

选局19

卡帕布兰卡 – 亚诺夫斯基

圣塞巴斯蒂安 1911

白先（图19-1）

在《我的国际象棋生涯》中，卡帕布兰卡写到，他走的这着13.Be2是一个错误。他意识到13.g3是正确的走法，但害怕因王翼削弱的兵形而被批评。由于这个原因，卡帕布兰卡选择违背他认为更好的着法。他指出这是他的最重要的比赛，不想因为走无意义的兵而被责骂，这是低水平棋手容易做的事情。

13.Be6 14.Bf3

图19-1

图19-2

最好维持白象在e2格。扩展侧翼象（用Bf3代替Bg2）的缺点是e5马更容易攻击它。但是，它也有优点，不必走出像g2-g3那样削弱局面的着法。

14.Ra7!

与卡帕布兰卡相比，亚诺夫斯基是不怕走出"奇怪"着法的。

15.O–O Rc7 16.Qb3

卡帕布兰卡认为16.Rc1更好。

16.Nbd7 17.Rfd1

根据卡帕布兰卡所说，17.N×d5或是17.Nc6起不到什么作用。

17.Ne5 18.Be2

白方因这个象而损失了两步棋的时间。

18.Qe7 19.Rac1 Rfc8 20.Na4 R×c1 21.R×c1 R×c1+ 22.B×c1 Ne4 23.Bb2?（图19-2）

更好的是23.N×e6，均势。卡帕布兰卡有生以来第一次觉得自己在第23回合就被对手打败了。

23.Nc4

卡帕布兰卡和亚诺夫斯基错过了可以获胜的着法：23.Qf6!。之后：24.Bf3 Nd2 25.Qd1 Ne×f3+ 26.N×f3 N×f3+ 27.g×f3（27.Q×f3.Qh4得子）27.Qg6+ 28.Kf1 B×h2黑方得到h兵，并且在h线创造一个致命的通路兵。

在第23回合，卡帕布兰卡成功扭转局面，并在第66回合，他取得了胜利。很明显兵在g3更好，阻止h2的威胁。此外，如果象更早地出动到g2，它会给d5施压。

整个故事的有趣之处在于，如果你用电脑软件，如Komodo 11来验证这个选项，它实际上更倾向于11.Be2，认为它才是最好的着法，在数据上有明显的优势（0.94）。11.g3被认为是排在第三位的好着（0.81），所以也许卡帕布兰卡对自己太苛刻了。

选局20

凯列斯 – 法恩

奥斯坦德 1937

白先（图20-1）

图20-1

图20-2

根据凯列斯所说,白方有两个基本的计划:

第一,利用中心多兵,通过d4-d5建立一个通路兵。

第二,将所有的子集中在黑方王翼一侧,从而利用中心和它的空间优势。

在对局中,凯列斯走了灵活的11.Bc4(图20-2),标准的走法。相比11.Be2它更加坚持d4-d5推动计划,相比11.Bd3它计划王翼进攻,凯列斯走法的优势在于这两个选择仍然是开放的。尽管如此,凯列斯似乎忘记彼得罗相使用过的一个典型计划。那就是用a4-a5在后翼进行少兵的进攻,尤其是当黑方走b6的时候。

11.Nd7

黑方打算调动马到f6或f8,保护王翼。11.Nc6计划在后翼发挥作用。继续着法:12.O-O b6 13.Rfd1 Bb7 14.Qf4 Qf6! 15.Qe3 Rfd8 16.e5 Qh6!在1937年哈斯丁,列舍夫斯基-法恩的对局中黑方发挥得很好。注意黑方坚持不懈地要换后。如果白方走17.Q×h6 g×h6,严格来说,黑方分裂的王翼兵不应被视为弱点,因为白方不可能攻击它们。最重要的因素是黑方在中心和后翼都有很好的发挥。一个合理的续着是18.Rac1 Rac8 19.Bb3 Nb4,黑方优势。

12.O-O b6 13.Rad1

13.Rac1从长远来看是无用的,因为黑方更容易在c线进行车的交换。

13.a4!?是彼得罗相、尤苏波夫和别利亚夫斯基的首选计划,用a4-a5攻击b6

兵，如果黑方走b×a5，则在b6或a7上制造弱点。

13.d5?!是一个局面性错误，因为13.Nc5，黑马有一个很好的位置。

13.Bb7 14.Rfe1

将车放在经典中心（兵在e4和d4）的后面，优点是白方可以根据情况走d4–d5或e4–e5。

14.Rc8 15.Bb3

黑方现在必须做出艰难的决定，用15.Nf6防守王翼，虽然马更灵活但也很脆弱，还是15.Nf8，被放到更安全但更被动的地方。

选局21

布龙斯坦 – 阿维尔巴赫

莫斯科1962

黑先（图21）

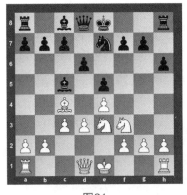

图21

卡帕布兰卡的建议是等待c8象出子,改为提高王、车、马和黑格象的位置。

10.O–O

在1936年莫斯科，卡帕布兰卡（Capablanca）–埃利斯卡塞斯（Eliskases）的比赛中走了10.Be6?!，但是在11.B×e6! f×e6 12.Qb3 Qc8 13.d4（13.N×e5? B×e3!）13.e×d4 14.N×d4 B×d4（14.e5 15.Ne6）15.c×d4之后，黑方陷入困境，白方继续进行更自由、更活跃的对局。

11.O–O

如果白方走11.d4，那么11.e×d4 12.c×d4 Bb4+。

11.Ng6 12.d4 Bb6

支持e5兵很重要，这样黑方就不会像卡帕布兰卡对局中那样被迫走e×d4放弃中心。

13.a4 c6 14.d×e5 d×e5 15.Q×d8 R×d8 16.Rad1 Re8 17.Rfe1 Kf8

18.Nf5 Bc7 19.Bb3 Nf4 20.Ne3 a5 21.Bc2 Be6

虽然对局在41回合以和棋告终，但从局面上来说黑方略优。

黑方展示了后翼象出动的好时机。其他在如何以及何时出动象方面非常熟练的棋手是拉斯克和列蒂。这是一个出子正确、顺序正确的问题，同时不要失去对中心的关注。

选局22

涅波姆尼亚奇 – 中村光

维克安泽 2011

黑先（图22-1）

图22-1

图22-2

有时，打乱白方的节奏比专注于出子更重要。在这里，中村光想出了绝妙的主意7.Bg4?!。黑方通过弃掉一先来促使白兵走f3。

2010年在阿姆斯特丹，斯维德勒－中村光的对局中，以下的变化使黑方局势变差：7.d×c4 8.Ng3 Bg6 9.Bg5 Qb6 10.Qd2 Qb4 11.a3 Qb3 12.Nge4 Nd5 13.Rh3!，所以中村光不想重复这个变化，他的新着背后的一个想法，就是简单地封堵住第3线的王翼车。

8.f3

8.f3的另一个缺点是白格象不能再通过Be2对h5的兵施加压力。

8.Bf5 9.Ng3 Bg6 10.Bg5 Qb6 11.Qd2 Nd7 12.a3?! f6 13.Be3 Qb3!（图22-2）

相比与斯维德勒的对局，此时黑后在b3上是安全的。

14.c×d5 N×d5 15.N×d5 Q×d5!

黑方在此获得了均势，并通过努力在44回合获胜。令人印象深刻的新着！

选局23

姆纳萨卡尼亚－彼得罗相

莫斯科 1964

黑先（图23）

图23

有时阻止对手出象比自己出象更重要。在这里，彼得罗相走出了一步妙着11.Nd5!，利用白方走了太多步兵的事实，给白方留下了一个相当消极的象。现在有效地预防Bg5积极的出子走法。彼得罗相的走法具有启发性，因为它展现了对弈者也要时刻注意对方的出子。

在12.O-O之后，黑方12.Bd6!继续出子，获得了不错的局势。

选局24

温特－阿廖欣

诺丁汉 1936

黑先（图24）

图24

阿廖欣通过6.Qh4! 阻止对手c1象的出子。阻止白象走到f4简化局面。

接下来：7.Nd2 Bg4! 8.Qc2（8.Qb3 Nge7）8.O-O-O黑方局势很好，并在39回合取得胜利。

当一方有双象时，有时候打开局面比出子更有意义。接下来是关于这个主题的两个例子。

选局25

佛林斯基 – 阿廖欣

全俄锦标赛 1909

黑先（图25）

图25

黑方有双象，因此打开局面是对黑方有利的。解释如下：

9.c4! 10.b×c4

白方不得不接受黑方的弃兵，否则黑方会摆脱叠兵的困扰，由于黑方有双象，因此仍然有主动性。

10.Ba4?

10.0-0-0是正确的。如果黑方无法得回兵，也仍然有补偿，因为白方后翼的兵形被破坏。

11.c3?

正确的是11.Nbc3 Bb4 （11.B×c2?? 12.Kd2）12.Rb1 Ba5 13.Rb2，白方略占优势。黑方的象错放在a4。

11.O-O-O 12.Nd2 Bc2! 13.f3 Bc5，黑方在28回合取得胜利。

选局26

卡尔波夫 – 蒂曼

荷兰 1981

白先（图26）

12.f4!

12.d6?明显的错误，因为黑方可以走Nc6和Nd4。大多数棋手可能会走12.Qc2，在f3-f4兵突破之前先去保护b2兵。然而问题是白象之后会有问题：

图26

12.f5 13.f4 e4。

12.e × f4

12.e4 13.f5!

13.B × f4 B × b2 14.Rb1 Bf6

或者14.Bd4 15.Bd6

15.Qa4!

白方有很好的补偿，因为兵的位置更加积极。

在某些开局中，很难知道将车放到哪里是最有效的，这可能在一定程度上取决于棋手的风格。

选局27

拉尔森－彼得罗相

皮亚提戈斯基杯　洛杉矶　1966

白先（图27）

图27

这个局面出现在1.e4 c5 2.Nf3 Nc6 3.d4 c × d4 4.N × d4 g6（加速龙式变例）5.c4 Bg7 6.Be3 Nf6 7.Nc3 Ng4 8.Q × g4 N × d4 9.Qd1 Ne6 10.Qd2 d6 11.Be2 Bd7 12.0-0 0-0之后。

攻击型棋手更倾向于走13.Rad1。计划的主要思路是通过挺进兵f2-f4和如果可能的f4-f5来出动王翼的车。车的进攻位置集中在中心和王翼，比起两个车出动到c1和d1，攻击型棋手更适合对局中的实际走法和计划。

在1959年候选人赛，凯列斯-彼得罗相的对局中，走了更局面性的着法：13.Rac1 Bc6 14.Rfd1 Nc5（*14.B × c3 15.Q × c3 B × e4 16.Bh6或16.c5兵走得很好*）15.f3 a5。黑方可能会对开局感到满意。

凯列斯和拉尔森一样，以喜欢进攻而闻名，但是这次他选择更稳妥的下法，尽管尖锐的下法也是可以的。这也许就是为什么凯列斯和斯帕斯基被称为万能的棋手，因为他们在这两种类型的下法中都能发挥得游刃有余。

13.Bc6 14.Nd5 Re8？

14.Nc5思路是：15.Qc2 a5 16.B×c5 d×c5 17.Nf6+ B×f6 18.R×d8 Rf×d8，是完全可下的，但是出于某种原因彼得罗相避免这种走法。

15.f4，拉尔森在30回合取得了精彩的胜利，以弃后完结对局，可见这个局面对于黑方来说是多么危险。

选局28

卡尔波夫－科尔奇诺依

伦敦 1984

白先（图28）

图28

诸如13.Qb3、13.Rb1或13.Rc1之类的走法看起来是正常的出子，但卡尔波夫想得更深。他走的是13.Re1!，意识到保持局面平衡的关键是灵活性。无论未来发生什么，卡尔波夫的这着都是有用的。这是高水平的局面性下法，也是在该局面保持最佳的状态的着法。

卡尔波夫着法的意图是为了在f5-f4之后白方可以走e×f4或可能的e3-e4进行中心争夺。

对黑方来说也可能走c6，遇到b5，然后c5。在d×c5之后，黑方走d5-d4，然后车也会被置于e1。如果黑方计划进行王翼进攻，让后保持在d1（并避免Qb3）是有意义的。

局面继续：

13.g5 14.Rc1 Kh8 15.Bd3 c6 16.b5 g4 17.Nd2 c5 18.d×c5 N×c5 19.Nb3 N×b3 20.a×b3 Rc8（20.d4 21.e×d4）21.Ne2 R×c1 22.Q×c1 Qb6 23.Nf4

卡尔波夫已经获得微弱的优势，可以将其转化为胜利。

用卡尔波夫的第13步与1985年世界冠军赛对阵卡斯帕罗夫决定性的最后一

局相比较是一个不错主意。在子力调动方面你会发现有相同的地方。

通常情况下，在开局每个子只移动一次。在出子完成之后，如果我们第二次移动某个子，叫作第二波出子。

选局29

罗特维－鲁宾斯坦

罗兹 1907

黑先（图29-1）

上面的局面是完全对称的，除了黑方在d8走出来的车。实际上最早的对局之一展示了如何在对称局面中出子稍微领先（两步）的情况下受益。

图29-1

鲁宾斯坦走了**15.Ne5!**。

最好的继续是开始第二波出子并尽快争取主动权。常规走法：15.Rac8，完成出子，可能效果也不错，但我们几乎不会在对局结束时体验到这种美妙的战术组合。

16.N×e5 B×e5

黑方所有的轻子所处的位置都比对手要好一些，因为白方在h2和g2这两个点是比较弱的，而且f6马比白方的马更容易进攻。

17.f4?!

出子着法17.Rfd1是合适的。

17.Bc7 18.e4?! Rac8 19.e5?

更好的走法是19.Rad1 Bb6+ 20.Kh1 h5

19.Bb6+ 20.Kh1 Ng4 21.Be4

21.Q×g4 R×d3

21.Qh4（图29-2）

图29-2

21.N×h2!? 也是不错的着法，但是看过不朽续着的人，谁会批评鲁宾斯坦没有走它呢？

22.g3

22.h3 R×c3! 23.B×c3 B×e4 24.Q×g4（24.Q×e4 Qg3 25.h×g4 Qh4将军） 24.Q×g4 25.h×g4 Rd3。

22.R×c3!! 23.g×h4

23.B×c3 B×e4+ 24.Q×e4 Q×h2将杀。或者23.B×b7 R×g3

23.Rd2!! 24.Q×d2 B×e4+ 25.Qg2 Rh3!!

后翼的车以最优美的方式决定了对局结果。

白方认输。

除了这是一个极其漂亮和罕见的战术组合，展示子的动态潜力之外，它还是一个重要的模型对局，展示如何在这种对称局面中取得胜利。

选局30

马塔诺维奇 – 彼得罗相

基辅 1959

黑先（图30）

图30

10.Bg4!

在最后一刻走了一步明智的预防着法，以消除11.Ne5第二波出子的想法，那会让白方有机会获得主动权，例如之后10.0-0?！ 11.Ne5。另一种更直接的思路是专注于白格，走：10.b5 11.Bd3 B×d3 12.Q×d3 Qd5 13.Kb1 O-O，双方都有机会。

11.h3 B×f3 12.Q×f3

看起来白方得到了双象，但是在12.Nd5

之后，黑格象会被强制交换掉。

13.B×e7

如果黑方坚持，白方无法避免兑换，因为13.Bd2可以用13.Bg5应对。

13.Q×e7 14.Rhe1 O-O 15.Kb1 Rad8

局面大约是均势的。

31～64　子力交换

大多数的子力交换都会以某种方式影响局面的评估，例如象换马、坏象换好象、四车交换，最重要的是换后。最后涉及的交换通常意味着从中局到残局的过渡。我们将逐一看到每一个子，但首先这里是一个示例，展示如何以及何时换子。

选局31

卡帕布兰卡－亚历山大

诺丁汉 1936

白先（图31）

图31

27.g4!

这是摆脱g3战术弱点的方法。

注意白方如何用他最差的兵与黑方的好兵进行交换。

27.Qg6　28.g×f5 R×f5

不好的g3兵与好的f5兵交换后，黑方现在又要面对g5的战术弱点。28.Q×h6？之后，白方用29.e4!摆脱了e3的兵。

29.R×f5 Q×f5+　30.Ka1

白方显然更好，因为黑方在d5上有个弱兵，并且王翼也被削弱。g5兵被放在g6会更好。

30.Rf8

选局32

接续选局31，最后一着30.Rf8

白先（图32-1）

图32-1

31.Qh1!

这种很现代的后的调动来自伟大的列蒂的灵感。在这里，后被放置在很好的位置，因为不仅对d5施压，也保护h6并准备将兵推到e4。其他的想法是跟进Qh2和Rf1。这样的一着由于包含了复杂的思路，堪称是特大级别的。

31.Qd3?

31.Bd6是更合适的，但在32.e4!之后白方明显更好了，白方与黑方不好的d5兵交换，摆脱令他烦恼的兵。

32.Nb1 Bd6（图32-2）

图32-2

33.Bf3?

白方给在g1的车留出空间，对g5施压，但是33.Bb4! B×b4 34.R×c7 Ba8 35.R×a7 Q×e3 36.a3 Be7 36.B×d5更好，立即获胜。

33.Qf5 34.Rf1 Qg6 35.Rg1!

白方计划Nc3和e4，对黑方的弱兵施压，尤其是g5的弱兵。

35.Be7?!

另一种更积极的防御是35.Qf5。

36.Nc3（图32-3）

36.Qg8?

阿廖欣认为这是一个坏着，而且是相当被动的。黑方可以尝试普林斯的建议：36.Qe6（或者非人类的计算机会选择36.a5?!）37.e4 d×e4 38.B×e4 B×e4

图32-3

图32-4

39.Q×e4 Q×e4 40.N×e4，现在有40.Rg8！（*而不是40.g4 41.Kb1 Rg8 42.Bf4获胜，根据普林斯所说*），有一些和棋的前景。例如，*41.N×g5（41.B×g5? Ne6 42.Bf6+ B×f6 43.R×g8+ K×g8 44.N×f6 Kf7 45.N×h7 Kg6 46.d5 Nd8 47.Nf8+ K×h6，和棋）41.B×g5 42.B×g5 Rg6 43.Kb1 Nd5*，Kg8和Kf7对白格有很好的控制。

37.e4！

这一着法证明了白方的策略取得了成功。白方不仅制造了一个通路兵，还释放了他的黑格象。

37.Qf7 38.Bg2 Qf2？（图32-4）

更好的是38.d×e4 39.N×e4，白方占优。

39.B×g5！

对局结束。

39.B×g5

39.Bb4 40.Qh2！。

40.Rf1 Q×f1+ 41.B×f1 d×e4 42.Bg2 Ne6 43.B×e4 Ba6 44.Bb1！黑方认输。

接下来让我们继续看看如何处理马之间的紧张关系。

选局33

彼得罗相－埃布拉利泽

第比利斯 1945

白先（图33）

年轻的彼得罗相走出了常规的一着。

9.Bg2?!

但正确的是9.Nc3！。白方在中心有空间优势，这个时候应避免不必要的轻子

图33

交换。

对局继续:

9.N×e4 10.B×e4

之后黑方的另一个换子机会出现了。

10.Bb4+ 11.Bd2 Qe7

虽然黑方下得很舒服,但是最终还是彼得罗相取得了胜利。请记住每一次的换子,空间优势的重要度都会降低。

选局34

鲍特维尼克 – 扎戈里安斯基

斯维尔德洛夫斯克 1943

白先（图34）

图34

即使是看似无害的双马交换也能带来巨大的优势。在这里,鲍特维尼克走出了19.Ne5!强行交换最后一对马。它会导致中心黑格的永久弱点,尤其是d4格。d4格将是进入黑方局面的重要跳板。走出的这着棋也为象腾出了f3格,使d5兵处于压力中。

19.N×e5 20.Q×e5

黑方除了后其余的子为了保护孤兵都处于被动位置。黑方还仍然存在一个位置不好的坏象。

20.Qc5 21.Bf3 b6 22.Qb2 Rc8

黑方占据了c线,这对于拥有孤立并交换了所有好的轻子的一方来说是一种补偿。

23.Qe5

白方迫使黑方的车回到防守的位置。

23.Rcd8

23.Qc3之后，白方走24.Rd4想把后留在棋盘上。不准确的是：24.Q×c3 R×c3 25.B×d5？ R×d5 26.R×d5 B×d5 27.R×5 Rc1+ 28.Kh2 Rc2，和棋。

24.Rd4 a5

此局的后续会在选局107，几个子的调动部分中见到。

选局35

菲舍尔－彼得罗相

布宜诺斯艾利斯 1971

白先（图35-1）

图35-1

图35-2

这里菲舍尔走出了让人震惊的一步22.N×d7+!。

菲舍尔和卡帕布兰卡一样，在优势转换方面是一位真正的大师。通过交换黑方在Bb5之后被解放的"坏象"，白方能够在不久之后用后翼的车通过c6或c7入侵黑方的局面。注意，根据引言中提到的斯皮尔曼的定义，换子也代表着从中局向残局的过渡。常规走法是22.a4，给了黑方更好的防御资源，黑方之后走22.Bc6和Nd7。

22.R×d7 23.Rc1（图35-2）

白方的有利交换打开了c线，黑方在a6和d5上的弱兵是战术组合的决定性因素。

23.Rd6

黑方阻止白车走到c6，但是白车现在反而直接走到了第7线。

24.Rc7 Nd7

黑方必须阻止另外一个白车入侵e7，这将与同一横线上的c7车一起成为一股强大的力量。将两个车放在第7线对于两个健康的车来说是终极梦想。

25.Re2 g6

对黑方来说很难找到建设性的着法。

26.Kf2

菲舍尔使用了不着急的原则，利用时间逐步提升自己的局面。

26.h5 27.f4

所有黑兵都在白格里，这对白象来说自然是好事。

27.h4 28.Kf3 f5 29.Ke3 d4+

黑方想要阻止Kd4，但削弱了经典的a2-g8斜线。

30.Kd2 Nb6

黑方阻止Bc4但允许了白方车走到e7。

31.Ree7 Nd5 32.Rf7+ Ke8 33.Rb7 N×b4 34.Bc4。黑方彼得罗相认输。

白方正在进攻马，同时也威胁决定性的Rh7。

选局36

卡尔森 – 阿南德

利纳雷斯 2009

白先（图36-1）

图36-1

或许深谙经典的卡尔森，是受到了菲舍尔著名的兑换原则的启发，当他进入每方3个子的残局时，走出了令人震惊的18.Nc7! Rag8 19.N×e6。虽然以这种方式去交换看似不符合逻辑，但即使是坏象也具有重要的防御能力，例如：保护兵。波兰大师克拉森科在为Chessbase注释局面时写道："一个好主意，白方利用黑方无法用f7兵吃回的事实去交换理论上的e6'坏'象，它是黑兵的主要保护者。"

19.K×e6 20.R×g8 N×g8 21.Ke2 Ne7 22.Kf3（图36-2）

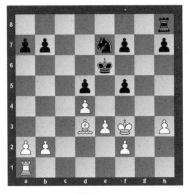

图36-2

可以清楚地看到黑方有3个局面弱点，在f5、d5和f7，这是由于重要的防守子e6象消失了。此外，一般来说当棋盘两侧都有兵，而且像这个局面中的黑兵被固定在白格中时，车象的组合比车马的组合略微要强一些。在适当的时候，白王可以走到f4，着手对黑兵发起进攻。卡尔森在77回合的残局获胜。

选局37

卡斯帕罗夫－肖特

布鲁塞尔 1986

白先（图37）

图37

16.Ra1!

这是正确的走法，因为白马想去e5格，利用孤兵的力量。16.N×g5 Q×g5这只符合黑方的利益，因为他想通过换子获得更好的兵结构。

选局38

斯汤顿－威廉姆斯

伦敦 1851

白先（图38-1）

远距离的象和近距离的马之间的主要区别之一是：象有更多的可能性交换马。这不仅是因为象远距离的作战能力，也因为它的牵制能力。

图38-1

图38-2

14.B×f6?!

创新技术。在大多数的情况下，用蟹眼象去换马被认为是不好的，但在这里它具有一定的意义，因为削弱了黑方在中心的局面。许多棋手可能更倾向于标准的着法：14.Ba1，虽然不错，但只是普通人的想法。计算机建议的更有创造性的着法是14.d4或14.Rb1。

14.Q×f6　15.c×d5　e×d5　16.d4（图38-2）

白方换子的想法是对黑方的兵中心施加强大的压力。

16.c4?

16.c×d4更好，但17.N×d4之后白方会更好。

17.Ne5，斯汤顿仅在32回合之后就迅速获胜了。

选局39

杰奥尔杰斯库 – 斯坦因

布加勒斯特　1961

黑先（图39-1）

16.B×c3?!

这是斯坦因的一个令人惊讶的决定，表明他远不是一个教条的棋手，不会因想要保持双象而不惜付出任何代价。另一位不介意双象分开的棋手是现任的世界冠军卡尔森。斯坦因的决定更令人惊讶的是，他努力在g7上得到一个强大的象，却仅仅与一个看起来相当无害的在c3上的马进行交换。

16.Be8是可以走的，但是很被动，不适合斯坦因积极主动的风格。

图39-1

图39-2

16.Na5 17.Q×d6 N×b3+ 18.a×b3 Q×d6 19.R×d6 h×g5 20.f×g5（*20.h×g5 R×h1+ 21.B×h1 Rh8 22.Rd1 Bc6*）20.Be5 21.Rd3 a5提供了对兵的很好的补偿，因为象被强大地置于e5上。也许斯坦因原则上厌恶b3的交换，因为这是他可以避免的事情，即使这是一个放在b3上的象。

17.Q×c3 e5

这是换子的主要想法，马移动到d5可能带来的危险现在已经消除了。

18.f×e5（图39-2）

8.N×e5!

这里马是强大的，因为它保护了f7的弱点。18.d×e5是可以下的，但在19.Rdf1 Be8或19.Be6 20.Bh3之后会走向更加被动的局面。

19.R×d6?

19.Qd2更好。

19.Q×c3 20.b×c3 h×g5 21.h×g5 R×h1+ 22.B×h1 Bc6 23.Rd1 Rh8 24.Nd4 Rh3

黑方威胁Rg3之后吃掉c3或g5。

黑方进一步获胜：

25.Rg1 R×c3 26.Bg2 Kc7 27.N×c6 K×c6! 28.Bf1 Kc5 29.Bd3 N×d3+ 30.Kd2 Kd4 31.Rg3 Nc5!，白方认输。

选局40

鲍特维尼克－塔尔

世界冠军赛 莫斯科 1961

白先（图40-1）

图40-1

图40-2

这里交换23.B×f6! g×f6和后续着法24.b4可以被视为最具有积极意义的和代表卡帕布兰卡精神的常规技术。

白象的交换削弱了黑方的兵结构，下一步目标是争取四车交换，消除所有可能反击的重子。鲍特维尼克在这里进行了注释："黑方剩下的是弱兵，残局（有车或没有车）对他来说将是困难的。"

24.Bf5?!

鲍特维尼克推荐24.Bd5，象控制马。令人惊讶的是，塔尔并没有表现出更多地坚持选择与马对抗，但是在他心里有一些战术上的想法。

25.Nb3 Bd3+ 26.Ke1（图40-2）

26.b6!?

黑方想要控制马，但是c6兵变成了弱点。

走26.Bf5交换一对车可能更好，尽管黑方的局面仍然不舒服。

27.Rac1

也许鲍特维尼克避免走27.Nd4是由于想到了27.Bf1?!。在28.K×f1 c5 29.b×c5 b×c5 30.Rd3 c×d4 31.Rad1之后，白方得兵，但是在车残局中，有时很难转化优势。

另一种可能的情况是：27.Be4 28.f3 c5 29.b×c5 b×c5 30.Nb3 Bc2

31.R×d7 R×d7 32.N×c5 Rd5 33.Na6!，想利用额外的兵也许并不容易。

27.Be4 28.f3 R×d1+ 29.R×d1 R×d1+ 30.K×d1 Bd5?

走30.Bf5肯定更好，接下来Bd7。

马对象的残局会在选局199残局部分进行分析。

选局41

斯梅斯洛夫－莱特列尔

威尼斯 1950

白先（图41-1）

图41-1

图41-2

17.B×f5!

用白格象交换黑马是正确的选择，因为这样堵住了黑方准备打开的f线。

17.e×f5 18.e×f6 R×f6 19.Rab1

因为黑方存在e5和c5两个黑格弱点，所以白方具有优势。

19.h6 20.Rb5 Be6 21.Reb1 Rff7 22.Ne1 f4 23.f3 g5 24.Nd3

白子被置于完美的格子中。

24.Kh7 25.Re1 Rf6 26.Rc5

白方斯梅斯洛夫准备Nb4。

26.Rc8

26.b6 27.a×b6 a×b6 28.Rb5 Rb7 29.Nc5

27.Nb4（图41-2）

27.N×b4

27.Ne7 28.N×d5! N×d5 29.R×e6 R×c5 30.R×f6 R×c3

（30.N×f6 31.d×c5 Nd7 32.Kd3! N×c5+ 33.Kc4白方后翼兵丢失。）

31.Rd6残局战术和技术的一个很好的例子！

28.R×e6! R×e6 29.R×c8 Nc6 30.a6!

图41-3

30.Rc7+ Re7

30.b×a6 31.Rc7+ Kg6 32.Rd7 Ne7 33.Bb4 Nf5 34.R×d5 （图41-3）

现在这只是技术问题，在中心有两个通路兵。

34.Ne3 35.Rd8 N×g2 36.d5 Rb6 37.Bc5 Rb7 38.Rc8! Nh4 39.Ke2 Nf5 40.Rc6+ Kh5

40.Kf7 42.Kd3

41.d6 Rd7 42.Rc7，黑方认输

选局42

富洛尔 - 邦达列夫斯基

列宁格勒 / 莫斯科 1939

白先（图42）

图42

对抗石墙兵形的总体思路之一是交换黑方除了白格象之外的所有轻子，并保持马被置于弱化的e5格。在这个局面中，我们能够看到白方已经交换掉了黑格象，减少了黑方在王翼的进攻机会。富洛尔写到，在他的实践经验中，e5马会被证明比白格象更强大，这在很大程度上受到他自己的兵的限制。

21.B×d5! e×d5

21.R×d5，富洛尔计划走22.Rc5应对。

22.Rc3 f4

被迫的，否则白方自己会走f4，那么黑方的局面就没有未来了。

23.g×f4

23.Qd2?!是一种选择。

23.Qh4 24.Qg3 Q×f4 25.Q×f4 R×f4 26.e3 Rf6 27.Rb3

富洛尔想把黑车引入b8，这样黑方的象就不能通过d7-h3斜线出动。

27.Rb8

27.b6削弱c6并给了白方在c线上加倍的可能性，捆绑防御c6兵的黑子。

28.f3 Kf8 29.Kf2 Rh6 30.Kg3

富洛尔充分利用了e5马来活跃王，因为黑方在g6无法将军。黑方承受着巨大的压力，最终在77回合不得不认输。

在对抗石墙兵形时去交换正确的子，这个思路要记住。下一个例子也展示了这一点。

选局43

斯莱切特 – 约翰

Barmen 1905

白先（图43-1）

图43-1

如果你之前没见过下面的想法，很容易被忽视或低估。目的是用14.B×e4! f×e4去拆除石墙结构，接着之后15.f3，兵突破，打开e线，同时解决f线叠兵的问题。

15.e×f3 16.Rce1（图43-2）

这种处理黑方中心化马的方法值得记住，因为这种方式比用传统的f2-f3驱赶e4马更有效。记住，白象不一定比黑方的强，因为白方的兵也帮助限制了白象。仅出于这个原因，将马留在棋盘上是有意义的，因为它们以后可以从弱化的黑格中受益。

16.Qc7 17.Qa3

白后处在一个非常好的斜线上。

17.Kg8

黑方当然不会走17.Nd7，当白方18.Qe7!之后，白方控制了黑方的局面。

图43-2

图43-3

图43-4

18.R×f3 Na6 19.b3

白后准备通过b2调动到棋盘的其他地方。

19.Qd8 20.c5 Nc7 21.Qb2 Bd7 22.Qc2 Qe7 23.Ref1 Rae8 24.g4 Bc8 25.Rh3 g6（图43-3）

白方现在进一步加强了f6和h6的黑格弱点。看看施莱切特如何利用它们是很有启发的。

26.b4!

施莱切特更喜欢着眼于全盘——就像鲍戈留波夫和阿廖欣那样。白方在中心和两翼都占据优势，可以选择王翼突破或者侧翼突破。所以在王翼准备同样局面的同时，用b4-b5创造好的突破条件。由于紧张的局势，黑方不可能在两条不同的战线上防御两方面的进攻。这样，白方利用了他的空间优势以及黑方的坏象。

26.Qf6 27.Rhf3 Re7 28.a4 a6 29.Nd1!

这个马在去往g4的路上，在g4-g5之后，利用g6或f6上的空洞。

29.Rg7 30.Ne3 Qe7 31.g5 Bd7 32.N3g4 Be8 33.Nh6+ Kh8 34.Qe2

白方计划将e5马走到f6并将后走到e5。

34.Qd8 35.Neg4 Bd7 36.Qe5 Ne8 37.Rh3 Qc7

37.Qe7 38.Qb8!。注意，白方如何发挥强大的中心化的后的巨大潜力。

38.Nf6!（图43-4）

38.Q×e5

正如尼姆佐维奇曾说过的那样，强大的

棋子有被交换的趋势，这里也是如此。期待的走法38.Qd8没有什么用，因为白方会走39.N×h7!。

39.f×e5 Re7　40.Rhf3 N×f6　41.R×f6 R×f6　42.e×f6 Re8　43.Nf7+Kg8　44.Ne5 Rd8　45.Kg2 Kf8　46.h4 Be8　47.Kf3 Bf7　48.Kf4 Ke8　49.Rb1 Kf8　50.b5 ，无法阻止白方入侵b线，黑方认输。

这是一个简单的例子，展示了如何对全局进行谋划，这要归功于白方对黑方局面的完全控制。我们会在这部分章节看到更高难度的例子，题目为"几个子的调动"，选局103～108。

选局44

泰克曼－齐戈林

剑桥泉 1904

黑先（图44）

图44

创意天才齐戈林走了14.B×c3 15.b×c3 b5! 。交换后紧接着走b5，巩固黑方的前哨d5马。国际象棋界不得不再等25年，直到尼姆佐维奇以类似的方式把兵走到b5和f5，这表明齐戈林领先于他的时代。

格雷科夫针对这个局面写道："看着白方如此稳固的局面，他自己打算进攻有王的一侧，但是难以想象的是，他的王的位置目前远离黑棋的影响，但仅用短短的十几回合，就被彻底击溃，更重要的是，白方是著名的防御大师。不过，他那无与伦比的对手，是位进攻高手……"

16.Rhg1 Qe7!

d5马太强了，黑方很快会做出决定发起对白王的进攻。

17.Rdf1 Qa3+　18.Kd2 b4　19.c4 Ba4　20.Qb1 Nc3　21.Qa1 Rd8!

对白王的×射线进攻。

22.g4 Ne4+　23.Ke2 Nc5!　　24.Qb1 N×d3　25.Q×d3 Q×a2+　26.Kf3

Bc2，白方认输。

白方输棋如此之快的主要原因是中心化的e5象无法协助防御。

选局45

苏巴 - 尼科尔森

马拉加 2001

白方（图45-1）

图45-1

苏巴（Suba）走了一步有矛盾的着法。10.B×f6 B×f6 11.Qd3。当白方有空间优势时，为什么要换子呢？

如果白方试图以传统方式利用他的空间优势，那么黑方的刺猬局面是一个极其和谐的开局，此后黑方的反击会非常强大。黑方的局面实际上并没有看上去那么被动——因此，交换几个轻子被认为是正确的。按照同样的原则，我们发现交换后的局面是好的，这样一来，侧翼上的兵就更容易推进，而不必太担心危险的反击。

这个故事的寓意是，在拥有空间优势时，不应该总是避免换子，因为一切都取决于局面的具体细微差别。需要注意的是，"刺猬"是一个例外的原则。

11.Ra7

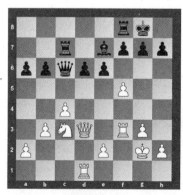

图45-2

黑方保护象，为了避免：11.O-O？12.Ng5 B×g5 13.B×b7。

12.Rad1 Be7 13.Nd4

白方交换另一对轻子。

13.B×g2 14.K×g2 Qc8 15.f4 Nc6

15.g6是更安全的一步。

16.Rf3 O-O 17.N×c6 Q×c6

到目前为止已经交换了3对轻子。

18.f5 Rc7 19.b3（图45-2）

在这个局面中，黑方显然更难进行传统的刺猬突破b5或d5。白方系统而巧妙地换子导致了黑方降低了对他局面中白格的控制。

19.Rb7 20.a4 Rbb8 21.Qe3 Rbe8

即使走21.Bf6 22.Ne4也没有任何改善。

22.f×e6 Bf6 23.Qe4! Q×e4

黑方不能将后走开，不能允许白方R×f6，接着e7，捕捉f8，所以换后是强制性的。

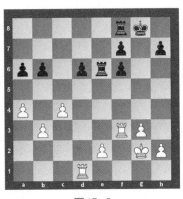

图45-3

24.N×e4 R×e6 25.N×f6+ g×f6（图45-3）

双车结局明显有利于白方，因为黑方兵结构存在问题，形成了4个兵岛。

26.Kf2 Rfe8 27.Rd2 Kf8 28.Rfd3 Ke7 29.Rd5 Rg8 30.a5 Rb8 31.R2d3 Re5 32.R×d6 R×a5 33.Rd7+ Ke6

33.Kf8!

34.Ra7 Ra2?

决定性的错误。正确的是，34.Rf5+，接着35.a5。

35.Re3+ Kf5 36.R×f7 Kg6 37.Ree7，白方获胜。

选局46

胡布纳－科尔奇诺依

候选人赛 梅拉诺 1981

黑先（图46）

图46

10.N×d4+!

通常情况下，当存在一个孤兵的时候应该避免换子，但是如果你交换正确的子并且对和棋感到满意，那么这将是正确的策略。

11.N×d4 Bc5 12.Rd1 Ne7 13.Be3

选局47

接续选局46最后一着13.Be3

黑先（图47）

图47

之后进行交换：13.B×d4! 14.B×d7+ K×d7 15.R×d4。白方局面看起来不错，但是问题是黑格象与位于白格的d5兵是异色格。因此白方无法轻易改善局面，所以黑方和棋概率几乎是100%。

15.Rhc8 16.c3

16.Kd3!?

16.Rc4! 17.Rad1 R×d4 18.B×d4 f6 19.c4!?

如果19.Bc5 Re8! 20.Kf1 Kc6! 21.B×a7? b6

19.Kc6

19.d×c4?! 20.B×f6+ Ke6 21.B×e7!? （21.B×g7 Rg8 22.Bd4是备选方案） 21.Rd4 Rc8 23.Kd2

20.c×d5+ N×d5 21.g4 Re8+ 22.Kf3

在这个局面，黑方科尔奇诺伊应该走22.a6!，提升和棋的概率。但是他走的是22.b6。

选局48

克拉姆尼克 – 兹维亚金采夫

蒂尔堡 1998

白先（图48）

这里，克拉姆尼克走了27.Bb5!。

看起来似乎很奇怪，用他的"好象"交换黑方的"坏象"，这样做的原因

图48

是在兑换后黑兵处于白格，会更弱。也许是拉尔森在写初级书时想到的这个概念，在讨论好象与坏象时，这个概念总是会欺骗你。正如菲利道尔在18世纪就已经意识到了，通常消极的象在防御方面也很强大。从这个角度来看，交换掉这样一个防守的象并不是特别奇怪的事。

克拉姆尼克在谈到这一着时说："我的对手低估了这一点'一个坏象也可以防御许多兵'。一旦象消失了，黑方就会失去a兵或d兵。"

选局49

彼得罗相 – 班尼克

里加　1958

白先（图49）

图49

彼得罗相走了非标准的超级着法18.Bc5!!。这是创新技术，因为彼得罗相用他的好象换了黑方的坏象，太令人惊讶了。

他可以采用标准计划并跟随卡帕布兰卡的足迹，走18.R×d8 R×d8 19.B×b6+（19.Rd1 R×d1+ 20.K×d1 Nc8避免马的交换）。19.K×b6。下一步用20.g4确保f5格的安全，用Rd1兑换掉最后的车，然后走向马在f5、王在e4的局面，通过Ng3-f5和Kc2-d3-e4进行马和王的调动。我们不能指望王在f5、马在e4的理想局面，因为黑方会用处于e6的王控制f5格。合理的续着是：20.Kc7 21.Rd1 R×d1+ 22.K×d1 Kd7 23.Ng3 Ke6 24.Kc2 Bf8 25.Kd3 Be7 26.Nf5 Bf8 27.Ke4。白方的马和王都比对手的强，因为他完全控制了白格——但是他还不能在这个局面下取胜。

要意识到这一点，就得超越卡帕布兰卡的技术。当明白了这个局面是和棋时，我们只能去找到另一个解决方案。它之所以被称为创新技术是相比于常规技术而言的。

18.R×d1+ 19.R×d1 B×c5 20.N×c5 Re8 21.Ne4

明显看出换象要比换马更好，因为黑方的马不可能同时控制f6和d6。

21.Re6

21.Rf8允许22.Rd6 Nd7（或22.f5 23.Rf6!）23.Re6!车的入侵。

22.g4

白方有明显的局面优势，通过聚焦黑方局面中的白色弱格，在61回合取胜。

选局50

泰曼诺夫－布龙斯坦

候选人赛 诺伊豪森/苏黎世 1953

黑先（图50-1）

图50-1

布龙斯坦走出了正确的交换18.B×c3!。他不想通过18.R×a2？吃兵，因为19.R×a2 R×a2 20.e5!，黑方在后翼没有目标，然而白方却拥有在中心的进攻机会。

19.b×c3 Qa5

白方的事情已经够多了，因为现在他必须处理a2、c3和e4 3个兵的弱点。

20.Qd3 Qa6 21.Qd2

白方应该避免换后，因为换后会使白方的弱点进一步扩大。这一情况的变化是：

21.Q×a6 R8×a6 22.Re2（22.e5 Nc7，d5兵变弱；或者22.Rab1 R×a2 23.Rb8 Ra8 24.Reb1白方完全控制了局面）22.Nf6，e4兵无法被保护，除非失去a2兵。这个兵也不能前进，因为d5兵会失去保护。

21.R×a2 22.R×a2 Q×a2 23.e5

白方不应该允许换后。

23.Q×d2 24.N×d2 d×e5 25.R×e5 Kf8（图50-2）

图50-2

26.Nb3

26.Kf1是实现和棋的更好机会，由于有换马的可能性，并结合弃掉c3和d5的兵以换取黑方c5兵，将导致在王翼四兵对三兵的和棋局面。

26.c4 27.Nc5 Ra1+ 28.Kh2 Nf6!

现在白方意识到他无法进攻e7兵，因为黑方已经阻止了马在d7的将军，同时准备用车去进攻c3兵。

29.Ne4 Nd7 30.Rg5 Ra2 31.Rg4 f5 32.Rf4 Nb6 33.Ng5 N×d5 34.Rd4

34.R×c4 R×f2 35.N×h7+ Kg7 36.Ng5 R×g2+ 37.K×g2 Ne3+，黑方马残局取胜。

34.Nb6 35.Rd8+ Kg7 36.f4 h6 37.Ne6+ Kf7 38.Nd4 Na4 39.Rc8 N×c3 40.R×c4 Nd5 41.Nf3 R×g2+ 42.Kh1 Rf2，白方认输。

选局51

格尔凡德－马拉霍夫

索契 2005

白先（图51）

图51

14.Bf4!

白方避免交换黑格象，有两个原因：

①根据著名的塔拉什原则，白方有空间优势，应该避免换子。在这个特殊情况下，它只会帮助黑后找到e7的好位置。白方有空间优势，因为c4兵比c6兵更灵活，相比黑方e6-e5，白方更容易走e3-e4。

②由于黑方没有弱点，所以换子是无用的、无计划的，它会更容易利用灵活的结构。例如，在14.B×e7 Q×e7 15.e4 d×c4

16.b×c4 c5之后，白方正冒着承受兵弱点的风险。

14.f5

黑方转变成石墙结构，以阻止白方走e3-e4，但他的局面失去了灵活性。格尔凡德在《国际象棋中的位置决案》（*Positional Decision Making in chess*）中有见地地写道：在石墙结构中，g2象通常比b7、a6或h5上的"坏"象更糟糕。甚至不确定b1上的象是否更好，但比"蟹眼象"更容易交换。

15.Rfd1 Bf6?

除了增加黑方对e5格的控制以及给后留出e7格的空间外，象没有其他任何作用。

根据格尔凡德所说，黑方应该走15.Rc8。一个计算机程序的建议是：15.g5 16.Bg3 g4。

选局52

接续上一个选局51，分支变化的最后一着：16.g4

白先（图52）

图52

看起来很奇怪的走法：17.Nd2。关于这样的马的消极撤退，格尔凡德在上述书中写到，他的一个朋友研究了菲舍尔的对局，发现他从未撤退过他的子。如果他的子受到攻击，他会反击而不是撤退。格尔凡德对这一观察印象深刻，此后总是寻找类似情况下的反击。

白方可以走得更主动：17.Ne5 N×e5 18.B×e5 Bf6 19.Bf4，尽管白方同意进行一次交换，但由于他的王位置更优越，使他的局面更容易处理。

然而，Komodo 11（国际象棋引擎）意见不同，推荐走：17.Ne1! d×c4 18.b×c4 Qe8 19.Na2 Qf7 20.N×b4 a×b4 21.Nd3略优。马处在非常灵活、中心化的d3位置上，可以在合适的时候前进到e5或f4。用不好的c3马交换强大的b4马，避免用e5的好马交换d7被动的马实际上更合乎逻辑。

16.Na2! Qe7　17.N×b4 Q×b4　18.Bd3 Rfc8?

正确的是18.Q×b3　19.c×d5 B×d3　20.R×d3 Q×d5　21.Ne5 b5　22.f3略优。

19.c×d5 B×d3　20.Q×d3 c×d5　21.Rc2 Qa3

选局53

接续上一个选局52，主变的最后一着21.Qa3

白先（图53）

图53

尽管格尔凡德最终获胜，但令人惊讶的是他错过了22.Bc7!的机会，这是一个众所周知的接管竖线的方法，与卡尔波夫–恩齐克的模型对局相同，出现在子力调动的部分局面82。白方叠车在有保护的象的后面，以这种巧妙的方式征服了c线，并以更有效的方式赢得了战略斗争。

在对局中不正确的是22.h3？。刚才提到的卡尔波夫计划的一个强有力的代替方案是在王翼建立一个兵涛。白方可以用22.g3！增强对黑格的控制，接下来走Kg2和h2–h4。这种局面调动会很大程度地巩固和改善白方的局势，之后取得胜势。这个强大的黑格控制思路让人想起了著名的对局施莱切特–约翰，选局43。

选局54

布龙斯坦 – 盖夫斯基

第聂伯罗彼 得罗夫斯克 1939

白先（图54）

布龙斯坦走了9.Bf1

乍一看，把象走到b5然后再回到f1似乎很奇怪，那么重点是什么呢？理由

图54

是白方有空间优势，e4兵对抗d6兵，所以黑方想要尽可能多的交换轻子，为他的棋子创造更大的空间。通过把象置于f1，黑方就只能交换一个马。

布龙斯坦的这种走法是一个标准的选择，它出现在许多其他局面中，以创造一种协调的状态。象在f1不会妨碍任何其他的子，因为没有其他子需要利用这个格子进行调动。

如果白方替代把象放到e2，它会妨碍车、后和两个马，然后我们可以说白方的局面欠缺协调性。就像莫扎特的交响曲一样，没有哪个小节可以与其他的进行交换，象必须找到真正正确的位置，要考虑整个全局，不能仅仅考虑自己的局面。毕竟，在e2上它会向两个方向发力，而现在它只能在f1-a6斜线上发挥作用。

尽可能避免将子放在彼此的行进路线上是很重要的。在开局阶段局面更拥挤时，有时这是很难避免的，但在这个特殊的局面上，白方处理得很好。唯一的让步是f1象只在一条斜线上发力，但这是为了局面协调而付出的小代价。将此象与黑方的e7象比较，黑象甚至还不能移动。但是，最终它可能会被放到f8去创造协调，然后灵活地进入g7。

布龙斯坦的替代方案是9.B×c6或N×c6，各有利弊。你选择哪一步根据你的品位而定，但最主要的是同意交换一个轻子，以便能够从空间优势中获利。

对局继续：

9.Re8 10.b3 Bf8 11.Bb2 g6 12.f3 Bg7 13.Nde2

白方避开了另一次交换，以避免给黑方的子更多的空间。黑方有一些拥挤，但是局面很坚固，没有任何弱点。

选局55

恩齐克－菲舍尔

瓦尔纳奥赛 1962

黑先（图55-1）

图55-1

图55-2

16.Bb5!

在改善兵结构时接受换子的理念，不仅是菲利道尔喜欢的，也是菲舍尔和卡帕布兰卡这两位最伟大的转换专家所喜欢的。

17.B×b5 a×b5　18.Nd5 N×d5 19.Q×d5（图55-2）

在这里，同样的思路再次出现。黑方希望白方在a4格与他进行交换，进一步改善兵结构。黑方本可以在a1上进行交换或者把车走到c8，因为白方在局面中存在e4、c2和b2的战术弱点，王的位置也不好，另外b3马也是消极的。借用象棋特级特级大师苏巴（Suba）的话：在e7的"坏"象保护d6的好兵。然而，象可能会有一个更积极的未来，因为有时它在g5上是不错的位置，或者通过d8调动到b6的经典斜线上。

20.c3 Qa6 21.h3?

21.Rad1 Rc8　22.Nc1给了黑方22.b4强大的突破机会。23.Nd3 b×c3 24.b×c3 Ra5

（*24.R×c3是可能的，尽管底线很弱。例如：25.N×e5 d×e5 26.Q×e5【26.Qd8+ Bf8】26.Bb4 27.Q×c3 Q×f1+!*）

25.Qb3 Ra3　26.Qb1 Ra×c3　27.Nb4 Qa7　28.Nd5 R3c6 29.Qb3，对于兵白方有足够的补偿，在1962年库拉索，塔尔-菲舍尔的对局中，在58回合以和棋告终。

赫布纳（Hübner）分析了21.g3！在第三线安全守卫王的计划。在21.Qa8

（或者*21.Bg5 22.h4*） 22.Q×a8 Rf×a8 23.Kg2，下一步走Kf3，这个对局很可能以和棋告终。

21.Rc8 22.Rfe1 h6 23.Kh2 Bg5 24.g3

菲舍尔建议24.Rad1，但是黑方赢得局面斗争，因为a线处于黑方的控制之下。

24.Qa7 25.Kg2 Ra2!

正如尼姆佐维奇所指出的那样，当控制了一条竖线时，目标是去占据第7线。在这里黑方处理得很好。

26.Kf1? R×c3!，白方认输。

选局56

克拉姆尼克 – 卡尔森

伦敦 2012

黑先（图56）

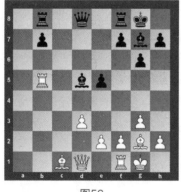

图56

18.Bc6!

卡尔森并没有走的这着，能令人联想到菲舍尔走的、能提升兵结构的着法16.Bb5!，根据卡帕布兰卡的理念。但是，既然c6上的兵和b7上的兵一样是孤兵，那么兵的位置会以什么方式改善呢？

顺带说一句，卡尔森走了不太精确的18.B×g2?! 19.K×g2 Qd7 20.Qb3 Rfc8 21.Bb2 Qd6 22.Rb1 Rc5 23.Rb6 Rc6 24.R×b7 R×b7 25.Q×b7 Rb6 26.Qc8+ Qf8 27.Qd7 h5!在防御强大的情况下，最终和棋。与强大的克拉姆尼克在这种局面下对抗时，当然不是一件坏事。

19.B×c6 b×c6

c6的兵比b7的兵更容易防御。黑方可以放一个车在兵的后面，c6兵后面的车的空间比b7兵后面的更大。白象不能像袭击b8车那样去袭击c8车。

选局57

鲍戈留波夫 – 亚诺夫斯基

纽约　1924

黑先（图57-1）

黑方亚诺夫斯基走了**19.Ne5！**，为了留住双象而弃掉一个兵。这是亚诺夫斯基喜欢的理念，很容易知道你是想拥有双象还是对抗双象。

20.B×h7+

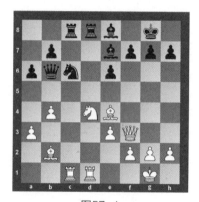

图57-1

图57-2

人物，攻克重要的关键格c4。

29.Ba1? Rdc8?

20.Qh5?? f5显然不能这么下；

20.Qe2 Ba4 21.Qh5 Ng6会保留双象，因为下一步可以走Bf6，黑方的双象无论如何都会变强。

20.K×h7 21.Qh5+ Kg8 22.Q×e5 Bf6 23.Qh5 Ba4（图57-2）

黑象很大程度地增强了灵活性，对于兵黑方有很好的补偿。

24.Re1 Qd6 25.h3 Bc2

Komodo 10提前计算了14回合，提出25.e5。尽管黑方的着法不是最精确的，但值得注意的是，这个象的机动性令人难以置信。

26.Qf3! b5 27.Qe2 Ba4

27.Be4更精确。

28.Qf3

28.Ba1!使象更好地被保护，当白方积极地走后时，避免如Bc2的策略。

28.Rc4!（图57-3）

黑方很像斯汤顿创立的英国学派的代表

图57-3

图57-4

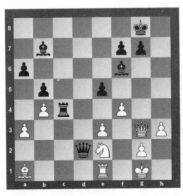

图57-5

29.e5 30.R×c4（*30.Nf5 Qd2 31.Rb1 Bc2*）30.b×c4 31.Ne2 Bd1!接着走Qd2可以取胜。注意a4象，是黑方优势增强的主要原因。

30.Rb1 e5 31.Ne2?

30.Qg3!是正确的。

31.Bc2 32.Rbc1 Be4

白格象是大斜线上的魔鬼。

33.Qg4（图57-4）

33.Bb7

更强的是33.R×c1! 34.N×c1

（*34.R×c1 R×c1+ 35.N×c1 Qd2 36.Ne2 Qd1+ 37.Kh2 Bd3，黑方得马或得象。*）

34.Rc4

34.R×c4？？

34.Red1更好。

34.R×c4

对局结束，黑方的后突破了白方的局面。

35.f4 Qd2 36.Qg3（图57-5）

36.Re4?!

36.e×f4 37.N×f4 B×a1 38.R×a1 R×f4! 39.e×f4 Qd4+会让黑方多子。

37.Bc3

37.Nc3 Rc4

37.Qd5

37.Qd3更强。

38.B×e5?

38.Qf3!

38.R×e3! 39.Qg4

39.Q×e3 Q×g2将杀。

39.B×e5　40.f×e5　R×e5　41.Kh2　Qd2

41.Rg5?　42.Nf4

42.Qg3　f6　43.h4　Bd5　44.Qf2　Bc4，白方认输

决定双象的力量和决定对局的是白格象。这是弃兵的主要思路：驱使白方用他的白格象与马交换。如果您想专注于对双象的控制，亚诺夫斯基是一位值得研究的有趣棋手——因为亚诺夫斯基很擅于运用双象。

在棋盘上保留一个车还是两个车，哪种情况更好，有时很难决策，这个决定往往代表着结果是取胜还是和棋。下面是几个例子，旨在解决有趣的局面问题，什么时候以及为什么要交换车。

选局58

沃格特－鲁卡维那

斯科普里奥赛　1972

白先（图58-1）

图58-1

白方的一个思路是挺进f5-f6取胜。如果所有的车都交换掉了，那么这个计划将会更强，因为消除了可能的反击，并且在黑方的局面中制造了战术弱点。

26.R×d8+!　R×d8　27.Rd1　R×d1　28.K×d1（图58-2）

有人可能认为交换4个车对局面更拥挤的黑方有利，但事实上，白方更容易不受干扰地挺进他的f兵。

28.Nd8

注意28.Qd7+　29.Kc2　Nd4+　30.B×d4　c×d4是卡帕布兰卡后马对后象残局的一个糟糕版本。

29.Nd2　Kd7　30.Qe4　Ke8　31.Ke2　Qa7　32.f5!　Qd7　33.f6!

白方进行制胜突破。

33.g×f6　34.e×f6　Bf8　35.Qa8　Bd6　36.g5!　e5

图58-2

36.h×g5 37.h6是一个具体的例子,说明为什么换车是很好的。黑方无法防御他的底线弱点。

37.g×h6 Qf5 38.Qf3 Qh7 39.Qd5 Bc7 40.B×e5,黑方认输

在这场对局中,对于白方(和黑方)来说更容易运用后和王,但是白方最受益的是决定性的f5-f6兵的突破。

选局59

维德马尔 – 尼姆佐维奇

纽约 1927

黑先(图59)

图59

许多棋手可能会将其中的一个车移动到d8,在d线上进行了所有可能的交换,从而消除了局面中的原有动力。尼姆佐维奇走了深刻的:19.Rae8!

黑方必须利用他在e5、f5和g5上的高质量的兵,把重子放到这些兵的后面。白方在d线没有任何危险的入侵格。白车可以走到d6,但这没有任何意义,因为在第6线上没有任何弱点。19.Qg7?!是一个有趣的替换选择,然后把后翼车放在e8上。

20.Qa4 Ba8!

黑方必须抵挡Rd7的威胁。

21.Rd6 Qg7! 22.Bf1?

最好走22.Be1 g4 (22.e4? 23.Bc3) 23.f×g4 N×g4 24.B×g4 Q×g4 25.Qc2 22.e4 23.Be1 (23.f×e4 N×e4) 23.e×f3 24.Bc3 Qe7! 25.R6d3 f×g2 26.B×g2 B×g2 27.B×f6 (27.K×g2 Qe4+) 27.Qe4! 28.R1d2 Bh3 29.Bc3

Qg4+，白方认输。

这是尼姆佐维奇有创造性的走法，与古典学派相反，只要开放线无法被利用，就没有必要在这条线上放一个车与对方相对。

选局60

斯托尔兹 – 格利戈里奇

萨尔茨约巴登 1952

黑先（图60-1）

图60-1

图60-2

10.Bd7!

当白方有一个结构上的弱点时，就像这里的d4，黑方想把马放在这里，给黑方的建议是避免交换车。这是因为如果棋盘上有车，更容易发挥强大的前哨的优势。此外，由于强大的中心化的马，白方的车将变得消极。

11.Nd5

与黑方在 d4 上的前哨相比，这个前哨是暂时的。

11.h6 12.Be3

12.N×f6+ e×f6给了黑方f6-f5在中心突破的可能性。

12.b6 13.Nec3 Ne8! 14.Bc1 e6 15.Ne3 Nc7

15.Nd4走的过早，因为白方会走16.Ne2。

16.Bd3 Na6 17.f4

17.a3削弱了b3，会被d4马利用。

17.f5 18.e×f5

18.e5 g5，有利于黑方。

18.e×f5 19.Ncd5 Nab4 20.Bb1（图60-2）

20.Bd4

没有占领d4的一个好处是你可以保留在那里放置另一个子的选项。

21.a3 N×d5 22.c×d5

22.N×d5 Na5 23.Ba2 Ba4使b3的弱点暴露了出来。

22.Ne7 23.Ba2 Kg7 24.Nc2 Bf6 25.Kf2 Ba4 26.b3 Be8 27.Rhe1 Bf7 28.b4 N×d5 29.b×c5 b×c5 30.Rd3? N×f4，白方认输。

与同时代的人相比，摩菲意识到，当你在子力上领先时，通过交换后来简化局面是有意义的。首先，你完全消除了反击的机会，然后，接近了残局。我们不会看这样的明显案例，但是会从其他角度审视为什么交换后可能有用。

选局61

姆纳萨卡尼亚 – 彼得罗相

莫斯科 1964

黑先（图61）

图61

13.Qf6!

谋求换后是合乎逻辑的，以消除白方在空间上的优势。除此之外，也不清楚后还能做什么。把象出到d6（而不是 e7），后调动到 f6与白方灵活的后交换，是一个聪明的想法。

对局继续：14.Q×f6 N×f6之后，白方的中心被自动地中和掉了。彼得罗相在31回合就获得了胜利。

另一个选项是14.B×d5 c×d5 15.Q×f6 g×f6对于白方来说没有明显的优势，因为如果黑方保持王在那个区域，那么很难利用王翼上被打乱的兵。

相反，14.Qe4可能走向更尖锐的对局。我们不知道彼得罗相会向哪边易位。在类似的典型结构中，两种选择他都使用过。

选局62

罗森塔利斯 – 阿佩尔

德甲联赛 1993

白先（图62-1）

图62-1

图62-2

29.Qa3!

深层理念。白方实际上至少弃掉了半个兵，因为b兵将被放置在a3，位于a5兵的后面，但作为回报，白方获得了b线的控制权。沿着这条竖线，白方不仅可以对b7施加压力，还可以通过b5格对d5施压。

29.Q×a3?

29.Rd8会破坏白方的大部分计划。现在白方得到了他想要的。

30.b×a3 Rd8　31.Rb2 Rc7　32.Rb5 Rdd7　33.Kf2 g6 34.Ke3 Kg7　35.Rfb1 Kf7 36.Rc5! Ke7

36.R×c5 37 d×c5，白王控制d4格。

37.Rbb5 R×c5　38.d×c5! Kd8　39.a6 Kc8（图62-2）

40.Rb6!!

令人惊奇的重子移动！

40.Bg8　41.Rf6 Rd8　42.Kd4 b×a6 43.Rd6，黑方认输。

在我看来，这展示了罗森塔利斯的不朽对局。

选局63

斯梅斯洛夫－塔尔

候选人赛 南斯拉夫 1959

白先（图63-1）

图63-1

15.Qd3!

白方从换后中受益，d线上的叠兵是一个很小的代价。原因是白方可以在c线开始进攻，双象和强大的a5兵一起配合，这将确保白方局面至少是略优。注意，如果黑方回避交换，白方也准备了c2-c4。

15.Rfc8 16.Rfc1 Q×d3

16.Qc4 17.Nd2

17.c×d3 g6

17.Nc5？ 18.N×c5 d×c5 19.d6!，白方获得子力优势。

18.Rc3 R×c3

白方威胁叠车，但这样交换帮助改善白方兵的位置，并打开b线。

19.b×c3 Rc8 20.c4（图63-2）

20.e4!

黑方必须积极，否则白方将把他的车放在b1，对b7的制造威胁。

图63-2

21.d×e4 R×c4 22.Nd2 Rc2 23.Bd1 Rc3 24.Kf1 Nc5 25.Bd4 Rd3 26.B×c5 d×c5

如果26.R×d2 27.Be3 Rb2 28.Rc1 N×e4 29.Rc8+ Kg7 30.Bd4+

27.Ke2 R×d2+

27.Rd4 28.f3；

27.c4 28.Ra4

28.K×d2 N×e4+

黑方试图借助对黑格的控制来建造堡垒。现在斯梅斯洛夫应该走29Kd3!在残局中具有明显的优势。

选局64

斯帕斯基 – 彼得罗相

世界冠军赛 莫斯科 1966

白先（图64-1）

图64-1

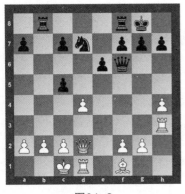

图64-2

13.h4!!

这是对黑方简单计划的具体回应，黑方想要走Rab8，然后c6-c5。其他思路，如13.g4，之后h4，争取进攻并打开王翼的线路，或者13.Bd3以及13.Bc4，接着走Rhe1，这些迷你计划都不是那么有效。斯帕斯基的计划是把车放在h3，让它灵活起来，并把后放在g5，然后换后，以便能够在残局中利用他更好的兵结构和象对马的优势。

13.Rab8 14.Rh3! c5（图64-2）

14.Rb6 15.Qg5! Rfb8（*15.Q×f2?? 16.Rf3 Qg1 17.Qg3，黑方的后被困住*）16.Bc4 R×b2?? 17.Bb3，困住黑车。

15.Qg5!

这就是斯帕斯基巧妙的第13着的真正意义所在。白方对王翼进攻不感兴趣，更愿意换后，以便用Rc3或Ra3对付弱兵。

13.h4!!不是为进攻做准备，而是为残局做准备！斯帕斯基的巧妙走法！

对局很快就结束了，接下来的走法是：

15.c×d4 16.Q×f6 N×f6 17.R×d4 Rb7 18.Rb3! R×b3 19.a×b3 Ra8 20.Rc4 Ne8 21.Ra4 Nd6 22.g3 Kf8 23.Bg2 Rc8 24.R×a7 Ke7 25.Kd2 h6

26.c4 g5 27.h×g5 h×g5 28.Kc3 Kd7 29.b4 Rh8 30.b5 Rh2 31.Bc6+ Kd8,
黑方认输。

65～108 子力调动

所有子都有一个特殊任务，在子力调动中表现得最为明显。特别是在封闭性局面中，调动技术尤为重要。其他情况下，当其中一方拥有主动权或更大的空间时，能够更有效地重新部署自己的力量。

首先展示马的能力，然后是象、车和后的能力。在选局87和选局88中，可以看到王调动的例子。

含有几个子调动的重要理念的另一个方面是利用两个弱点以及对全局的把握。

65～78 马的调动

由于马特别的移动方式，它成了棋盘上最神奇的棋子，大多数人都很难把它处理好。布龙斯坦写道：我们通常把主要注意力放在远射程棋子上（后、车和象），而当兵和马已经越过第5条线时，发现危险为时已晚。"显然，这里的法则和生活中是一样的，在过马路时，为了避免发生事故，我们必须要时刻注意超速行驶的人。"

这样的"事故"在我的身上已经发生了不止一次，一个典型的例子如下：

选局65

恩奎斯特 – 马特洛斯

斯德哥尔摩 1998

黑先（图65-1）

用布龙斯坦的术语来说，黑方16.Nb4!越过了"赤道"！我走了17.a3，期待17.Na6，但他却走17.Na2!!进入更深的位置（图65-2）。

图65-1

图65-2

图65-3

这显然让我感到震惊，所以我的应着是18.Rc2?，黑方预计我会走18.Ra1并分析18.B×c4（*18.b5可能更精确*）19.Bd4 b5 20.B×g7 K×g7 21.B×a8 Q×a8 22.Rg1 b×a4?（*22.f6或22.Kg8是正确的，有很好的获胜机会*）23.Qd4+ Ne5 24.f4有反击。

18.Rb1可能是最好的，但黑方仍然会掌控局势：18.B×c4 19.b3 Be6 20.Qc2 b5。

18.b5! 19.B×a8?

19.Nc3更好。

19.Q×a8 20.f3 b×a4 21.Qa1（图65-3）

21.Nb4!

这个马好得令人难以置信！

22.a×b4 a×b4 23.Qd1 b3 24.Rd2 Ne5

第二个马来得也非常快。

25.Bd4 N×c4

第二个马也穿越了赤道。

26.B×g7 K×g7 27.Rd4 N×b2

这个马被置于第7（2）线。

28.Qc1 a3 29.Rh4，白方认输。

因为29.Qa5+ 30.Kf2 Qc5+。

这个"事故"的告诉我们，尽早观察马的移动是至关重要的，否则可能为时已晚……

选局66

本科 – 斯坦因

阿姆斯特丹 1964

黑先（图66）

图66

一个棋手设法通过几步棋来提高某个子的位置是一种简单的调动形式。黑方走了35.Ne8。马被放在d6会更好，它不仅对e4兵和c4格施加压力，而且还准备在未来的适当时机走f7–f5。

也可以说，这个调动符合菲利道尔原则，它说明了兵的机动性是最重要的因素。这个原则通常适用于封闭局面，但有时也适用于像这里的半封闭局面。

36.Bg2 Nd6 37.Bh3 Qa2+ 38.Qc2??

38.Kf3会保持局面平衡。

38.N×e4!

拥有战术慧眼总是非常重要的，特别是在时间压力下。黑方在62回合后轻松获胜。

图67

选局67

卡尔森 – 阿格雷斯特

瑞典 2016

黑先（图67）

12.Na7

黑方计划着看似缓慢地调动Na7–b5–c7–d5，但它有作用，因为当前是封闭局面，出子领先的价值降低。

对局继续：13.Qe2 Nb5 14.Rd1 Nc7 15.Nfd2，最好的是15.Nd5，黑方扳平了局面，这得益于位置优越的中心化的马。

较差的是15.b5?! 16.a×b6 N×b6 17.Na5 Qd7 18.Ndb3白方略优。但在38回合之后黑方还是获胜了。

选局68

波尔加 – 伍德

黑斯廷斯　1988

白先（图68）

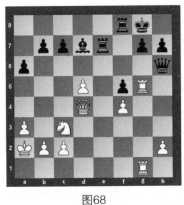

图68

波尔加走了24.Nb1!!。黑方在e5有一个巨大的空洞，因此不难发现马的调动线路Nb1-d2-f3-e5。你需要熟悉这样的模式，并能够提前计算4步。注意真正漂亮的预备着法是Ka2，为马腾出b1格。

24.Qf6 25.Qb4 b6 26.Nd2 Rff7 27.Nf3 Re4 28.Qd2 Rfe7 29.Ne5

现在马走到了e5，黑方所有的反击机会都消失了。

29.Bb5 30.Kb1 R4×e5?

这是一个很自然的反应，看到了马的力量，但是无法解决黑方的问题。最好的走法是30.Be8，当然，在激烈的战斗中，这说起来容易做起来难。

31.f×e5 Q×e5 32.Rd1 h6 33.Rgg1 Qf6 34.Qf4 Re4? 35.Q×c7，黑方认输。

在1974年候选人赛中，在卡尔波夫与斯帕斯基的最著名的一场对局中，卡尔波夫走了相似的调动Nb1-d2-f3。我敢肯定波尔加对这场比赛的思路非常熟悉。如果你还没有看过这个对局，你应该查一下。

选局69

菲舍尔 – 莫布里

车轮战

美国 1964

白先（图69）

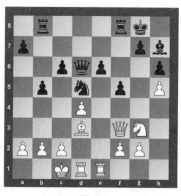

图69

对比前面的例子，18.Ne2!代表了稍微更复杂的调动。首先，白方调动位置最差的子，他的梦想或长期计划是把g3马调动到e5或c5格。让我们看看菲舍尔是如何做到这一点的，因为目前我们还不清楚应该怎么做。

对局继续：18.Nb4 19.Kb1 N×d3 20.R×d3 f4 21.Rdd1 b4 22.Nc1!

现在更清晰了。菲舍尔想把马放在b3或者d3。

22.a5 23.Qe2 Rf6 24.Qe5 Qd8 25.b3 Rb5 26.Qe2 Qa8 27.Qc4 Bf5

我们的英雄时刻到了。

28.Nd3! Rd5?

黑方应该用28.B×d3除掉白方的马。现在最强的着法是：29.Ne5!白方的优势明显。

相反，菲舍尔走出了29.N×f4，之后很快取胜：29.B×c2+ 30.Q×c2 R×f4 31.R×e6 Rf×d4 32.R×d4 R×d4 33.R×c6 Qd8? 34.Rc8 Rd1+ 35.Kb2 a4 36.R×d8+ R×d8 37.b×a4，黑方认输。

选局70

克拉姆尼克－格里斯查克

候选人赛　柏林　2018

白先（图70-1）

图70-1

图70-2

白马在f3上没有任何作用，那么它应该调动到哪里呢？

18.Ng5!?

更保守的走法是18.Ne1，但是白方克拉姆尼克计划迷你调动Nh3-f4，控制d5格。

18.Rc5

如果黑方试图用18.h6　19.Nh3 g5?!，切断马到中心的路线，那么白方回应20.f3，接着Nf2，然后就可以享受黑方王翼的虚弱状态了。最关键的着法是：18.b5!，如果白方在b5上两次吃子，黑方就会通过Rc5建立在g5和b5上的双重威胁。

19.Nh3 b5　20.Nf4 b×c4　21.B×c4 Rg5!?（图70-2）

黑方很有创意，他把车走到g5格，想要打击白方王翼的弱点。然而，在这里，它有被切断的风险。更安全的走法是21.Ne5。

22.Ncd5

注意，白方的局面变得很灵活，也容易下。黑格大斜线是开放的，对黑格位置施加局面压力。

22.Ne5 23.Be2 Ne4?

23.Bc6，然后Qb7的思路是正确的。

24.Rd4 Nc5 25.h4 Rf5 26.e4

计算机推荐26.g4!，具有明显优势，但这一着法在王翼带来了明显的弱点，显然不适合人类。

26.R×f4 27.N×f4 N×e4 28.Nd5

克拉姆尼克设法利用他的微小的子力优势,在48回合后精彩获胜。

选局71

列科 - 克拉姆尼克

布达佩斯 2001

黑先(图71-1)

当出现马的调动时,克拉姆尼克表现出了特别的技术能力,所以让我们再来看一个例子。

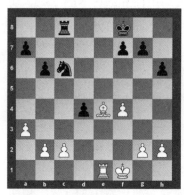

图71-1

图71-2

在这里,他走了22.Ne7!!。发生了什么,因为e4象控制着马呢。

在新闻发布会上,克拉姆尼克说,他想活跃王翼。这是一个很有启发性的例子,展示了在适当的情况下,马究竟可以拥有多少运动能力。布龙斯坦曾写道:"很难从远处看到马,因为它只不过是准备深入你的防线。"我们实际上忽略了一个事实,那就是马是一种慢动作的远射程棋子。

23.Re2 f5

这是关键。

24.Bf3

24.Bd3,显然允许黑马获得了强大的活跃度:24.Nd5。

24.g5 25.f×g5 h×g5 26.h3 Kf7 27.Ke1 Kf6 28.Rd2 Ke5 29.Kd1 Ng6(图71-2)

马在路上……

30.g3?

图71-3

白方在侧翼制造了一个不必要的弱点，黑方可以瞄准它进攻。

30.Rh8 31.Bg2 f4 32.Rd3 f×g3?

更强的是32.Ne7!。

33.R×g3 Kf5 34.Kd2 Ne5 35.Bf1?

35.Bd5是正确的。

35.Kf4 36.Rb3 Nf3+（图71-3）

穿越赤道带来了毁灭性的影响。如果将这个局面与最初的局面进行比较，就可以看

出发生了难以置信的变化

黑方的棋子越过中线对白方局面造成了毁灭性的影响。如果将当前局面与最初的局面相比较，就会发现局势发生了一种不可思议的变化。很少会看到如此果断的调动马。

37.Ke2 g4! 38.h×g4 Rh2+

在兵的突破的帮助下，黑方获得了很好的获胜机会，克拉姆尼克在133回合后取胜。

选局72

斯坦尼茨－拉斯克

世界冠军赛 纽约 1894

白先（图72-1）

图72-1

白方斯坦尼茨进行退马的调动：

18.Nh3! Nc5 19.Nf2

根据斯坦尼茨的理论，在中心安全的情况下侧翼攻击才能成功。注意，白方西班牙开局的象之前被放在b3，对f7施加压力，而马被放在g5，处于攻击位置。现在这两个子具有保护中心结构的防御功能，尤其是d3格。如何灵活地在进攻和防御之间转换，是

图72-2

斯坦尼茨的典型特点。

19.b5 20.g5 h5（**图72-2**）

21.Nf5!

现在，白方从防守转变为进攻。另一个消极的马和c1象突然复活了。

21.g×f5 22.e×f5 f6 23.g6 N×g6 24.f×g6 B×g6 25.Rg1斯坦尼茨有强大的攻击性，在42回合后获胜。

调动马到g5，然后回到h3的过程也是国际特级大师阿德里安·米哈基辛（Adrian Michalchisin）详细探讨过的一个现代思路。在其他的现代棋手中，科尔奇诺依是这个有趣思路的代表人物。

选局73

恩奎斯特－黑诺拉

斯德哥尔摩 2008

白先（图73-1）

图73-1

据俄罗斯的著名原则所说，如果无法找到一个正确的计划，那么应该改善位置最差的子——因为它本身就是一个有效的迷你计划。

但是就像这个局面，如果你负担了两个消极的子，该怎么办呢?白方的问题子是a1车和b3马。这两个子中哪个更应该被移动呢?

一个经典的原则是在重子之前先移动轻子，但是，当然在计算时一定要检查这一点。这一定要有精确的计算支持才能完成。在这场比赛中，我并没有走出最好的一着。

我走了24.Rad1?!，对手的应着是24.Bg4。同时我在考虑是否要走弱化的25.f3或者失先的25.Ra1，此时对手的手机响了，根据严格的比赛规则，我立即

图73-2

获胜。我很幸运，因为黑方的局势显然更好。车移动到d1，只会令黑方感到高兴，因为他的双象很强大，尤其是在a7-g1斜线上的象。

白方正确的走法是24.Ne2!

这个问题的另一个解决方案是24.Nc1! Bg4 25.Nce2但在对局中，我都错过了。

24.Bg4 25.Nbd4（图73-2）

出于某种无法解释的原因，我完全忽略了调动其中一个马到e2的可能性。

从静态来说，白方的局面是有利的，马的调动与局面的静态性质一致。

有时很容易进行习惯的移动，把车从左侧角落移动到中心，但在这种情况下，不是最好的选择。正确的调动是把被错误地置于b3的马移动到e2，可以通过两种不同的方式实现!马确实是特别的子，我们必须以适合它们的方式对待它们。这也是我们列举了几个关于马的调动例子的主要原因。

选局74

科尔－卡帕布兰卡

卡尔斯巴德 1929

黑先（图74）

图74

当有几种选择时该如何处理受威胁的马？卡帕布兰卡的解决办法是：

13.Nc6!

当然黑方应该给强大的d4马增加压力。它比c1象更强。13.Nd3?是个局面性的错误，因为14.Rf3 N×c1 15.R×c1，白方很高兴，因为他不需要再担心c1象的问题。

14.Rf3 g6!

这步棋也解释了为什么卡帕布兰卡不在第13着将马置于g6格的原因。黑方以一种预防性的方式来对抗白方e4-e5的计划。14.N×d4 15.c×d4 Be2 16.Q×e2 Q×c2 17.Rc3 Qa4是另一种选择。

15.N2b3

15.N×c6 Q×c6 16.f5 Bc5+ 17.Kh1 Ng4对黑方有利。

15.f5 g×f5 16.e×f5 e5 17.N×c6 Q×c6后面跟着Kh8和Rg8，在g线上给了黑色巨大的压力。

15.N×d4

15.d5也是不错的。

16.N×d4 Bb7! 17.Qe2 Bc5!

有多种想法的一着。它阻止c1象的出子，并计划Qc6!，对次大斜线和大斜线施加强大的压力。

18.Rh3?

18.Re3，对e4兵的过度保护是必要的!

18.Qc6!

……黑方在34回合之后就获胜了。赛后，科尔（Colle）说出了那句传奇的话："在我看来，我并没有走软着，但是我的对手走出了一些强大的着法。"

选局75

菲舍尔－斯帕斯基

圣斯特凡岛 1992

白先（图75-1）

图75-1

27.Nf1!!

开始了一个不寻常的马的调动，经过d2和b1，到达a3。另一种处理这个局面的方法是：27.a×b5 a×b5 28.Ba7（卡尔波夫的独创性思路，我们稍后将更详细地讨论），然后是Ra5，Nd2-b1-a3，因为黑方军队的调动空间非常有限，b5兵将很难防守。

27.Be7 28.N1d2 Kg7 29.Nb1（图75-2）

图75-2

图75-3

我们会经常看到斯坦尼茨的调动：b1-d2-f1-g3，但在这里白方菲舍尔选择了相反的路线，一个反向的斯坦尼茨调动，这是与众不同的、原创的着法。

斯帕斯基是一位主动型的棋手，他不喜欢被动的局面，这就是为什么接下来走有些冒险的29.N×e4!?。

在选局148、149中，你会看到更多的斯帕斯基走出的、与心理相关的着法。斯帕斯基想要弃掉一个马来换取白方极好的、强大的兵中心，但这当然是不正确的，因为白方仍然拥有他的局面压力。

30.B×e4 f5?!

一个更好的续着是：30.Nf6　31.Nfd2 N×e4　32.N×e4 B×d5

31.Bc2 B×d5　32.a×b5 a×b5　33.Ra7 Kf6?

更好的是把王调动到底线，允许h7的马使用这个格子。

34.Nbd2 R×a7　35.R×a7 Ra8　36.g4!

对王的猎杀开始了！

36.h×g4　37.h×g4 R×a7

不能走37.f4　38.Be4! f×e3　39.B×d5 R×a7　40.Ne4+；

也不能走37.f×g4，由于38.Nh2。

38.Q×a7 f4　39.B×f4! e×f4（**图75-3**）

40.Nh4!!

40.Qd4+ Ke6　41.Bf5+也可以取胜，但菲舍尔的选择更艺术。

40.Bf7

如果40.Nf8，那么41.Qd4+ Ke6　42.N×g6 N×g6　43.Bf5+ Kf7　44.Q×d5 +

41.Qd4+ Ke6

41.Kg5，白方可以应着42.Ng2或42.Qg7。

图75-4

42.Nf5！（图75-4）

42.Bf8

42.g×f5 43.B×f5将杀；

42.Bf6 43.Q×d6将杀；

42.Kd7 43.Qa7+ Ke6 44.Ng7+

43.Q×f4 Kd7

或者43.g×f5 44.B×f5+

44.Nd4 Qe1+ 45.Kg2 Bd5+ 46.Be4
B×e4+ 47.N×e4 Be7 48.N×b5 Nf8

49.Nb×d6 Ne6 50.Qe5，斯帕斯基认输。

菲舍尔的不朽棋局之一！

选局76

恩奎斯特 - 埃里克森

斯德哥尔摩 2017

白先（图76）

图76

在这个局面上，我不幸地错过了非常好的调动马的机会：

19.Nb5!

在5线上的两个马的攻击理念受一句格言的启发，即一个人应该始终分析能够导致强行进入对方阵地的侵略变化。这是菲舍尔的著名原则，他指出，你应该只向前走，不要向后退。白方利用黑方还没有走出c6或是a6来守卫b5格的事实，走出具有侵略性的着法Nb5。

19.Ne6

19.B×b5 20.c×b5，导致了明显的白方局面优势，因为，f2-f4会伴随着空间优势，可以更积极。最终，在b3-b4之后，c5马也会被赶走。

19.c6?，有效的应着是20.N×d6 Re6（*20.c×d5 21.Q×d5+这将会带来直接的子力优势，因为c5马可能会被吃掉。如果黑方把马退回e6，那么白方会先吃e8的车，然后再吃e5的马*）21.Nf4白方白得了一个兵。这个变化是最重要的，也是很难预见的，因为它涉及战术因素。

20.f4 Ng4 21.B×g7 K×g7 22.e4白方有明显的局面优势。

要记住，马应该前进，根据选局52提到的菲舍尔方案！

选局77

波马尔 – 阿廖欣

马德里 1945

白先（图77）

图77

19.Nb3白方撤退，这次撤退触发了阿廖欣给他的学生波尔马的一条非常好的建议。他说："有些局面必须进行战术组合。"世界冠军建议改走19.b4，如果19.b×c5（*19.Kb8 20.Reb1 Ka8 21.Na6 c6有足够的防守资源，但在王翼进攻会更困难*）20.b×c5 Qc6 21.Rab1，接下来Bb5，形成非常危险的攻击。

Komodo 11不同意，它提到21.a6黑方略优。相反，它的纠正并不意味着阿廖欣的教学建议是无用的。Komodo 11实际上推荐了19.Na6，对白方来说略优，证明了阿廖欣认为马不应该撤退的洞察力是正确的。

在实际对局的消极移动之后，白方的局面失去了吸引力，19.g5 20.Nh2 Ne6 21.c4 d×c4 22.B×c4 Kb8 23.Rac1 Nd8 24.B×f7 N×f7 25.Qc4 Nd5。波尔马被一步步击败了，阿廖欣在48回合后获胜。

阿廖欣想告诉他的学生，白方必须做出一个重要决定：选择走19.b4弃掉马，它是保持该局面的动力（能量）的唯一一方法，还是最差的移动马。但根据Komodo显示，本着菲舍尔精神的前进马是正确的。

选局78

鲁宾斯坦－塔拉什

卡尔斯巴德 1923

白先（图78）

图78

鲁宾斯坦是对抗孤兵的特级大师，他介绍了与孤兵技术相关的重要思路。在这个经典的局面中，他走出了11.Ne1!?，白方计划调动马到d3，然后到达f4，在那里对d5兵施加压力。正如尼姆佐维奇建议的那样，用马在d4封锁孤兵并不是完全强制性的。另一个替代选择是跟随着鲁宾斯坦的脚步，走到孤兵周围，甚至可能吃掉兵。

对局继续：11.d4 12.B×f6 Q×f6 13.Ne4 Qe7 14.N×c5 Q×c5 15.Nd3 Qb6 16.Nf4! Q×b2?

16.Rfe8更好。

17.N×e6 f×e6 18.Rb1 Q×a2 19.R×b7，在59回合后鲁宾斯坦的对手认输。

关于马的调动部分到此结束。接下来我们开始象的调动。

79～87 象的调动

布龙斯坦曾说："后翼的象永远找不到比g7黑兵更好的目标了"。这里我们有一个好的技巧，如果不是因为1.e5堵塞了斜线，我们会有充分的理由走1.b3。为象找到一个好的斜线，在那里它可以发挥最大的作用，但是它需要适应兵结构。没有理由这样下，例如，1.d4 Nf6 2.Bf4如果黑走2.d6，几乎终止了这个象的路线。所以，更好的是2.Nf3，如果黑方2.d5，然后走3.Bf4。

前3个局面展示了象的未来前景，如何通过撤退到开始格子来改善它的情况。在这条路上，它能找到一条更有作用的斜线。这样它就能找到更多有效的斜线。接下来的3个局面处理从经典斜线到b1-h7斜线的调动，以及在对称局面下的异色格象和双象。

选局79

安德森－布朗

奈斯特韦兹 1985

白先（图79）

图79

在刺猬局面中，一个象调动到e3或f4是典型的思路，因此安德森走了**16.Bc1!**，回到初始的c1-h6斜线。

16.Nfe4 17.Bf4 Rc8 18.N×e4 B×e4 19.Bd6?!

正确的是19.Rd2，但是如果白方更喜欢调动他的象，更好的尝试是19.Be5，引起20.f6，之后只能20.Bd6，因为f6格象不可用。黑格象的交换更容易让白方利用后翼的多兵。

19.Bf6! 20.Ne5 Nb7 21.f4 N×d6 22.R×d6 Be7 23.Rdd1 B×g2 24.K×g2 f6 25.Nf3 Bc5 26.Rd3 Rd8 27.Rad1

黑方象阻碍了白方试图移动他后翼的多兵，因此双方同意和棋。

选局80

斯梅斯洛夫－朗格威格

阿姆斯特丹 1981

白先（图80）

30.Bc1

白方计划b2-b3，随后Bb2针对黑方f6兵给予压力。这是一步非常强大的着法，让人不禁想到布龙斯坦的说法："一个象，站在了一个好的斜线上，瞄准对

图80

方的王，比任何车或马都好。"

吃惊的是，电脑更倾向于调动另一个象。强大的走法30.Be2!，白方计划Bg4，进一步对f6施压。30.Nf7（*30.h5 31.g4!*）31.Bg4 Nfe5 32.Be6。白方更灵活的子决定了对局，主要威胁在e5的吃子。

30.Nf7　31.b3 Rab8　32.Bb2 Nfe5 33.a4 a6 34.Be2 Kf7

34.b5　35.a×b5 a×b5　36.Nb4 Ba8

37.Ncd5白方拥有可取胜的局面优势。

35.g4 Kg7　36.a5 Rd8　37.Rf2 Rbc8　38.Rdf1黑方输在了时间上，但是这盘棋在局面上也输了，因为f6兵没办法挽救。

选局81

卡斯帕罗夫 – 彼得罗相

蒂尔堡 1981

白先（图81）

图81

11.Bf1!

这是一步看似矛盾的撤退，显示出对局面的深刻理解。白方想要保护h3兵，所以很可能会在王翼进行易位。象被很好地调动到g2格，控制白格大斜线，这将使黑方更难通过c5攻击白方的中心兵。这步明智的移动象帮助白方维持在中心的强大局面。

卡斯帕罗夫在他的注释中提到，当他走出这一精彩的着法后从棋盘旁站起来时，斯帕斯基拍了拍他的肩膀说："绝妙的调动！"

值得注意的是，彼得罗相曾两次用白方遇到这个局面，但他没有走这个明智的有预见性的象的调动。但是，话又说回来，我们应该记住，彼得罗相以高超的调动技术而闻名。相反，他更喜欢能获得空间的着法10.g5。

11.c6

黑方需要用这步被动的着法来抵御白格大斜线上的威胁。

12.Bg2 Qc7　13.O–O Be7　14.f4 Nb6　15.g5

白方的优势很小，但黑方的局面很稳固。彼得罗相最终赢得了比赛，成了历史性的一刻，因为他展示了有史以来最著名的王移动之一。

选局82

卡尔波夫－恩齐克

奥赛 尼斯 1974

白先（图82–1）

图82–1

图82–2

这个局面出现在：1.e4 e5　2.Nf3 Nc6　3.Bb5 a6　4.Ba4 Nf6 5.0–0 Be7　6.Re1 b5　7.Bb3 d6　8.c3 0–0　9.h3 Na5　10.Bc2 c5 11.d4 Qc7 12.Nbd2 Nc6　13.d5 Nd8　14.a4 Rb8　15.a×b5 a×b5　16.b4 Nb7　17.Nf1 Bd7　18.Be3 Ra8　19.Qd2 Rfc8　20.Bd3 g6 21.Ng3 Bf8　22.Ra2 c4 23.Bb1 Qd8之后。

在这里，卡尔波夫走出了令人震惊的极好着法24.Ba7!!——避免兑换重子的突破性思路。在西班牙开局中，白方经常会在王翼进行发挥，而黑方在另一个侧翼进行反击。但在开始的这步棋之后，黑方在后翼的反击结束了。需要记住这个重要的思路，无论什么时候为了控制一条竖线都可能会利用双倍或三倍的力量。

24.Ne8　25.Bc2 Nc7　26.Rea1 Qe7 27.Bb1 Be8　28.Ne2（图82–2）

白方慢慢地准备在王翼走f2–f4。但是黑

图82-3

图82-4

方对此无能为力，只能采取观望策略。

28.Nd8 29.Nh2 Bg7 30.f4 f6 31.f5

现在白方在中心和王翼都有了空间优势。

31.g5 32.Bc2 Bf7 33.Ng3 Nb7 34.Bd1 h6 35.Bh5（图82-3）

看看卡尔波夫是如何利用棋盘边线来实现他的战略目标的，真是令人着迷。现在黑方无法阻止白格象的交换。

35.Qe8 36.Qd1 Nd8 37.Ra3 Kf8 38.R1a2 Kg8 39.Ng4 Kf8 40.Ne3 Kg8 41.B×f7+ N×f7 42.Qh5 Nd8 43.Qg6（图82-4）

只有能够改善兵的位置时，白方才会同意交换。

43.Kf8 44.Nh5，黑方认输。

这是卡尔波夫的一部战略杰作，展示了最高水平下的象的调动。从一开始就要用心学习这个对局！

选局83

恩斯特 – 恩奎斯特

斯德哥尔摩 2017

黑先（图83）

国际象棋的美妙之处在于，你可以从神那里窃取思想，而不犯任何的道德错误——这正是我下一步所做的20.B×h2!。

首先我计算了两种变化，20.R×h2 21.R×h2 B×h2（*21.Rf1+ 22.Kc2 R×a1 23.Rh7*）22.Ke2 Bf4 23.Rh1，但在这两种变化中，尽管落后一个兵，但是我感觉白方有很好的和棋机会。然后我分析了棋谱着法，立刻联想到之前提到的

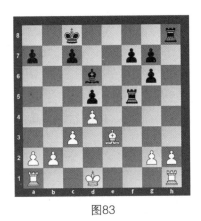

图83

Karpov – Unzicker的对局中著名的象移动到a7的走法。卡尔波夫的关键着法是在象后面的a线上叠双车。在这里，我很乐意采用同样的思路，因为我想通过保留车在棋盘上，并进行攻击来保持对局的主动性。

　　21.Ke2 Rfh5　22.g4 Rh3　23.Raf1 f6 24.Rf3 R3h4　25.g5 f5　26.Kd3 Bd6

　　现在我因为时间紧张，所以同意交换双车。一个好的替换方案是：26.Kd7。

　　27.R×h4 R×h4　28.b3 f4　29.Bd2

29.Bf2 Rh5。g兵丢了。

29.Kd7　30.c4 c6　31.c×d5

31.c5 Bc7　32.Be1 Rh8　33.Bd2 Rf8，黑方获胜。

31.c×d5　32.b4 Ke6　33.a4 Kf5　34.b5 K×g5，白方认输。

选局84

哈尔开 – 索科洛夫

奥赛　布莱德　2002

黑先（图84-1）

图84-1

23.a5!

白方按照卡尔波夫的模式，首先通过用象深入c线进行堵塞来试图控制这条线，然后在象的后面叠上他的重子。问题是，在此局面下，这个概念不起作用，因为黑方可以打开另一条线。

24.Nd3

24.b×a5 B×a3或者更糟糕的24.B×a5? b6只会让黑方开心。

24.a×b4　25.a×b4 Qa4（图84-2）

图84-2

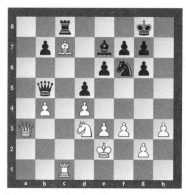

图84-3

a线已经被打开，黑方利用了它，使象调动到c7完全没有用。

26.h3 Qb5 27.Kf2 Ra8 28.Qc3 Rc8 29.Qa3 Nf6 30.Ke2?（图84-3）

根据弗莱尔的局面在30.Rc3之后，局面将是均势。

30.B×b4!

这里白方的缺点清晰可见。

31.Q×b4 Q×b4 32.N×b4 Ne8 33.Ra1 R×c7

白方不得不努力争取和棋，但最终还是输了。如象到c7的调动像Karpov – Unzicker对局中只有一条开放线下，且局面被封锁时才会真正有效。

选局85

鲍特维尼克 – 塔尔

世界冠军赛 莫斯科 1961

白先（图85）

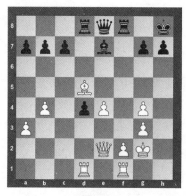

图85

35.Bc4!?

白方的计划就是简单地走Rh1，Bd3，f4和e5，形成不可阻挡的攻势。35.B×b7!?得了一个兵，但却减慢了白方在局面计划上的速度。根据菲利道尔的说法，在开局中一个兵价值三先。在这里，白方已经丧失了两先，一先是用于吃兵，另一先用于后撤。菲利道尔的这个原则在中局中并没有同样的有效性，由于所有的子都出动了，一切都变得更加复杂。然而，问题仍然是，是否值得花两先去捉兵，显然鲍特维尼克并不这么认为。

Rh1!，一步灵活的着法，也许是最精确的，让黑方无法察觉白格象的意图。

鲍特维尼克很快就会赢下比赛。35.c5　36.b5 Bf6?（36.a6）37.f4 d3 38.R×d3 R×d3　39.B×d3 Bd4　40.e5 g6　41.Rh1 Kg7　42.Qe4 b6　43.Bc4，比赛在这里封棋，但是塔尔在没有恢复比赛的情况下就认输了。对于e兵和f兵的行进已经束手无策了。

选局86

鲍戈留波夫 – 阿廖欣

世界冠军赛　1929

白先（图86-1）

图86-1

这个局面看起来均势，但实际上未必如此。原因是双方有异色格象。这意味着棋手运用对方没有的额外的子，具有一定的主动权，因为对方的象不能防御与自己一方的象所在颜色相同的格子。19.B×b7? Rab8，导致接下来黑方掌握主动权的局面，20.Qa6 Q×a6　21.B×a6 R×b2，对f2施压。19.Rac1只会导致之后的进一步交换：19.Rac8。

正确的是19.Rad1!白方计划Rd3-f3，给f7施压。

19.Rac8　20.Rd3! Rc7　21.b3

如果21.Rf3，那么21.Qb6。

21.b5　22.Rf3

白方率先对f7施压，因为黑方没有相应的对f2的压力。

22.Qb6　23.a4 b×a4　24.b×a4 Qb4　25.Qa2 Qb2

阿廖欣进行到残局的过渡。

26.Q×b2 B×b2　27.Rb1 Bd4　28.Rb5 Ra7　29.h4 h5?!（图86-2）

图86-2

黑方应该使兵保持在黑格。

30.Rb7!

这种交换对白方有利，因为黑方必须照顾f7和a5两个弱点。

30.R×b7 31.B×b7 Rd8 32.Bd5 Rd7

黑车设法将消极的f8车移到更灵活的位置，但与白方机动性更强的车相比，它仍然是消极的。

33.Rb3 Kf8 34.Rb5 Ra7 35.Bb7（图86-3）

黑车暂时被困住了，这对于缺少反击手段的阿廖欣来说不是一个好的局面。有趣的是，电脑对局面的评估分值是0.00，这只能展示出电脑感受不到局面的压力和心理的压力！

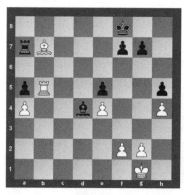

图86-3

35.Ke7 36.g3 Kd6 37.Kg2 Kc7 38.Bd5 Kd6 39.f4! f6?

更好的防御是39.e×f4 40.g×f4 g6 41.e5+ Ke7 42.Kf3 Kf8。

40.Bb3?

更强的走法是40.f5!，用人工手段来孤立h5兵。而白方这步棋意在Bd1向h5兵施压。但是黑方及时的走g6可以有效地防止白方f5。

40.Ra6?

正确走法应该是40.Bc3!

41.Bf7 Rc6 42.Rd5+! Ke7 43.B×h5 Rc5 44.f×e5 f×e5 45.Bf3! Kf6

在45.R×d5 46.e×d5之后白方实际上是多两个兵，因为e5兵没有任何作用。制造两个通路兵通常在异格象的残局中足以获胜，就像之后我们在残局部分中看到的那样。

Rd6+

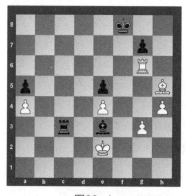

图86-4

46.R×c5? B×c5显然是和棋。

46.Ke7　47.Rg6 Kf8　48.Bh5! Be3　49.Kf3 Rc3　50.Ke2?（图86-4）

50.Re6 g5　51.Kg4 g×h4　52.g×h4将会获胜。

50.Bc5?

鲍戈留波夫建议50.Bd4！，获得和棋机会。

Re6!

白方又得到了一个兵，所以这个对局实际上已经结束了。

51.g6　52.B×g6 Re3+　53.Kd1 R×g3　54.h5! Kg7

黑色必须阻止h5-h6。

55.R×e5 Bb4　56.Ke2 Ra3　57.Be8 Rh3　58.Bd7 Rc3　59.Re6 Bf8
60.Ra6 Bb4　61.h6+ Kf7　62.Be6+ Kf6　63.Bf5+ Kf7　64.Ra7+ Be7　65.R×a5
Rc2+　66.Kd3 Rb2　67.h7 Bf6　68.e5 Bg7　69.Ra7+ Kf8　70.e6 Be5　71.e7+，
黑方认输。

一个非常有启发性的例子，展示了如何运用异色格象。即使是微小的主动
权在人类对弈中也意义重大，特别是防御方无法完成任务时。

选局87

恩利施 - 斯坦尼茨

伦敦　1883
黑先（图87-1）

图87-1

在这里，斯坦尼茨展示了如果在开放中
心的一个对称局面下黑方有双象，有三步计
划来利用他的优势。黑方的主要目标是使白
方的轻子无法调动，尤其是马。

第一步是移除马的前哨，这里是d4格。

第二步是在车前兵的帮助下把马驱赶到
消极的位置。

第三步是打开局面，利用消极的马。

斯坦尼茨走了17.b6!

这个重要的着法限制了象在e3-a7斜线上的调动，同时b3马也无法进入c5或a5格。

18.h3 Be6

注意双象对白方的后翼施加压力。

Rfd1

19.Nd4 Bc4，接着c7-c5。

19.c5!

这一着棋完成了斯坦尼茨三步计划的第一步。白马不再能够到达位于中心的前哨位置。

20.Bg5 f6!

黑方王翼的象现在暂时消极是没有关系的。其主要任务是使白方的轻子无法调动。

图87-2

21.Bf4 Kf7（图87-2）

双象的典型优势是，相比这类局面下的防守方，它更容易活跃王。如果白王走到f1，黑方可以在c4将军，如果白方准备f3和Kf2，白方必须注意车在e2的将军，象在c4保护车。

22.f3 g5!

白象在c1-h6斜线上也无法调动。

23.R×d8 R×d8 24.Be3 h6 25.Re1 f5!

黑方为他的象打开了大斜线并威胁f5-f4。

26.f4 Bf6 27.g3 a5!

这是三步计划中第二步的开始：去限制白马的机动性。黑方的威胁是走：a4，接着a3，白方的后翼兵将被摧毁。

28.Nc1 a4 29.a3（图87-3）

29.Bc4!

这也是典型的一着，象比马更强大。黑方的c4象控制c1马。这是第二步的结束。第

图87-3

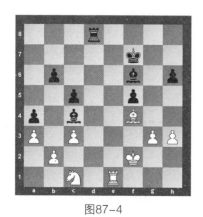

图87-4

三步是去打开局面，并且利用黑方更灵活的局面。

Kf2 g×f4

一个更典型的计划是30.Rd5，去准备决定性的突破b5-b4。然而，斯坦尼茨的续着足够好，因为所有的开放局面都有利于黑方，双象是一个决定性的因素，可以让黑方拥有优势的局面。

31.B×f4（图87-4）

31.Bg5!

拥有双象的一个优势是很容易决定何时进行一个有利的交换。没有必要将双象保留到底，因为有时利用它的动态机能很重要。如果黑方想要保留双象，他应该换走：30.Rd5。

32.B×g5 h×g5 33.Ke3 Kf6 34.h4

34.Rh1 Ke5，接着f5-f4，对黑方有利，因为在用兵将军之后，车进入d2。

34.g×h4 35.g×h4 Re8+ 36.Kf2 R×e1 37.K×e1 Ke5

白方的远方通路兵被黑方灵活的王有效地中和掉了。

38.Ne2 B×e2 39.K×e2 Kf4 40.c4 Kg4 41.Ke3 f4+ 42.Ke4 f3 43.Ke3 Kg3，白方认输。

这是一个非常重要的模型对局，展示了如何运用双象获胜。另一个高质量的对局是1873年在维也纳罗森塔尔（Rosenthal）-斯坦尼茨（Steinitz），读者应该学习它，因为它阐明了相同的三步计划。不要错过！

轻子的调动部分在此结束了。我们现在进入重子的调动，从车开始。

88～98　车的调动

车可能是最难调动的子。在开局和中局的早期，从长远看，有时不可能知道车的最佳位置。在残局，存在一些开放的竖线和横线，准确地计算续着是有一定困难的。

选局88

科瓦切维奇 – 塞拉万

维克安泽 1980

黑先（图88-1）

图88-1

像伊万丘克和希洛夫这样的棋手似乎来自另一个战术星球，那么塞拉万的可以说是来自局面星球。看起来像是白方正在控制h线，但是事实上，在第一步14.Kd7!!之后，黑方将接管h线。

这一创造性的着法不仅准备Rh8，也将王调动到c7，会让黑方的局面变得更加协调。

对局继续：

15.Nbd2 Rh8 16.Rg1 Kc7 17.Rb1 Rh3

18.b3 Qh8 19.Nf1

19.Bf1会更强。

19.N8d7 20.Bf4 Ne5 21.N×e5 B×e5 22.B×e5 Q×e5

黑方的后和车控制了局面。

23.f3 Bd7 24.Qc2 Qd4 25.Rg2 Rh1 26.Rf2（图88-2）

26.Qh8

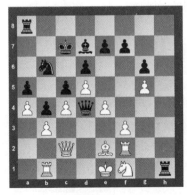

图88-2

26.Bh3更好，但是要记得塞拉万来自另一个局面星球！

27.f4

27.Qd2，接下来Qe3，会是更好的防守。

27.Qh4 28.Rd1 f6 29.g×f6 e×f6 30.e5 f×e5 31.f×e5 Rf8 32.e×d6+ Kb7 33.Bd3 Re8+，白方认输。

在处理王的问题上，塞拉万和彼得罗相被视为是最具独创性的棋手。

选局89

布莱克本－尼姆佐维奇

圣彼得堡 1914

黑先（图89）

图89

14.Re8!

这着看似神秘，车的移动是为了让白方更难走出d3-d4。

15.Nh4 Bf8　16.Nf5 Kh8　17.g4 Qd7 18.Nf2

18.g5 g6　19.Nh4 f5!.

18.a5　19.a3 b5　20.Rad1 Rad8　21.Rd2 b4　22.a×b4 a×b4　23.c4?

白方毫不犹豫地放弃了d4格。

根据尼姆佐维奇的说法，现在最强的续着是：23.g6　24.Nh4 Nd4! 25.B×d4 e×d4，接下来走 Bh6。

选局90

布龙斯坦－彼得罗相

世界冠军赛 莫斯科 1985

白先（图90）

图90

布龙斯坦走出神秘的车的移动：16.Rac1。

彼得罗相应以16.Nd5。白方第16着背后的想法非常清楚，变化是：16.g4 17.Nd4，因为c2象在黑方d4交换后，有了保护。

17.b4

这个兵之所以可以挺进，也是因为有车的预先性移动。

17.Nf4 18.B×f4 g×f4 19.Nf5 Bf8

或者19.e×f5 20.b5

20.b5 Ne7 21.N×e7 B×e7 22.Ne5 Bd6，现在最好的是：23.Qh5 B×e5 24.R×e5 Q×c3 25.Rc5，明显的优势。

选局91

卡尔波夫－卡斯帕罗夫

World Championship match,
世界冠军赛 莫斯科 1985
黑先（图91）

图91

在这个局面下决定如何出车是不容易的。黑方想通过b7-b5快速扩张后翼，然后b8会成为有吸引力的格子。但如果b7-b5，那么会遇到a×b5，想在a8得车。c线是半开放线，所以把车置于c8是很自然的。d8格看起来也很有用，因为大多数时候把车放在中心兵后面都是很好的，尤其是在兵挺进的时候。黑方可以准备d6-d5或e6-e5，并且也要做好准备以防白方走e4-e5。e8格也很有趣，因为黑方可以反击白方的f4-f5挺进兵并且当兵被置于f4时准备e6-e5。当白方走g4-g5的时候，在把车放在f8也是不错的，因为f7-f6突破可能变得很重要。

卡斯帕罗夫走了11.Re8！。根据一般情况下车在挺进的兵后方是有效的原则，在这个局面中，把车放到e8是有意义的。

12.Bf3 Rb8

黑方将车从白格的大斜线上移开，准备进一步冲兵b7-b5。

13.Qd2 Bd7 14.Nb3 b6 15.g4 Bc8

象为马腾出了d7格，并准备之后Bb7。

16.g5 Nd7 17.Qf2 Bf8 18.Bg2 Bb7 19.Rad1 g6 20.Bc1 Rbc8

车在b8上不再有任何作用，但根据卡斯帕罗夫所说，这是一个毫无意义的等待。他想用20.Nc5改善，当车放在b8时，希望21.N×c5 b×c5。

21.Rd3 Nb4 22.Rh3 Bg7 23.Be3 Re7! 24.Kg1

选局92

接续上一个选局91，主变的最后一着：24.Kg1

黑先（图92-1）

图92-1

24.Rce8!!

黑方明白白方想要通过f4-f5突破，因此，准备通过在e线叠车来降低白方的威胁。这是令人无法忘记的难以置信的车的调动。在封闭的线上叠车可能看似很奇怪，但这是更高级的运用车的方式。卡斯帕罗夫的技术令人惊叹，甚至可以有些夸张地说，能够成为世界冠军是因为他出色地运用车的能力！不过有趣的是，卡斯帕罗夫在这一步的记录上加了符号"?!"，并力求即刻用24.f5来改善。

他想要处理f5存在的威胁。

Rd1

25.Qh4 Nf8对于白方来说毫无用处。

25.f5! 26.g×f6（图92-2）

26.e×f5？e×f5，明显会活跃黑方的两个车。

图92-2

26.N×f6!?

卡斯帕罗夫认为，获胜是由于始料未及的弃兵，而不是他技术高超地运用车。客观地说，26.B×f6更安全，但也许它不会赢得比赛。这就是所谓的计算风险!

27.Rg3 Rf7!

黑方车在e线不再有作用,所以移到了f线。观察卡斯帕罗夫用车的灵活性以及如何适应棋盘上出现的新情况。

28.B×b6 Qb8 29.Be3 Nh5 30.Rg4 Nf6 31.Rh4? g5! 32.f×g5 Ng4 33.Qd2 N×e3 34.Q×e3 N×c2 35.Qb6 Ba8 36.R×d6?

38.Q×b8 R×b8更好,双方都有机会。

36.Rb7!

黑方的王翼车起重要的作用,决定了比赛结果。这场比赛使卡斯帕罗夫获得了世界冠军的头衔。

选局93

格尔凡德 – 伊列斯卡斯

马德里 1996

黑先(图93-1)

图93-1

白方可以通过c4-c5在后翼开线或d4-d5来限制黑象的调动,并让马在d4变得灵活。也可以将马调动到d2,转化成中心的马。

12.Rf6!

一个强大的攻击计划是准备调动车到h6。因为黑方有进攻白方王的想法,按照苏爱亭(Suetin)的原则所说,中局就从这里开始。

正常的计划是12.Qe7,接着e5在中心发挥作用。

12.g5?,接着g4,风险太大了,因为它削弱王翼太多了。

13.d5 Rg6!

13.e5 Nh4!

14.d×e6

图93-2

14.Ne1或者14.Nd4都是可选择的。

14.Nf8！15.c5

15.Ne1!?

15.N×e6　16.c×d6 c×d6　17.Rad1 Kh8 18.Ne1??（图93-2）

自然但致命的一着!白方应该走18.Kh1。

18.N6g5！

白方无法阻止马到h3,这步棋起到决定性作用。

Kh1 Nh3！,白方认输。

因为随后20.g×h3 N×f2将杀。

选局94

塔拉什 - 拉斯克

世界冠军赛　杜塞尔多夫/慕尼黑　1908

黑先（图94-1）

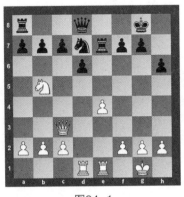

图94-1

黑方的局面看起来相当不起眼,这是一个很好的例子,说明如何借助子的灵活性把"无"变成"有"。黑方拉斯克走出了令人印象深刻的一着:15.Re5！。

这是最积极的也是最好的一着,至少从心理的角度来看。它代表了第二阶段的出子,一些子尝试进入到更深入的位置。这通常是马的事情,但在这里,这项任务是由车来完成的,寻求在横线的作用而不是竖线。

有几个候选的着法,比如:15.Nc5（软件的偏好）,15.Nf8,15.Nb6和15.a6,16.N×c7?? Rc8。然而,所有的这些续着都被认为是比拉斯克的选择要稍微被动一些。拉斯克非常理解在横线上使用车的价值,尤其是在与普通棋手的比赛中。

图94-2

16.Nd4 （图94-2）

黑方创造性的车的移动，重点不只是为了保护c7兵（16.N×c7?? Rc5），也可以走：

16.Rc5!

黑方提出了一个非常有思想的概念。白方已经出动了双车，黑方试图弥补这一点，要积极地运用他仅出动的车和把e5格作为调动中枢。黑方在e线的空间比白方更大，拉斯克最大限度地利用了这一事实。

17.Qb3 Nb6

马帮助车创造一个c4位置的前哨。

18.f4

塔拉什根据经典原则行棋，切断车到中心的e5格。然而，拉斯克超越了斯坦尼茨和塔拉什总结的经典原则，给车制订了其他的计划，18.Re3 Qe8 19.Nf5 Kh7。

18.Qf6 19.Qf3 Re8

黑方的第二个车处于出子的第一阶段，但在这里，它通过对中心施加压力，显示出了自己的作用。

20.c3 a5 21.b3 a4! 22.b4 Rc4

拉斯克充满想象力的走法为他的车创造了一个完美的前哨位置，在那里它可以对c3兵施加压力，最终在c7-c5恰当地兵的推进之后，也对e4兵施压。

23.g3（图94-3）

23.Rd8

图94-3

黑方准备c7-c5，但是会降低白方e4兵的压力。立即走23.c5?是不成熟的，因为24.Nb5，白方有明显的优势。23.Qe7!?或者23.Qg6!?，针对e4兵，是可以下的。23.a3!?也是有趣的，计划在Na4之后对c3施压。

24.Re3?

24.Qd3或24.Rd2更好，白方会有一些小的优势。

24.c5！

现在拉斯克已经控制了局势。

25.Nb5?!

25.Nc2或25.b×c5，是更好的，会得到均势。

25.c×b4　26.R×d6？

25.Red3更好。

26.R×d6　27.e5（图94-4）

27.R×f4！

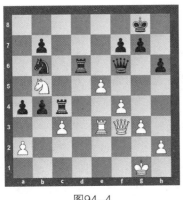

图94-4

重要的是，拉斯克创造性地运用同一个车来决定对局。据推测，塔拉什在第24、25及26回合时都忽略了这一步。

28.g×f4 Qg6+

在随后的着法之后，拉斯克获胜：

29.Kh1 Qb1+　30.Kg2 Rd2+　31.Re2 Q×a2 32.R×d2 Q×d2+　33.Kg3 a3 34.e6 Qe1+　35.Kg4 Q×e6+　36.f5 Qc4+　37.Nd4 a2 38.Qd1 Nd5　39.Qa4 N×c3　40.Qa8+ Kh7　41.Kh5 a1Q，白方认输。

选局95

格利戈里奇 – 斯坦因

利沃夫 1962

黑先（图95）

当到达非常紧张局面时，斯坦因是一位真正的大师。从表面上看，白方在c4和d5的通路兵比黑方在d4和e5上的兵更危险，因为在e4的象帮助堵塞它们，并且能够支持他自己的兵在适当的时候推进c4-c5。然而，并没有那么简单。自然的续着是：18.Rac8 19.b3 b5，没有意义，之后的走法：20.Rac1 b×c4 21.b×c4 B×e4　22.Q×e4 R×f1+　23.R×f1! Qd6 24.Rc1，白方的子比黑方的更好。

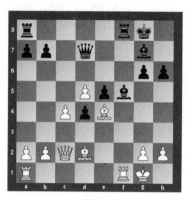

图95

斯坦因走了18.Rf6!，计划叠车，绷紧f线。

19.Rf3！ Raf8

这里才是黑方后翼车真正该占据的地方，即应该在f线另一个车的后面，而不是在c线。

20.Raf1 h5 21.c5

21.Bg5，会走向均势：21.B×e4 22.Q×e4 R×f3 23.R×f3 Rf5!。注意，黑方如何保持车的张力。然而，如果白方想减少紧绷，那么黑方会获得局面优势。

21.Qb5！

一步漂亮的局面性着法，威胁d4-d3获胜。

22.B×f5

22.a4 B×e4 23.Q×e4 R×f3 24.R×f3，局面会走向均势，黑方选择吃哪个兵无所谓。

22.g×f5 23.Bg5

23.R×f5?? d3

23.R6f7，斯坦因在57步之后赢得了这场极具戏剧性的比赛。

选局96

波罗刚 – 鲁泽尔

克拉玛托尔斯克 1989

白先（图96-1）

图96-1

一般情况下，白方用d4孤兵对抗黑方c6兵对于白方来说要好于对抗黑方e6兵。主要由于驻扎在经典斜线上的白象，从更远处攻击脆弱的f7兵。如果黑方把马放在d5，白象可以切换到b1-h7斜线。白方可以很容易地利用开放的e线并将e5格作为侵略性的前哨。尽管有开放的c8-h3斜线任黑方处理，但是黑象却总是找不到一个合适的格子。

波罗刚走了21.Re5!，引发了强大位置下的车的交换，它威胁叠车，也要在d5进行双重攻击。

21.R×e5

21.f6 22.B×d5+ c×d5 23.R×d5 Bc6 24.Rd6 B×f3 25.g×f3白方有一个不错的额外的兵。

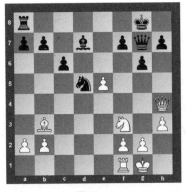

图96-2

22.d×e5（图96-2）

白方用菲力道尔的方法，即在e5的前哨被用来进行交换，同时改善了兵结构。白方e5上的孤兵当然是被人为隔离的，相比其他的兵，它挺进得太高了，但是保护e5很容易，它有攻击性的位置，给予了危险的f6前哨，也可能是d6的。白方的下一个目标是调动马到f6。

22.Be6 23.Re1

e5兵有充裕的保护，以便进行可能的迷你调动Ng5-e4。

23.h6 24.Nd2

准备决定性地调动到f6（d6）格。

24.Qf8 25.Ne4 Qb4 26.Re3 Kg7

26.N×e3?? 27.Nf6+，白方得后。

27.B×d5 c×d5 28.Qf6+ Kg8 29.Nd6 Qb6 30.Rg3（图96-3）

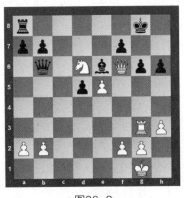

图96-3

白方正在威胁g6弃子。

30.Kh7 31.N×f7 Rg8 32.R×g6!，黑方认输。

注意，白方的所有子最终都被放置在积极的位置上，其主要原因是他的第21步。

选局97

莱因哈特 – 伦巴第

马德普拉塔 1958

黑先（图97）

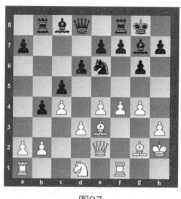

图97

如果我们忽略了d4格，那么白方原则上只有一个可能的弱点，就是a2兵。因此，黑方的总体计划是Ra6，接下来Ra4和Qa5，迫使b2-b3。之后黑方准备a5-a4突破。

16.Rb6! 17.Rc1 Ra6

许多棋手讨论过黑方的这个非凡的思路，但它实际上源于国际象棋大师西德尼·波恩斯坦。

18.b3?

最好还是让车返回。根据黑方的计划，合理的顺序是18.Ra1 Nd4 19.B×d4 B×d4 20.Ne3 Bg7 21.f5 Ra4 22.g5 f6，局势处在动态平衡的状态下。在适当的时候，黑方会把后走到a5，迫使b2-b3。黑方的全部目的就是让白方的a2兵成为一个问题。

18.Nd4 19.B×d4 B×d4 20.Rc2 Ra3! 21.Ne3 a5 22.g5 a4 23.f5 a×b3 24.a×b3 R×b3

黑方已经突破了，并且赢得了一个兵，而白方的进攻却毫无威胁。

25.Ng4 Ra3 26.h4 b3 27.Rb2 Qa5 28.Nh6+ Kg7 29.Rbb1 b2 30.f×g6 h×g6 31.Qf3 Be5+ 32.Kh1 Ra1 33.Rbd1 Qb4 34.Rb1 Qd2!

黑方正通过后翼接近白方的王。

35.Qd1 R×b1 36.Q×b1 Bh3 37.Rg1 Qf4，白方认输。

值得一提的是，这个计划给菲舍尔留下了深刻的印象，以至于他在自己的一场比赛中也使用了它。

选局98

卡尔森 – 伊万丘克

福罗斯 2008

白先（图98-1）

图98-1

28.Ra1!

卡尔森认为车属于a2，可以准备a4–a5，并在某些变化中可以调动到c2。最后提到的这个想法是跳跃象控制的h6–c1斜线，它源于1960年苏联冠军赛中彼得罗森–古菲尔德的对局。对局中，彼得罗相通过a2–a4，b2–b3，Ra1–a2–c2，Rf1–b1–b2避开了对手沿着h6–c1斜线的黑格象的攻击。注意，把车放在第二线，底线被"移除"，因此棋盘从8条线减少到7条线。正是由于这些典型的例子，卡尔森可以凭借其非凡的记忆力，利用过去最重要的经典思路。

对弈继续：**28.Qh6 29.Ra2! Nf6?!**

伊万丘克没有意识到c线的危险，及时地走Nc5来堵住它是很重要的。

30.Kg2 Nh5?!

图98-2

30.Nd7更好一些。

31.Nd5! N×d5 32.B×d5 Bf4 33.Qf2 f×e4 34.B×e4 Qg5 35.Rc2!（图98-2）

35.d5?

35.Rf7是最好的，但是白方有难以置信的象的漂亮调动：36.Bb7!!，然后Bc8。这里白方利用了黑方棋盘缩减到第7线的事实。

36.B×d5 B×g3 37.h×g3 Nf4+ 38.Kf1 N×d5 39.Rce2! Qf6

39.Rf5 40.g4或者39.Re8 40.f4。

40.R×e5 Q×f3 41.Q×f3 R×f3+ 42.Ke2 Rf5 43.R×f5 g×f5 44.Kd3 c5 45.Re5 Nb4+ 46.Kd2，黑方认输。

现在，让我们开始后的调动。

99～102 后的调动

后是棋盘上最强大的战术棋子，因此在有可能的情况下，把它中心化是个好主意。当周围没有目标时，后必须要像车或象一样，控制一条竖线或斜线。然而，当有没有保护的子、弱兵或暴露的王这些目标时，它会露出牙齿，然后你能想象到:它不是一个后，它是一只章鱼。

选局99

彼得罗相－鲍尔曹

布达佩斯 1955

白先（图99）

图99

9.Qd1

克拉克在评论中写道:"这样的着法显示了最强的理解力。后已经达成了它去f3格的目的，留在那里无事可做。"后返回到d1，去帮助防御被削弱的后翼。自然的出子是: 9.Nge2，黑方可能会走9.Nd7，白方必须要想清楚如何面对Qb6。

9.Qb6 10.Qd2 Na6 11.Nf3 O-O-O 12.a3

准备在后翼发动少兵攻击。当然，当黑王与白方的少兵攻击在同一侧时，是极度危险的。黑方不可能在王翼也这样做，g线完全没有用。

12.Nc7 13.b4 Ne8 14.Be2 Nd6

黑方的马被放在了最好的格子上，但是这并不能弥补黑方局面上的其他缺陷。

Qa2

一步漂亮的后的移动，消除Nc4的刺痛。

15.Ne4 16.Rc1 N×c3 17.R×c3 Bd6 18.O–O Kd7?

王应该走18.Kb8前往后翼。

19.Nh4

白方争取去控制f5格。

19.Ke7 20.f4 Be4 21.Bd3 B×d3 22.R×d3 Rd7 23.Nf5+

白方在战略上具有主导地位，可以随心所欲地取胜，黑方在60回合后认输。

选局100

温特 – 阿廖欣

诺丁汉 1936

黑先（图100–1）

图100–1

23.R8e7!

这一步准备在e线上放3倍的力量，并被称为"阿廖欣的枪"。这意味着后将被放置在两个车的后面。影响将是毁灭性的，这是在一条竖线上所能创造出的最大压力。注意，斜线上的压力只能由后和象的组合产生。

24.Kd1

白方准备Ng1。如果立即走24.Ng1，黑方可以巧妙地应对24.B×f4! 25.R×e6，现在过渡着法25.B×d2+。

24.Qe8 25.Qf3

25.Ng1 Ng3 26.R×e6 R×e6 27.Re1结果是换车，但这对白方没有帮助，因为黑放的局面通过下面的走法太强大了：27.Ne4 28.Kc2 Ne7，接着Nf5，此时黑方的所有子都很活跃。

25.Na5! 26.b3（图100–2）

图100-2

26.Q×d5 R×e2 27.Q×a5

（或者27.R×e2 R×e2 28.Q×a5 Ng3 29.Rf3 Qe4威胁将杀）27.Ng3，胜势。

26.Nc4!

b兵无法阻碍黑马移动到c4。

27.Bc1

27.b×c4 Qa4+ 28.Kc1 Ba3+ 29.Kb1 Rb6+ 30.Ka1 Qc2白方将被两步杀。

27.Nce3+

先走27.Qb5甚至会更强。

28.B×c3 R×c3

也可以28.N×e3+ 29.N×e3 R×e3 30.Qf2 Rd3+ 31.Kc2 Ree3，获胜，由于毁灭性的Qe4。很少会看到如此中心化的重子！注意，黑方在第6横线叠车。

29.Qf2?

29.N×e3 N×e3+ 30.Kd2 N×f1+ 31.R×f1 Re4会延长对局。

29.Qb5 30.Nc1 R×c3，黑方获胜。

选局101

卡帕布兰卡 – 贝拉萨因

蒙得维的亚 1911

白先（图101-1）

图101-1

27.Qd3!

这着棋的背后原因是卡帕布兰卡发现在d5上用车替代后会更有作用——并且要把后放在车后面。

27.Qe6 28.Qe2 Rc6 29.Rd5

注意，后和车来回移动，他们如何利用d5格，把它作为一个调动中枢，尼姆佐维奇的术语，他是第一个在他的经典著作中记录这种走法的人。

29.Re8　30.Qd3

重组现在结束了。卡帕布兰卡设置了"阿廖欣的枪"调换了后和车的位置。通常情况下，后最好在两个车的后面，次之的情况是后在第一个车的后面。在这个局面中，黑方必须估计到d6的威胁。

图101-2

30.Qg6!（图101-2）

31.Ne3!?

黑方局面的问题是它不能动。事实上，白方取胜可以通过利用自己优越的机动性进行有目的的调动。

在以下局面中白方没有得兵：31.N×d6? c×d6　32.R×d6 R×d6　33.Q×d6，因为33.Q×e4，例如34.Q×c5 Qc2　35 Ra1 Qb2。

一个合理的替代方案是在王翼建立兵涛31.g3，接下来走h2-h4。

31.Rb8　32.Qc4

c4格也是白方马和后的重要中枢。

32.Rcb6　33.Nf5 Kh7

黑方将王放置在马的进攻范围之外，以避免e7的毁灭性将军，在d6可想到的弃子之后。

34.R5d3! Rg8　35.Rg3 Qf6　36.Ne3!!（图101-3）

图101-3

白马在去往d5的路上。很快白方的所有子都将到过d5格！当有几个调动格子可用时，子改变位置是很典型的。

36.Qe6　37.Q×e6

白方弃掉了d5格，但作为交换，他将得到c4格，并且很明显有更好的兵结构。

37.f×e6　38.Nc4 Ra6　39.Rd2 Rb8 40.Rgd3 Rd8?!

40.g5，接下来Kg6是一个更好的防御，即使它会从长远来看，它不成立。

41.N×e5 Rb8 42.Nc4 Bf4 43.Rb2

43.Re2? R×b3 44.g3 Rb1+ 45.Kg2 Ra4!，白方失去了对调动格c4的控制，在后翼还有一些弱兵。

43.Bc1 44.Rc2 Bg5 45.g3 Bd8 46.Rcd2，黑方认输。

这是卡帕布兰卡的一盘完美对局。它不仅展示了如何调动后，还展示了如何调动车和马，以及这些子如何充分利用d5和c4的重要调动格。

选局102

卡尔波夫 – 卡斯帕罗夫

世界冠军赛 莫斯科 1984

黑先（图102-1）

图102-1

卡斯帕罗夫在强大的后调动16.Qe8！（图102-2）之后写下以下内容。

"黑方在e线上建立了一个原始叠子，根据塔拉什防御的最佳传统，他不打算全力守卫d5兵，而是想在c线和e线上发挥作用，利用他的白格象的灵活性。"

注意，黑方除了f6马其他的都是灵活的，f6马起到防御作用。g4象对e2兵施加压力，这违反了尼姆佐维奇的建议，你应该把象放在e6上。在现代国际象棋中，灵活性很重要，这是塔拉什防御的唯一思路，否则无论何时，你都要背上中心孤兵的包袱。卡斯帕罗夫根据体系的精神来下，因此对中心线施加压力，也控制c4和e4上的重要前哨位置。

17.h3

17.B×d5?!，会被17.b5强力应对，例如18.a3（18.b4 R×e3!）18.Bh3 19.Rfe1（19.Bg2 B×g2 20.K×g2 R×e3 21.f×e3 Nc4）19.R×e3 20.f×e3 Q×e3+ 21.Kh1 Qf2 22.Qd2 Ng4 23.e3 Nc4 24.Qe2 Nc×e3。注意所有黑子的灵活性。这是如何处理孤兵的方法！之后：25.Rd2 N×d5 26.Q×f2 N×f2+ 27.R×f2

图102-2

N×c3 28.b×c3 R×c3白方对和棋很满意。

如果白方走17.Bd4，d5兵的压力就会缓和，黑方可以走17.Ne4!活跃马。

17.Bh5

17.Be6？堵住了e线，破坏了黑方协调性和局面的精神。更糟糕的是白方可以走18.B×a7，白得一兵。

受彼得罗相或安德森的影响，弃子交换在这里并不是真正必要的，因此应该避免。

17.R×e3 18.f×e3 Q×e3+ 19.Kh2 Be6是可能的，但在20.Qc1之后，黑方无法避免换后。就像刚才提到的那些棋手，只有它是最好的续着时才会走出这样的着法。

18.B×d5?!（图102-3）

图102-3

这不是最好的着法，但也许可以被认为是务实的，因为卡尔波夫的风格是相当物质的。最好的着法是18.Qf5，这可能会导致在18.R×c3! 19.b×c3 B×e2的均势局面。

18.Bg6

18.b5！可能是使黑方局面更活跃的走法。很自然地向错误方向迈出了一步，走法如下：18.N×d5?! 19.R×d5 Bg6 20.Qd1! Nc4 21.Bc1，因为它只有助于为白方局面的协调。在这个局面中，白方的后和象被完美地放置在他们的初始格里！

19.Qc1

19.Q×g6 N×d5显然会令黑方感兴趣，不仅因为它威胁后，也威胁e3，可能还有c3。

19.N×d5

19.Be4可以让局面保持平衡，但会导致另一种局势，动态降低。20.Qd2可能是最好的，目标是没有保护的a5马。

20.R×d5 Nc4

图102-4

安静的着法20.b6，也是不错的，因为它阻碍了白象在g1-a7斜线上的前景。

21.Bd4（图102-4）

贪婪的走21.B×a7? b6 22.b3，黑方强力的应着22.Ne3! 23.f×e3 R×a7，白方的兵结构和马变得不稳定。

21.Rec7!

黑方充分发挥了他所有手下的潜力——无论是重子还是轻子。尽管如此，卡斯帕罗夫因为时间紧迫犯了一些错误，而卡尔波夫仍然用了42回合才设法取胜。

我们现在将集中讨论涉及几个子的复杂调动局面。不仅通过使用调动中枢，还要利用整个棋盘的两个弱点原则。

103～108　多子的调动

选局103

斯坦尼茨 - 肖瓦尔特

维也纳　1898

白先（图103-1）

图103-1

这个局面既是先行者，也是白方如何同时在两个侧翼运作的基础例局。

白方在形势上有巨大的优势，因为在第5线的兵有强大的保护，也有在d4的铁马，打击e6弱点。利用巨大空间优势的最好方法是打开竖线。重要的问题不是做什么（c3-c4），而是什么时候做。斯坦尼茨的基本计划是着手于王翼的调动，目的在于将子引入棋盘的这个部分，然后打开后翼。这符合两个弱点的概念。

图103-2

19.Qf2!

白方准备Re3-h3，暂时保留19.c4备用，这样会更有效。现在走这着为时过早，因为19.Rc8，例如20.Rac1 Rc5。

19.Qd8 20.Re3 g6?

当然，这种无缘无故的弱点使白方的任务更容易。

21.Rh3 Rf7 22.Kh1

22.Nf3!，更精确。

22.Kg7 23.Nf3 h6 24.Rg1

白方现在威胁g2-g4决定性的突破。

24.h5 25.Qg3 Qh8 26.Ng5 Rff8 27.Qh4 Ng8（图103-2）

27.Ra7，白方应着：28.c4!。

28.c4!

期待已久的突破时机已经到来，但讽刺的是，还有一个更好的突破，"不可能的突破"——28.g4!!，在28.f×g4 29.R×g4之后会赢得更快。

28.d×c4　29.B×c4 Rfe8　30.Rd3 Ra7　31.Rd6 Rb7　32.Rgd1 Bc8　33.N×e6+ B×e6　34.B×e6 Qh7　35.Rd7+ Re7　36.R×e7+ N×e7　37.Qf6+ Kh6　38.Rd8 Rc7　39.h3，黑方认输。

选局104

鲁宾斯坦 – 拉斯克

莫斯科　1925

黑先（图104-1）

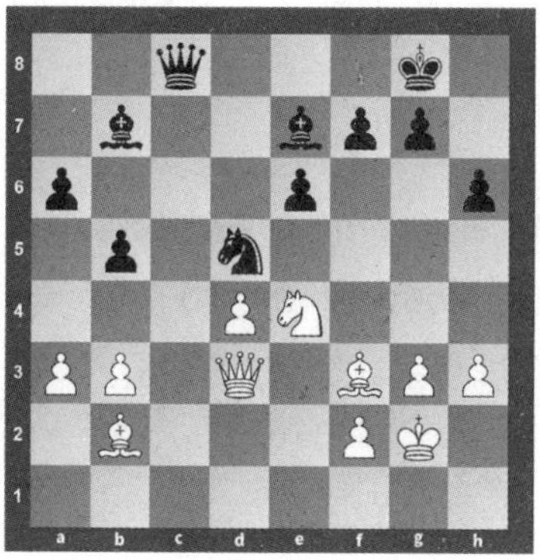

图104-1

如同选局101卡帕布兰卡–贝拉萨因，黑方将使用d5格作为调动中枢。拉斯克走了**27.Nb6**打算将d5格为它的其他子所用，准备Bd5，Qc6，接着a5-a4，在c4创建另一个中枢。

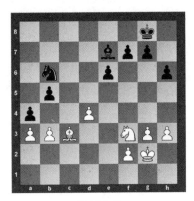

图104-2

图104-3

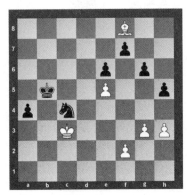

图104-4

28.Kh2 Bd5　29.Kg2 Qc6　30.Nd2 a5!
31.Qc3 B×f3+!

31.Q×c3　32.B×c3 B×f3+　33.K×f3!

32.N×f3

32.Q×f3，会遇到32.Nd5!，（这比直接的32.Qc2更强，因为33.Qc3），白方无法阻止c2的入侵，例如33.Qe4，黑方会走33.f5。

32.Q×c3　33.B×c3 a4（图104-2）

34.b×a4

34.b4 Nc4或者34.Ba5 a×b3　35.B×b6，现在漂亮的战术出现：35.Bg5!!，确保b兵升变。

34.b×a4　35.Kf1

在35.Bb4 B×b4　36.a×b4 a3　37.Nd2 a2
38.Nb3 Kf8之后，黑方马残局获胜，接下来会走Nd5×b4等。

35.B×a3　36.Ke2 Kf8　37.Kd3（图104-3）

37.Nd5

注意黑方如何利用d5的中枢来决定对局结果的。

38.Be1 Bd6　39.Kc4 Ke7　40.Ne5
B×e5　41.d×e5 Kd7　42.Bd2 h5　43.Bc1

43.Kb5 a3　44.Bc1 Nc3+!　45.Kc4 a2
46.Bb2 Ne4　47.Kb3 N×f2，黑方在王翼又得一兵。

43.Kc6　44.Ba3 Nb6+　45.Kd4 Kb5
46.Bf8 Nc4　47.Kc3 g6（图104-4）

黑方的所有棋子都被放置在白格上，这是典型的白格策略。

48.f4 Ne3　49.Kd3 Nd5　50.Ba3 h4
51.g×h4 N×f4+　52.Ke4 Nh5

52.N×h3？？ 53.Kf3，黑马将继续受到Kg3和Kf2的威胁。

53.Kf3

白方鲁宾斯坦的最后机会是去入侵黑方的局面，通过g4-g5-h6-h7-g8，捉f兵。

53.Kc4 54.Bb2 Kb3 55.Ba1 a3 56.Kg4 Kc2 57.Kg5 Kd3！，白方认输。

在白王吃掉f7兵之后，黑王可以被放在f5上，然后马调到b3或c2，获胜。请注意，对局将被决定在一个黑格（a1）上，这也是典型的白格策略，正如布龙斯坦曾经有见地地指出的那样。

拉斯克下出的一盘非常精彩的对局，他展示了当对手有一个孤兵时，如何实施白格策略。弱点不一定是孤兵，而是它周围的白格。这个理论被尼姆佐维奇在他的书《我的体系》中详细地阐述了。

这场遭遇战必须被视为最重要的模型对局之一，展示了当对手有一系列同色格弱点时，如何进行调动。仔细研究它，你将在自己的对局中受益。

选局105

鲍戈留波夫 - 列蒂

柏林　1919

白先（图105-1）

图105-1

11.a4！看起来像是在为后翼进攻做准备，但这着主要是为了准备调动马到c4。稍后，在白方把g兵挺进到g4之后，这个马将通过e3调动到g2。你可能会说，白方的兵在左侧翼移动，却准备在右侧翼发起进攻！

11.a5

显然11.Nf4会破坏鲍戈留波夫的宏伟计划，但另一手，在12.B×f4　e×f4 13.a5之后，白方有可能获得后翼的空间。

12.Nc4 b5？

黑方不喜欢白马给d6施压，这是可以理

图105-2

解的，尽管如此，最好的还是12.Re8，然后Nb6。

13.a×b5 c×b5 14.Ne3

14.Na3!，明确地会在b5上赢得一个兵，但得到一个兵似乎也没有干扰鲍戈留波夫专注于王翼的决心！

14.Nb6（图105-2）

15.g4

这就是鲍戈留波夫第11步的深意。但是，注意，客观地说，15.B×b5是一个不错的替代方案。

15.Nf4 16.B×f4 e×f4 17.Ng2

白方最初从c4到g2的马的调动已经成功完成，并且白方获得了微弱的局面优势。这里最重要的事实不是白方走的着法更强大，而是应该记住在一侧的行动（11.a4），有助于在另一侧取得进展（Nc4-e3，g4和Ng2）。这是着眼全局的理想方式，鲍戈留波夫一再表明他是这种高难度下法的大师。

开始在一个侧翼进攻，以准备攻击另一个侧翼，他的方法是一种新的战略思想，值得一提的是，鲍戈留波夫是第一位培养全盘进攻的人。事实上，正如我们刚才所看到的，这对他来说比获得子力优势更加重要。

我建议深入研究他的最佳对局，这样你就可以熟练掌握复杂的全盘下法的艺术。除了鲍戈留波夫，其他如阿廖欣和卡斯帕罗夫这样的伟大进攻者也接受了这种战斗方法。

选局106

谢建军－恩奎斯特

深圳 2012

白先（图106-1）

当我在中国时，我被对手强大的调动能力惊呆了——一位强大的国际棋联大师，等级分2400多分。这个局面出现在斯拉夫交换变例中，谢建军继续走

图106-1

18.Ne2，计划Nf4-h5，接下来Qg4和Be5。这是一个合乎逻辑的计划，因为黑方h7-h6略微削弱了王的位置。

事实上，有人可能会说，这个想法的早期代表者是鲁宾斯坦，他在1929年卡尔斯巴德对阵Sämisch的比赛中，通过走b4-b5将黑马引到a5，然后开始在王翼行动，利用远方马没有防御能力的特点。尼姆佐维奇对这个思路印象深刻，并在《1929年卡尔斯巴德国际象棋锦标赛》一书中对其进行了详尽描述。如果您不熟悉它，那么很值得一看。

局面继续：18.Rfc8 19.Nf4 Nac4 20.Qe2 Nd6 21.Nh5 Ne8 22.Qg4 Bf8 23.Be5，白方局面活跃。通过这种方式，白方将他所有的子都参与到王翼行动中。通过降低黑子的积极性，白方可以更轻松地选择最佳计划。如果白方不能在王翼突破，他的梦想是通过交换进入残局，在残局拥有双象可能是决定性的因素。

23.Qd8 24.Qe2 Nd7 25.Bg3 Ndf6 26.Nf4

注意，只有在获得局面优势时，白方才会同意交换。

26.Nd6 27.Bh2 R×c1+ 28.R×c1 Rc8 29.Rd1!

29.R×c8 Q×c8放弃c线将是一个局面错误。

29.Qa5 30.Bb1 Qb5（图106-2）

图106-2

31.Nd3

白马努力在适当的时候调动到c5。你有深刻印象的是c3马有这个能力。不需要走到a4，而是走到王翼，比起传统方式在这个过程中白方的局面要活跃得多，这在此开局中很常见。

31.Nde8 32.Qe1

黑方的后被错误地放在了b5，所以现在是时候让车回到c1了，因为后不能保护车。

32.Nd6 33.Rc1 R×c1 34.Q×c1 Qc4

35.Qd1! Qb5 36.Qc2 Qc4 37.Nc5!

注意，白后调动到c2使有利的换后成为可能。

37.Q×c2 38.B×c2 Nc4 39.b3 Na5 40.b4 Nc6 41.a3 B×c5 42.d×c5

白方已经实现了他的一个目标，现在双象对双马，并且在后翼多一兵。白方有一个可以获胜的残局，并在87回合取胜。

在以下两个局面中可以看到在全盘下法以及如何运用两个弱点原则，它们是很好的例子。

选局107

鲍特维尼克 – 扎戈里安斯基

斯维尔德洛夫斯克 1943

白先（图107–1）

图107–1

黑方d5的弱点不足以让白方获胜，因此他需要在王翼制造第二个弱点。在这里，白方可以利用黑方h7–h6削弱了王翼的事实。如果不是这种情况，白方将不得不采取行动迫使黑方在王翼削弱自己。但是现在白方可以用g4–g5打开g线，第二个弱点会是容易受到攻击的黑王。

鲍特维尼克走了25.g4!。

国际特级大师巴布林在*Winning Pawn Structures—The isolated Queen's Pawn and its Derivatives*（1998）中写道："计算机将无法在未来几年内想出这样的着法，至少我希望不会！"20年后，在一定程度上来说他是正确的，因为Komodo 11建议的着法意味着白方在开始他的最终计划之前，应该继续他的思路。建议的走法之一是25.g3，思路是用Bg2和Kh2确保王翼的安全。当然25.B×h3??是不可能的，因为26.g4，接着Qg3或Qh5，得象。

25.Qc6 26.g5 h×g5

更积极的防御是26.Qc2，思路是27.g×h6 Qg6+ 28.Kh2 Q×h6后帮助王翼的

图107-2

防御。

27.Q×g5 f6　28.Qg6 Bf7　29.Qg3（图107-2）

29.f5?

一个严重的局面错误，因为g5和e5黑格被削弱了。兵本身也变成了战术弱点。正确的是29.Be6，推迟任何具体的行动，直到白方掀出它的底牌，透露他打算如何在王翼进攻。白方可以用它的车、象或h兵进行攻击。g4上的换象也是可能的。

30.Qg5 Qe6　31.Kh1 Qe5　32.Rg1 Rf8　33.Qh6

白方即将击打b6上的战术弱点，同时准备在h线上加倍。

33.Rb8?

更好的防御是33.Be8　34.Rh4（或者34.Q×b6 f4）34.g6。

34.Rh4

34.Bh5也不错，剥夺了黑方最重要的防守棋子，使他能够利用黑方阵营中由此产生的白格弱点。

34.Kf8　35.Qh8+ Bg8　36.Rf4 Rbb7 37.Rg5 Rf7（图107-3）

38.Qh5

f5兵注定要失败。如何获胜只是一个品位问题。38.Bh5 Rf6　39.Bg6也是一个决定性的象的调动，包括了象的进攻和威胁40.Bh7。

38.Qa1+　39.Kg2 g6　40.Q×g6 Bh7 41.Qd6+ Rfe7　42.Qd8+

白方的局面足够好，因此黑方认输，但更快、更精确的是：42.B×d5，威胁g8将

图107-3

杀。

另一个使用这种兵结构和子力分布的对局是彼得罗相-尤多维奇，莫斯科，1967。它不包括在本书中，但你可以在彼得罗相的对局集中轻松找到它。

选局108

伊万丘克－肖特

阿姆斯特丹 1994

白先（图108）

图108

13.a4!

准备的f2-f4可以等待，因为黑方不热衷于f7-f5。白方首先想到的是将黑方在后翼的多兵固定。如果白方设法对后翼施加压力，那么他可以将进攻转换到有王的侧翼。13.Nf5 Ne7 14.N×e7+?!（想要下一步15.Qg4!）14.Q×e7 15.f4 e×f4 16.R×f4 Qe5 17.Qc1 f5对白方来说没有什么特别的。

13.Rad8?!

13.a5更好。黑方可以通过b6和c5建立兵结构。在这样的局面下，白马可以在c4和d5格之间来回调动。

14.a5! Rd7 15.Ra3!

黑方在b7上有一个弱点。如果白方设法迫使黑方的子离开王翼，那么将兵推到f4会更有作用。这是第13着的隐藏点。

15.f6 16.g3 Ne7 17.Qe1!

一步非常漂亮的后的调动，准备Qb4击打b7弱点。走17.f4的时机还不成熟，因为17.e×f4 18.g×f4 f5，黑方有主动权。

17.Rb8

17.Nc8，允许白方18.f4

18.Qc3 Kh8 19.Qc5!

白方将威胁下一步Qa7的入侵。

19.Nc8 20.f4!

白方已经很好地管理了他的深层局面理念，他在王翼的行动变得比在早期阶段走f4时更加危险。

109～130　兵的运用和中心

首先，我们看侧翼兵的运用，然后是中心的兵。主要的思路是用1～2个兵去换取局面优势。

109～114　如何在侧翼运用兵

我们将看到4种不同的情况。如何利用一个兵去限制马的行动，如何阻止一个重要的突破，如何开展自己一方的突破以及如何阻止线上的叠子发挥作用。

选局109

阿特金斯－卡帕布兰卡

伦敦　1922

黑先（图109-1）

图109-1

黑方想利用b3马的糟糕位置。卡帕布兰卡走了14.a5！。通过把兵放在a5和b6，使得b3马变得被动，如果有必要，可以用Na7来防守b5弱格。这是需要记住的设置！另一种选择是14.b6 15.Rac1 a5。

15.Rac1

15.Nc5!? b6 16.Na4

15.b6！ 16.a4?!

这削弱了b4格。16.a3或者16.Be3 Kd7

17.f3 Nf5 18.Bf2，更好。

16.Kd7 17.Nc3 Na7!

c3上的马和a7的马一样消极。

18.Kf1 Nec6

图109-2

王前马的问题解决了，通常它会在f5落脚。

19.Ke2 Rc8 20.Be1 Be7 21.Nb1 f5!（图109-2）

白方必须做出一个重要的选择。要么让黑方通过g5-g4占据更多的空间，要么略微打开局面——但那样会使d4兵更脆弱。

22.e×f6!? B×f6 23.Bc3 Nb4 24.Bd2 Nac6

白马在b3上仍然是消极，并且b4格较弱。黑方的局面更好。

选局110

富洛尔－斯皮尔曼

布莱德 1931

白先（图110）

图110

19.a4!

这是富洛尔和鲍特维尼克走出的有趣的反击计划，为阻止黑方通过c5解放他自己。此时，黑方不能走b5兵，因为在e2和d3斜线上的后象的叠子威胁，它做不了什么事情，因为c5会失去b5兵。

19.g6 20.Nd2

白马显然想去c5，堵住c6兵，锁住b7象。在一些局面中，它也可能去a5，为了在c6施加压力，但那时可能需要叠车。

20.e5 21.Ne4 e×d4 22.e×d4

白方的策略，以19.a4开始，已经取得了成功。他对c5的强大控制意味着b7象实际上已经死了——或者用米哈基辛的话来说它就是一个"笑话"。

利用弱格时，最重要的因素是考虑被困在后面的对方的子，在这里是b7

象，白方采取的策略是有意义的，因为它实际上意味着有额外的棋子可以运用。在这个例子中，白方的d3象比黑方的象强大得多。

22.Qb4 23.Bb1! Re8

23.Q×a4? 24.Nd6 Rb8 25.Qf3

24.Qd2

富洛尔走出了一步漂亮的技术性着法。

24.Q×d2 25.R×d2 Rb8 26.a5

富洛尔在此期间被认为是世界上最有技术的棋手之一，他设法赢下了这个有微弱优势的局面，在55回合成功获胜。

选局111

卡尔森 – 卡鲁阿纳

巴黎　2017

白先（图111）

图111

在这场闪电战中，卡尔森有机会进行不同寻常的双兵突破。之后16.b3 c×b3 17.c4!。在比赛中白方走的是17.N×b3 Ne4。然而，卡尔森还是设法走出重要的c3-c4突破，18.Rfc1 Bc6 19.c4，白方在33回合获胜。

选局112

安德森 – 布莱内尔

谢莱夫特奥　1989

白先（图112）

安德森走了25.b4!，这是利用局面优势的唯一方法。白方计划进一步a4-a5突破，或者在c5上进行交换，接着后利用打开的b线。

图112

25.b5?

在强大的着法之后，容易出现较弱的应着。其他选择是：

25.R×e1+ 26.Q×e1 Qe8 27.Qc3+ f6 28.b×c5 b×c5（*28.d×c5 29.Qb3*） 29.Qa5 Qe7 30.Kf1接着走Qb6，Nd2-b3-a5，攻击黑方后翼的兵。

25.a5 26.b×c5 b×c5 27.Qb2+ Kg8 28.R×e8+ N×e8 29.Qb6黑方有窒息的风险。

25.c×b4 26.Qb2+ Kg8 27.Q×b4获得了b6或d6兵。

b×c5 R×e1+ 27.Q×e1 b×c4 28.Qc3+ Kg8 29.c×d6 N×d5 30.Q×c4 Qb7

30.Nb6 31.Qc5 Nd7（*31.N×a4 32.Qc7*） 32.Qc7 Qe8 33.a5白方获胜。

31.Ne5 Nb6 32.Qb3，黑方认输。

选局113

菲舍尔－恩齐克

奥赛, 锡根 1970

白先（图113-1）

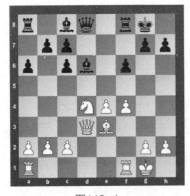

图113-1

14.f5!

这个思路大概是菲舍尔从拉斯克那里借鉴的，1914年，圣彼得堡，拉斯克对阵卡帕布兰卡的比赛中走过类似的着法。然而，拉斯克第一次使用它是在1894年与斯坦尼茨的世界冠军赛中。之后在1909年另一场世界比赛中，对阵亚诺夫斯基时他再次尝试使用它。拉斯克利用这个思路赢得了3场比赛。这个走法是创造性的，不同于古典学派。毕竟，白方在e4留下了一个落后兵，一个e5的弱格，在王翼贬值的多兵。甚至计算机都不看好这步着法，那么拉斯克在做什么呢？

菲舍尔的一个观点是，如果你想得到格子，就必须给出格子。国际象棋中没有什么是免费的，即使是格子！这里白方让出了e5格，但作为交换，他控制了e6，同时限制了c8象，使其处于被动。f6兵已经被固定，可以成为g4-g5的未来目标。推测拉斯克也考虑到了这些细节。

图113-2

14.Qe7　15.Bf4（图113-2）

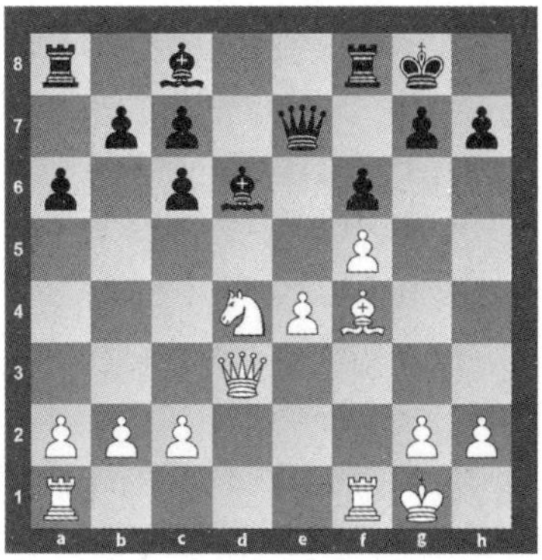

菲舍尔遵循了拉斯克成功战胜卡帕布兰卡的相同计划。白方想交换黑格象，拆开对方的双象。然后白方可以准备未来挺进g4-g5。

局面继续：15.B×f4　16.R×f4 Bd7 17.Re1 Qc5　18.c3 Rae8　19.g4!? Qd6 20.Qg3 Re7　21.Nf3 c5　22.e5! f×e5 23.Rfe4 Bc6　24.R×e5 Rfe8　25.R×e7 R×e7　26.Ne5 h6　27.h4 Bd7?!

象被很好地置于大斜线上。更简单，更合乎逻辑的走法是27.Qd2，例如：28.Qf2 Qd5 29.N×c6 R×e1　30.Q×e1 Q×c6很可能是和棋。

28.Qf4! Qf6　29.Re2 Bc8　30.Qc4+ Kh7 31.Ng6 R×e2 32.Q×e2（图113-3）

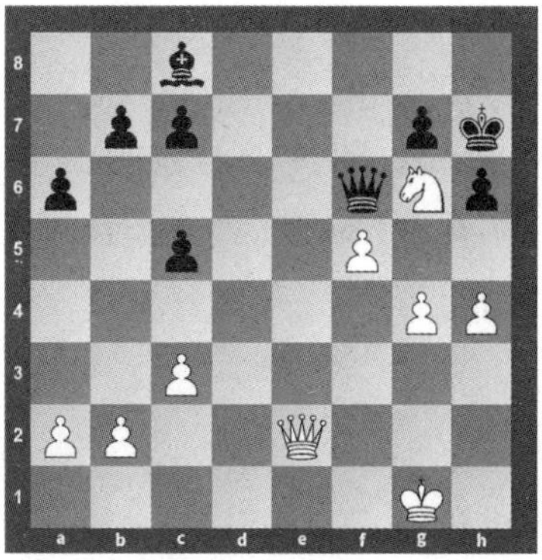

32.Bd7?

图113-3

在这个对局中，黑方并没有很好地运用象，实际上在卡帕布兰卡对战拉斯克的时候犯了同样的错误。32.Qd6！，着眼于白方暴露的王，可以让黑方获得不错的和棋机会。一个合理选择是33.Qe8 Qd1+　34.Kf2 Qc2+　35.Qe2 B×f5! 36.Nf8+ Kg8　37.Q×c2 B×c2 38.Ne6 c4等。

33.Qe7!

白方迫使过渡到可以获胜的马对象的残局中。

33.Q×e7　34.N×e7 g5　35.h×g5

35.f×g6+? Kg7，和棋。

35.h×g5 36.Nd5 Bc6 37.N×c7 Bf3 38.Ne8 Kh6 39.Nf6 Kg7 40.Kf2 Bd1 41.Nd7 c4

41.B×g4 42.f6+

42.Kg3，黑方认输。

选局114

索罗金 – 别里科夫

埃利斯塔 1995

白先（图114）

图114

11.c4!?

白方堵住了中心，但同时黑方的后和象在指向f2经典斜线上的叠子变得无用。注意，王翼缺乏防御棋子。

局面继续：

11.d6 12.Qg4 g6?

这步弱化局面的兵的移动是没有必要的。正确的是12.O–O 13.c×b5 a×b5 14.Nf3 Kh8，双方都有机会。

13.c×b5 a×b5 14.Nf3 h6 15.Qh4 Qd8?

在困境中，黑方制造了另一个严重的错误。

16.Bg5 Qb6 17.Bf6 Rf8 18.Q×h6 Ba6 19.Ng5 Ne5 20.Qg7黑方认输。

白方在看起来糟糕的第12步取得了令人难以置信的成功，鉴于中心的情况，这是一个明智的决定。

115～130　如何在中心运用兵

选局115

兰卡 – 索科洛夫

欧洲锦标赛　1999

黑先（图115）

图115

18.d4!

黑方用一步兵将两个马固定。确实，黑方在b6的象变得消极了，但另一个象却很有利，对白格大斜线施加压力。

局面继续：

19.Na3 Qd5

黑方在大斜线上拥有无可争议的叠子，并威胁下一步g5–g4。

20.c4 Qc6　21.h3 Qg6!　22.Nb5 Re6　23.Bh2 Nf4　24.B×f4 g×f4　25.Nh2 h5　26.Qd2 Qf5，黑方获胜。

白马在对局的余下阶段，没有发挥作用。

注意，有时象变坏或变得消极没什么关系，因为黑方成功地使两个马无效！国际象棋是"给和拿"，没有什么是免费的，因为一切都是有代价的——尽管在这种情况下黑格象被限制，变得消极，但考虑到从黑方那里得到的回报，消极只是一个很小的代价。

选局116

格利戈里奇 – 斯梅斯洛夫

候选人赛 南斯拉夫 1959

黑先（图116）

图116

24.f6!

黑方计划走25.e5，会限制b2象和b3马的移动。

25.g4

25.Bd4 e5! 26.B×b6 R×d1+ 27.R×d1 a×b6

25.Kf1 Rac8 26.R×d8+（*26.Rac1 R×d1+ 27.R×d1 Rc2黑胜*）26.R×d8 27.Ke2（*27.Rc1 Rd3!*）27.N×f2! 28.K×f2 Rd3黑胜。

25.e5! 26.Kf1 Rac8 27.R×d8+ R×d8 28.Ke2 N×f2! 29.K×f2 Rd3 30.Nc5 B×c5 31.b×c5 Rd2+ 32.Kf3 R×b2

黑方车残局获胜。

选局117

罗曼尼辛 – 波鲁加耶夫斯基

苏联 1982

白先（图117-1）

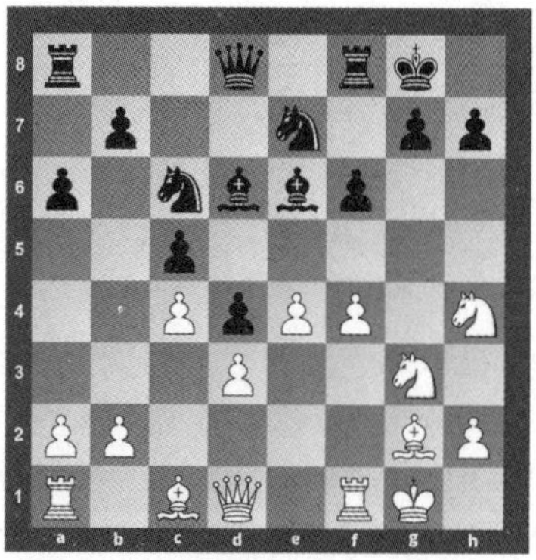

图117-1

在一场快棋赛中，白方假装弃兵：

14.e5!

主要思路是从黑方的棋子中抢走e5格。同时下一步为白方的棋子保留了e4格。

图117-2

14.f×e5?

黑方本可以通过14.Bc7来避开对手的构想，但是15.f5 Bf7 16.e×f6 g×f6 17.Bh6之后，白方明显更好。

15.f5（图117-2）

这是明智的思路。现在黑方的兵被引入e5，f兵通过了它，e4格在白方手中。

白方以这种方式在中心获得了一个重要的格子，这价值一个兵，因为黑方无法将子放置在自己的中心。

白方实际上获得了局面性胜利。

15.Bd7

15.e4会稍微缓解黑方的局势，但还不足以改变黑方悲惨现状。16.Bg5!（16.B×e4也不错，但不能走16.f×e6? e3!，白方的c1象实际上已经死掉了）。

16.Bg5 h6

16.e4 17.B×e4 B×g3 18.h×g3，白方获胜；

或者16.Qc7 17.f6 g×f6 18.B×f6，具有强大的攻击性。

17.Bd5+ N×d5

17.Kh7 18.Ng6!

18.B×d8

33回合白方获胜。

选局118

尼姆佐维奇 – 塔拉什

布雷斯劳 1925

白先（图118）

图118

20.f4

这着为马在d4创造了一个前哨位置。然而，更精确的是立即走20.Nd4 Rhd8 21.f4。

不能走20.e5 21.Nb5 Rhd8 22.R1c2黑方在a7兵的防御上出现问题，例如22.b6 23.Ra4 Nc5 24.R×a7 R×a7 25.N×a7 Ra8 26.Nc6+ Kd6 27.Nb4 Ra4 28.a3，他落后一个兵。

20.Rhd8

当白方有微弱优势时，黑方本可以用20.b5!打乱白方的计划。

21.Nd4 f6 22.a4

白方想去阻止22.b4 b5，但不需要这样做，因为23.N×b5 Rd2+ 24.Kf3 R×a2 25.N×a7 Rdd2（*25.N×b4? 26.Nc8+*）26.b5，具有明显的优势。

22.e5?

更好的是走22.Kf7 23.b4 b6。黑方设法与d4的前哨抗衡，但现在e兵变弱了。

23.f×e5 f×e5 24.Nf3 Ke6 25.b4 b6

这里，尼姆佐维奇错过了最强的续着26.Re4!，具有明显的优势。

选局119

古尔科－阿格德斯坦

雷克雅未克 1990

黑先（图119）

图119

16.d5!

白方可能忘记了由于第5线的牵制，他不能选择吃过路兵17.e×d6。这样的着法很容易被忽略，如果忘记了第5线的长度。在这个错误之后，白方的局势很快就会走下坡路。

17.Bg5 d×e4 18.B×e7 N×e7 19.Rd7 Qb4 20.a3 Q×b2 21.R×e7 Bd5 22.f4 c3 23.f5 c2 24.f×e6 c1Q 25.Re×f7 Qd4+ 26.Kh1 Q×f1+，白方认输。

选局120

安德森 – 拉赫蒂

利德雪平 1969

白先（图120）

图120

作为一名年轻人，安德森展示了另一种利用第5线两个后的情况。黑方试图利用f5兵被牵制的事实，但是如果轮到白方行棋，可以通过18.e5!，获得他的优势。

这是漂亮的且合乎逻辑的突破，为进攻黑王开辟道路。注意，这样的着法符合摩菲对局中的原则，参见选局3和4。

18.f×e5　19.f×e6 B×e6　20.B×e6 Q×a4 21.Rf1

当然，异色格象只会对进攻方有利，他们可以用他的"额外的"象在白格上发挥作用。这个主题在鲍戈留波夫–阿廖欣，局面86中也进行了讨论。

21.Rc7　22.Bb3 Qc6　23.R×f7 Kd8　24.Q×e5，白方很快就迫使黑方认输。

选局121

乌多夫契奇 – 彼得罗相

萨格勒布 1965

黑先（图121-1）

图121-1

国际特级大师布龙斯坦和戴维斯告诉我，在这种情况下，您应该总是在中心争取空间，因为你可以立即获得均势。所以在这

图121-2

个局面中，正确的走法是3.e5！。

1995年，在雷克瑟姆恩奎斯特–戴维斯的比赛中，是这样走的：1.Nf3 g6 2.g3 Bg7（图121-2）。

现在我走了不准确的3.Bg2?!，在赛后受到了布龙斯坦和戴维斯的批评，他们推荐走3.d4！。显然，黑方会应以3.e5，即刻带来均势。

最近的一个例子来自2018年在龙内比举行的瑞典锦标赛，冯·贝尔–格兰德柳斯的对局，他们的走法是1.Nf3 d5 2.g3 Nd7!?。现在明显的走法是3.d4!，但取而代之的是不太符合原则的3.c4。

选局122

克维尼斯 – 恩奎斯特

斯德哥尔摩 1996

黑先（图122）

图122

在这里，我走了在我看来合理的着法6.e6?!，比赛结束后，我的对手问我为什么我没有一步到位走6.e5。我的观点是在卡罗康防御的2.d3变例中，把象放在g4是不准确的，它通常在c8会更好。如果马上走6.e5 7.e4 d×e4 8.d×e4 Bc5白方认为局面完全平衡了。白方可能继续走9.Qe1 O-O 10.h3，黑方必须做出重要的决定，是在f3上交换还是10.Bh5或10.Be6撤退，但肯定是均势。

对局继续7.Qe1 Bc5

我认为7.Be7过于消极。

8.e4 d×e4 9.d×e4 e5

"此时你失去了一先"克维尼斯在赛后告诉我，他是对的，但我还能做什么呢？

10.h3

无论象走出什么应着，白方现在都略优。这并不奇怪。我实际上损失了一步，天平向白方倾斜，即使只是轻微的——但有主动权就是主动。

这两个小故事说明了，如果你可以用一步占据空间，那就去做吧！我已经展示了两种被经验丰富的特级大师批评为不应该这样做的情况，我相信他们是对的，至少从如何与中心关联以及针对被动如何取得主动的原则角度来看。

选局123

维德玛 – 尼姆佐维奇

卡尔斯巴德　1929

黑先（图123）

图123

8.c×d4!

尼姆佐维奇在他的比赛手册中写道：这是一个独创的概念，其中一个思路是阻止白方走d×c5，接着e4。有趣的是，Komodo 10也认为这是最好的续着。

9.e×d4

通常情况下，当白方无法将他的马置于c3时，9.c×d4是不合适的。

9.Nh5!

对f4弱格的利用，伴随着对b8-h2斜线的强大控制，是早期在d4吃子的主要思路。另一个考虑因素是，现在白方无法轻松执行在e5上设置前哨马的传统计划。

10.Nf1 h6　11.Bd2 Qc7　12.Ng3 Nf4　13.B×f4 B×f4　14.Qd1

白方已经失去了他的双象，但作为回报，他可以构建O-O、Re1、Qe2和Ne5。

14.g6

黑方阻止白方把马走到h5，但更准确的是立刻走14.h5！。

15.O–O h5

尼姆佐维奇在王翼设置兵涛阵型。

16.Re1 O–O 17.Qe2

17.c4?! d×c4 18.B×c4 Rd8孤兵的压力是黑方唯一的兴趣。

17.Kg7!?

尼姆佐维奇计划Rh8，接着h4。这个局面是动态平衡的。黑方在59回合后赢得了一场精彩的比赛。

要考虑的最重要的思路是，换兵会导致局面上的弱格。在这种情况下f4被削弱了，黑方确保双象以舒服自在。

选局124

内基尔奇 – 鲍特维尼克

奥赛 莱比锡 1960

黑先（图124–1）

图124-1

对中心的正确理解可能是国际象棋战略中最重要的元素。中心在对局的所有阶段都是重要的，不仅仅是开局。

15.f6!

黑方可以走15.Bb7来赢得时间并控制中心的白格，但由于强大的e5兵的存在，并不能解决黑方的问题。15.d×e5的缺点是接下来16.f×e5，白方会解放他的c1象，之后16.f6 17.Bf4。鲍特维尼克的解决方案是立即攻击白方的中心，在白方可以利用它之前。

16.e×d6 N×d6 17.Rd3! Nf5!

黑马被极好地放置在这个前哨位置，因为它不仅控制中心，而且还监视王翼的格子。

18.Ra4?

18.Be3是正确的，获得了平衡的局面。

图124-2

18.Qe8!

18.Bb7?? 19.Rd7 Rfd8，现在棘手的是 20.Rad4!! N×d4 21.R×e7获胜。

19.Ne4 b5

立即走19.Bb7!更强大。

20.Ra5?

20.Ra1撤退是必要的。

20.Bb7 21.Nd6

不能走21.Nc5? B×g2+! 22.K×g2 Qc6+。

21.N×d6 22.R×d6 Rd8（图124-2）

黑方威胁23.Qc6!。

23.Qd2

23.R×d8 Q×d8 24.Qe1 Qd5 25.Qe2 Rd8 26.Be3 Qd1+ 27.Q×d1 R×d1+ 28.Bg1 Rd2。

23.R×d6 24.Q×d6 Qd8! 25.Q×e6+ Rf7 26.Qe1 Re7!，白方认输。

注意，所有黑子都沿着中心线和大斜线施压。

选局125

伯恩斯坦 - 卡帕布兰卡

莫斯科 1914

黑先（图125）

图125

15.c4!

卡帕布兰卡走出的这一强大着法，最初被评论家和旁观者认为是一个错误。主要原因是它减少了黑方对d4格的影响，因此使得d5兵的前进更加困难。同时，d5兵本身也变得更加脆弱了。然而，卡帕布兰卡意识到这一步的价值并在《我的职业生涯》（*My Chess Career*）中对其进行了详细描述。

白方的总体计划是用c1和d1上的车对悬兵施加压力，黑方会通过把他的车放在d8和c8上来相应地保护兵。e7象保护c5兵。卡帕布兰卡问自己是否有可能活跃黑方的局面，那就是他找到15.c4的方法。

卡帕布兰卡创造性着法的重点在于使e7象成为一个灵活的棋子。另一个重点是，b2兵成为黑方可以沿b线攻击的战术弱点。第三个重要问题是，是否白方要通过将马放在d4上来堵住d5兵，暂时停止在d线的攻击。

除了这些观点，尼姆佐维奇在他的经典著作《我的体系》（*My System*）中写到15.c4使悬兵相对安全，因为在这一步之后，黑方只有一个弱点而不是两个弱点。

16.Rfd1

卡帕布兰卡建议16.e4，简化局面，但伯恩斯坦更喜欢向中心施压，因为它被认为是一个好决策，可以取胜。

16.Rfd8 17.Nd4 Bb4!

这是黑方第15步的关键点之一。黑方计划在c3上进行交换。

18.b3 Rac8 19.b×c4 d×c4

黑方的d5兵现在已经转变为通路兵，所以他的总体策略肯定是成功的。

这是一个要记住的、非常重要的对局，因为它阐明了关于如何运用悬兵的几个思路。这些思路无论对于白方还是黑方都很重要。

选局126

彼得罗相 – 斯帕斯基

圣莫尼卡 1966

白先（图126-1）

图126-1

这是另一个有悬兵的局面。悬兵的主要缺点是它们是令人愉快的攻击对象。兑子会使他们的潜在力量降低，并且在残局中它们是一个原则上的弱点。悬兵的优势在于它们的机动性和制造尖锐情况的能力。应该记住，半开放的e线和b线具有很大的活跃潜

图126-2

力，可以用作发展攻击性的跳板。

这里对黑方来说有一个缺点，就是b7象挡在b线上。相比之前的局面，黑方的局面更加被动，白方可以开始系统性地围攻黑方中心。

17.Rc2

白方计划用Rfc1和Nd2-b3攻击c5兵。

17.Qd6

黑方想把后放在象的前面，并利用b线。

18.Rfc1 Qb6 19.Nd2

白方计划走Nb3和Bg4。

19.Re8

19.Rc7 20.Nb3 Rac8 21.Bg4 c4 22.Nd4根据斯帕斯基的说法这是赢棋局面，但根据Komodo 11的分析，白方只是有微弱的优势。斯帕斯基可能想说黑方很难制造出任何类型的灵活性，并且在这种动态局面上是关键。

20.Nb3（图126-2）

20.d4!

像这样利用潜在动态资源的技巧在悬兵中是很典型的。

21.N×c5 N×c5 22.R×c5 d×e3 23.f×e3 Re7

23.Rad8 24.Rc3 Re7!

斯帕斯基的说法会更精确。现在黑方可以选择是否要在e线或d线上叠子。

24.Rb5

彼得罗相的建议：24.b4 Rae8 25.R1c3，让黑方在25.Rd7之后拥有稍好的局面。斯帕斯基给出了24.Bf1 Rae8 25.Re1 Rd8，黑方对兵有补偿，由于d线、e线和b线的压力。此外，a8-h1和a7-g1斜线使白方处于局面压力之下。

24.Q×e3+ 25.Q×e3 R×e3 26.R×b7 R×e2 27.Rcc7 Rd8 28.Rd7 Rc8 29.Rbc7，和棋。

选局127

拉斯·卡尔斯 – 恩奎斯特

斯德哥尔摩 1997

白先（图127-1）

图127-1

不寻常但充满活力的兵结构，是瑞典国际特级大师拉斯·卡尔斯逊的标志之一。

我对此时的情况感到满意，认为已经获得了均势。我已经阻止了危险的突破a4-a5，因为可以走Ne5，两个思路Nf3+和Nc6。在中心进行兵的突破d3-d4只会导致悬兵，我不介意把压力放到它们身上。由于某种原因，我忘记了与尼姆佐维奇精神接近的、最重要的挺进兵，即：

17.f4!

现在突然有一个错综复杂的局面问题需要我解决，我感觉到我正在被惩罚，因为在对局早期进行了一些粗心的交换，交换了大量的轻子。对局的感觉是很不舒服的，由于潜在地、令人恼火的侵略性着法，比如f4-f5和Nd5。

我略显绝望地走**17.f5**（**图127-2**）。比赛结束后，我问对手在这里我应该走什么，但他没有给我答案。在家里，我用Fritz 6进行验证，它推荐了安静出子17.Rad8，判定局面均势。多年后我用Komodo 11证实了这一点，它也推荐了移动车，评估分值与Fritz 6大致相同。

我的对手走了**18.e4!?**，但更精确的实际上是**18.a4!**，因为不可能阻止a4-a5，并且随后出现b6弱点。它对实际结果没有影响，因为在39回合，我错手被将杀。他在f6上有一个后，在f7上有一个被e6兵保护的马，我忽

图127-2

略了39.Qh8将杀。显然，我已经忘记了马控制着h8。

在这次被碾压之后，他告诉我，我在比赛中状态完全失控了。也许是这样，但其他原因大概是我既不习惯于这种兵结构，也不习惯f7上有保护的马，它控制最重要的角格。

选局128

斯坦因 – 罗德里格斯

哈瓦那 1968

白先（图128）

图128

斯坦因走了**19.e4! Nc7 20.d4**

自从1923年卡尔斯巴德列蒂–鲁宾斯坦以来，这个思路就为人所知。它意味着白方走的两步兵表达了一个被称为"超现代悖论"的概念，鲁本·法恩在他的著作《世界最伟大的对局》中所创造，它是被这样定义的：

"如果你很直接地占据中心，兵很快就会被削弱，然后对手就可以占领它。但是，他的意思并不是占据中心是坏的，而是在许多情况下是直接占领有问题。"

20.e×d4 21.N×d4

现在白方在中心有一个兵，与三步之前的情况正相反。这里e4兵很强大，因为白方有灵活的子来支撑他的中心。

21.B×d4 22.B×d4 Nb5 23.Bb2，斯坦因稍占优势，在47回合获胜。

选局129

卡斯帕罗夫－卡尔波夫

世界冠军赛 纽约 1990

白先（图129-1）

图129-1

图129-2

卡斯帕罗夫走了19.f3!

这个强大而坚实的着法实际上是由季莫申科发现的，其主要思想是维持漂亮的经典中心，避免其结构发生任何变化，否则黑方更容易攻击它。然而，这种欺骗性的简单着法的重点是，a6、b7和e8上的3个黑子将无能为力。当白方稳稳在中央时，a6上的车就出局了。

事实上，卡斯帕罗夫在他著名的白皮书中分析了另外的3种走法，它们给了黑方更容易的局势，因为中心结构将会破裂。黑方破坏中心后的奖励是他拥有更灵活的子。让我们看看在下列变化中黑方的灵活性：

19.e5?! d×e5 20.d×e5 Qd5 21.Nhf3 Rae6! 22.Rae3 Bc5 23.e×f6 B×e3 24.f×e3 R×e3（图129-2）

19.Ng4 N×g4 20.h×g4 （*20.Q×g4 c5! 21.d×c5 d×c5 22.e5 Qd4 23.Qg3 Rae6，在哈尔塔松-尔波夫，西雅图1989年的比赛中，黑方获得均势*） 20.Bc8;

19.f4 d5 20.e5 Ne4 21.Ng4 c5! 22.N×e4 d×e4 23.d×c5 B×c5+ 24.Be3 Bf8，在 伊万丘克-卡尔波夫，利纳雷斯1989年的比赛中，黑方没有问题。

19.Qd7?!

19.c5!?大概是最好的一着，尽管20.d5，a6上的车被切断。然而，黑方有强大的续着20.Qe7，威胁d5兵。卡斯帕罗夫可能会走21.Rf1!? Bg7 22.Nc4 Nh5 23.Ng4!? Ng3 24.N×h6+ Kh7 25.Ng4 N×f1 26.Q×f1 Raa8 27.f4用一些主动性来补偿交换的牺牲。卡尔波夫之所以回避，可能是因为他不想走入卡斯帕罗夫的准备中，无论如何他通常会避免这种别诺尼的出现。

20.Nc4 Qb5 21.Rc3! Bc8

从现在开始，卡尔波夫以被动的方式走棋，这展示了白方第19步的心理作用。黑方的局面恶化，而白方平稳地提升他的机会。

22.Be3 Kh7?! 23.Qc1 c6? 24.Ng4 Ng8? 25.B×h6! B×h6 26.N×h6 N×h6 27.N×d6 Qb6 28.N×e8 Q×d4+ 29.Kh1 Qd8 30.Rd1!（图129-3）

图129-3

当卡斯帕罗夫在第25步开始战术组合时，很可能将这个局面作为垫脚石。

30.Q×e8 31.Qg5

黑方完全失去了子的协调性。

31.Ra7 32.Rd8 Qe6 33.f4 Ba6 34.f5! Qe7 35.Qd2 Qe5 36.Qf2! Qe7 37.Qd4 Ng8 38.e5 Nd5 39.f×g6+ f×g6 40.R×c6 Q×d8 41.Q×a7+ Nde7 42.R×a6 Qd1+ 43.Qg1 Qd2 44.Qf1，黑方认输。

选局130

塔拉什－诺亚

汉堡 1885

白先（图130-1）

这个局面出现在古典法兰西防御中的斯坦尼茨变例中1.e4 e6 2.d4 d5 3.Nc3 Nf6 4.e5 Nfd7。

现在的问题是白方应该选择短兵链还是长兵链。

5.Nce2

列蒂在他开创性的*Masters of the Chess Board*中写道：将兵放在c3和f4上是错误的，因为这个计划过于宏大。原则上，白方想要扼杀黑方，但正如斯坦尼茨

图130-1

图130-2

以他富有洞察力的方式告诉我们的那样，你必须始终按照局面的要求来下。

从这个角度来看，通过直接走5.f4，接着应以5.c5 6.d×c5获得短兵链是对的。白方应该对e5先锋感到满意，并放弃防守d4的尝试。

黑方没有犯任何错误，根据累积的原则，应该收集小的优势，就像白兵在e5和f4上所获得的空间。

根据拉斯克著名理论之一"比例原则"，一个人走出的着法应该与他在这个局面上的优势成比例。这里白方优势不大，不足以用c2-c3和f2-f4维持整个兵链。

5.c5 6.c3 Nc6 7.f4（图130-2）

现在最好的续着是保持中心的张力7.Qb6，接着走f6，Be7和O-O，黑方来说是有利的。

131～147　侧翼的处理

在本章的最后一部分讨论了关于侧翼的处理。首先讨论少兵进攻，接着是后翼和王翼的进攻。我们会用不同方法去处理兵，而不是子，除了选局145，它涉及菲舍尔喜欢的主题之一："空格"。

131～135　少兵进攻

选局131

卡尔波夫－卢博耶维奇

利纳雷斯　1989

白先（图131）

图131

少兵进攻是现代国际象棋中常见的局面主题。这种结构经常出现在后翼弃兵的交换变例中，以及黑方卡罗康防御的交换变例中。白方试图用b2-b4-b5削弱黑方的后翼阵型，尤其是c6兵。如果黑方吃掉了b5兵，d5兵就会变成一个弱点，如果黑方允许白方在c6上吃兵，那么c6兵将成为一个永久的弱点。

13.b4 a6

除去黑方a兵是有益的，因为当白方执行少兵进攻时，a兵有可能成为弱点。

14.a4 Bf5　15.Ne5 Rad8　16.Rfc1 Ng6　17.B×e4 B×e4 18.N×e4 d×e4?!

17.N×e5更好，为了迫使18.Nd2。

19.N×g6 h×g6　20.b5 c×b5　21.a×b5 Rd6　22.b×a6 b×a6 23.Qa4 Qd7　24.Q×d7 R×d7　25.Rc5 Ra7　26.Ra5 Kf8　27.Rb6 Rea8　28.h4

卡尔波夫最终通过对黑方在a6和e4上兵的弱点施加压力而获胜。及时的b4-b5突破令人印象深刻。他耐心地等待，直到所有的轻子都被交换掉，以尽量减少黑方在王翼的反击。

卡尔波夫的学习技巧使得在只有重子的残局中，黑方的弱点被一个接一个地利用，它只是时间问题。

选局132

汉森－哈特曼

盖于斯达尔 1991

白先（图132）

图132

16.Ka1!?

白方将准备进行少兵进攻，尽管他自己的王已经进行了长易位，处在后翼。

16.h5 17.b4

一个冒险的挺进，但这是要记住的有用的思路。

17.h4

17.Q×b4? 18.Nc5 Qa3 19.Rb1 Bc8（*19. b6 20.Rb4! Qa5 21.Reb1*） 20.N×b7! B×b7 21.Q×c6 Rd7 22.Ba6 Qe7 23.B×b7 R×b7 24.R×b7+ Q×b7 25.Rb1

18.Nf1!

看似被动的f1马肩负着重要的防御职责，因为它保护着h2兵，必要时还可以通过Nd2覆盖c4格。

18.Bf5 19.Nc5 B×d3 20.N×d3 Nf5 21.Qb3 Nd6 22.a4 Rc8 23.Rc1 Nc4

少兵进攻的主要缺点之一是，如果黑方设法交换掉白格象，那么c4格会为黑马所用。然而，就目前的局面而言，白方有很强的中心推力。

24.e4! Qd8 25.e5 Ne4

出现了一个复杂的局面，白方在84回合获胜。

选局133

莫兹尼 – 杜米拉奇

罗马尼亚　1995

白先（图133）

图133

13.a4?!

这个习惯性的走法给了黑方沿着f8-a3斜线的反击机会。正确的是13.Na4！重要的是在走a4之前，先把马调动到c5。马在c5会帮助堵住f8-a3斜线。

13.Bg4　14.Nd2 Be7

15.b5（15.Rab1更加谨慎），但遇到了有效的应着15.a5！这个思路源于后翼弃兵的一位伟大专家斯帕斯基。关键是白方不能通过a4把马走到c5，除此之外，黑方在b4上为他的象找到了一个不错的前哨位置。白方一定觉得他在这个局面上被愚弄了——所以记住不要在没思考的情况下走a2-a4！

选局134

科尔奇诺依 – 卡尔波夫

世界冠军赛　碧瑶市　1978

白先（图134-1）

图134-1

19.a5!

白方想要固定住黑方的后翼兵，因此准备进行马的调动Nc3-a4-c5。注意，传统的少兵进攻的走法19.b5?在这里是不可能的，因为19.c×b5 20.N×b5 a6 21.Na7 Rc2，黑方有

图134-2

很多的反击机会。

19.a6 20.Na4

当黑方在b7上有静态弱点时，这是一个明显的调动。

20.Bf8 21.Nc5 Re7

21.B×c5?! 22.b×c5随后在b线上叠子迫使黑方用他的车防守b7兵，从而使它们看起来很笨。

22.Kf1 Ne8 23.Ke2 Nd6 24.Kd3

注意，白方的王更灵活。

24.Rce8 25.Re1 g6

在这里，卡尔波夫阵营的棋手认为黑方有优势，但他们远非正确，现在的局面是平衡的。

26.Re2 f6 27.Rae1 Bh6 28.Ndb3 Bf8 29.Nd2 Bh6 30.h3 Kf7（图134-2）

31.g4

此时，已经在王翼出现了另外的一个弱点。

31.Bf8 32.f3 Rd8 33.Ndb3 Nb5 34.Rf1 Bh6 35.f4! Bf8 36.Nd2 Nd6 37.Rfe1 h6 38.Rf1 Rb8 39.Ra1 Rbe8 40.Rae1 Rb8 41.e4! d×e4+ 42.Nd×e4 Nb5 43.Nc3 R×e2 44.R×e2 B×c5（44.Nc7 45.f5） **45.b×c5 Rd8 46.N×b5 a×b5 47.f5 g×f5 48.g×f5**

王翼的兵现在也被固定住了。

48.Rg8

这个有趣的车残局将在残局部分，选局259中进行讨论。

选局135

蒙蒂切利 – 卡帕布兰卡

巴塞罗那 1929

黑先（图135-1）

图135-1

这种局面对黑方来说要稍微舒服一些，因为他有可能走a7-a5-a4。相应的白兵e2-e4-e5的推进更难实现。

10.Ne4!

交换马后，挺进兵到a4会更容易。

11.Qc1 N×c3　12.B×c3 B×c3 13.Q×c3 a5!

黑方少兵进攻（一对二）的长期计划是削弱b3兵。

14.Rfd1 Nd7 15.Qe3 Kg7

黑方必须积极地运用王，不允许白后入侵h6格。

16.h3 Nf6 17.g4 h6 18.Ne1 Qc7 19.Nd3

一个有趣的马的调动是19.Nc2 a4 20.Na3，他可以通过将他的马放在b5来抵消b线的压力。

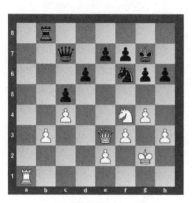

图135-2

19.B×g2 20.K×g2 a4!

黑方已经完成了他计划的第一步。

21.Nf4 Rfb8 22.f3? a×b3 23.a×b3 R×a1 24.R×a1（图135-2）

24.e5!

白方这一步可能会出问题，由于b3兵的压力马无法回到d3。

25.Nd5 N×d5 26.c×d5 Rb4!

白方无法掌控b3和d5上的弱兵，因此处于劣势。

27.Qd3 Qb7 28.Qa6 Q×d5 29.Qc8 Qb7! 30.Qd8 Qb8 31.Qd7 Rb7
32.Qc6 R×b3 33.Ra6 Rb2，白方认输。

　　白方在处理少兵进攻的过程中犯了一些错误。它需要精确的下法，在实际
对局中不是太容易的。这是一个需要记住的重要计划！

136～137　后翼的进攻

　　接下来是当没有少兵或多兵的情况如何进行后翼进攻的两个模型示例。这
相当于一个兵的性质的问题，因为很明显，多兵本身就是准备好的攻击信号，
尤其是当进攻方还控制着一个开放的中心线。

选局136

鲍特维尼克－波列斯拉夫斯基

莫斯科　1939

白先（图136）

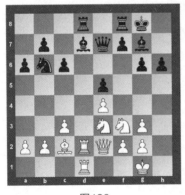

图136

22.b4!

黑方的b6马招致白方后翼的兵挺进。借
用尼姆佐维奇的说法，这意味着白方的兵会
体现出多兵的性质状态，但不是真正数量上
的多兵。白方的后翼优势在于他的兵比黑方
的更灵活，可以创造更多的空间。

22.Be6

22.f5？　23.e×f5（*23.Nh4对f5和g6的双
重威胁，也是起到决定性作用的*）23.g×f5
24.Nh4，白方获胜。

　　根据鲍特维尼克的说法，24.R×d7 R×d7 25.N×f5对白方来说是一场危险
的进攻——虽然Komodo 10不同意。25.R×d1+ 26.Q×d1 Qd7 27.Qb1 Nd5，之后
白方有足够的交换补偿但没有获胜机会。

　　23.Bb3 R×d2 24.Q×d2 B×b3 25.a×b3

白方计划c4-c5，然后入侵第7线。

25.Qe6 26.c4 Bf6 27.c5 Nc8

27.Rd8 28.Q×d8+ B×d8 29.R×d8+ Kg7 30.c×b6 Q×b3 31.Rd7是无望的，因为会失去b7兵。

28.Qd7，对局结果被确定，由于后的第7线入侵。白方在第46回合获胜。

选局137

米哈基辛 – 朱里奇

哥本哈根 1979

白先（图137）

图137

11.a4

思路是通过走a5-a6，然后b4-b5开始后翼的进攻，破坏黑方局面中的白格。当国际特级大师约瑟夫·多夫曼（卡斯帕罗夫的前助手）向国际特级大师阿德里安·米哈基辛（曾是卡尔波夫的教练）介绍这个计划时，给他留下了深刻的印象。记住，此时对王翼或中心发起进攻是没有用的。11.e4?!削弱了d4格，黑方有强大的应着11.e5！，白方只能努力为和棋而战了。

11.a5

现在看起来白方在b4上是弱的，但由于黑马已经走到了d7，所以很难利用它。

12.b3，计划Ba3、Rab1、b4，b线会被打开。

12.Re8 13.Ba3 Qb6 14.Rab1

米哈基辛根据多夫曼介绍的计划行动。

14.Rad8?!

14.Bf8会使白方走b2-b4更困难。

15.b4 a×b4 16.B×b4 Qa7

由于黑方的车在d线和e线上，他计划用d×c4、e6-e5打开中心。所以白方要阻止这个计划……

17.c×d5 e×d5

17.c×d5？18.Nb5显然是黑方的"噩梦"。

18.Qe2

白方想把后带到后翼。

18.Re6 19.a5

黑方在b7上有弱点，白方可以进攻它，通过把后放在a2，调动马到c5，然后在b线上叠车。你只能说："可怜的b7兵！"

138～147　王翼的进攻

首先要学习的是在中心封闭或安全的时候如何攻击对手的王。建议深入研究几个斯坦尼茨的对局。在这里只能介绍很少的几个局面，但还有一些重要的对局，在注释中提到了。

选局138

杜布瓦－斯坦尼茨

伦敦　1862

黑先（图138-1）

图138-1

斯坦尼茨走的是7.g5

另一个不错的走法是7.Na5，确保双象。

8.Bg3 h5（图138-2）

准备针对白王进行的兵的风暴。这个对局被视为如何用兵的风暴攻击王的原型。这样的进攻有很好的成功前景的主要原因是防守方很难在中心进行突破反击，因为中心是封闭的。

9.h4

图138-2

9.N×g5 h4 10.N×f7 Qe7 11.N×h8 h×g3 12.h×g3 Qh7威胁13.Ng4。

9.g4!

在实际对局中，斯坦尼茨想要进行长易位，9.Bg4 10.c3 Qd7但是如果我们用计算机验证变化，这会被证明不是最好的。

10.Ng5 O–O!

短易位看起来可能很矛盾，但王实际在g8上相当安全。与此同时，g3象面对如同花岗岩般坚固的阻挡。只有结合c3和d4才能使g3象活跃起来，但这并不容易实现。

选局139

阿罗尼扬－克拉姆尼克

候选人赛 柏林 2018

黑先（图139）

图139

这个局面出现在1.e4 e5 2.Nf3 Nc6 3.Bb5 Nf6 4.d3 Bc5 5.B×c6 d×c6 6.0–0 Qe7 7.h3之后。

克拉姆尼克改进了斯坦尼茨h7–h6和g7–g5的原型，走了更巧妙的7.Rg8！

主要思路是直接走g7–g5，不在h7–h6上浪费一先。

8.Kh1 Nh5

8.h6根据原型走。

9.c3 g5!

这是一个好的思路。

10.N×e5 g4 11.d4 Bd6 12.g3 B×e5

一个不错的替代选择是12.Be6。

13.d×e5 Q×e5 14.Qd4 Qe7

14.Q×d4 15.c×d4 g×h3是可以走的，但克拉姆尼克想继续保留后是可以理解的。

15.h4 c5 16.Qc4 Be6 17.Qb5+ c6 18.Qa4?

正确的是18.Qd3 Rd8 19.Qe3 Bc4 20.Rg1

18.f5 19.Bg5 R×g5 20.h×g5 f4 21.Qd1 Rd8 22.Qc1 f×g3 23.Na3 Rd3 24.Rd1 Bd5! 25.f3 g×f3 26.e×d5 Qe2 27.Re1 g2+，白方认输。

克拉姆尼克走出了启发灵感的精妙对局。

选局140

斯坦尼茨 – 拉斯克

世界冠军赛 纽约 1894

白先（图140）

图140

11.h4

由于黑王已经永久固定在王翼，白方发起了直接的进攻，同时他自己的中心位置稳固。这个过程可以称为斯坦尼茨计划。原型是1862年伦敦杜布瓦——斯坦尼茨的对局，1892年世界冠军赛斯坦尼茨–齐戈林，第四场以及1876年伦敦斯坦尼茨–布莱克本，是你可以研究的、其他著名的相关对局，以更全面地了解这一重要概念。

俄罗斯理论家苏爱亭发表了非常有趣的声明，称这种攻击着法标志着从开局到中局的过渡。

11.Qc7 12.Ng5

白方计划下一步走h4-h5。

12.d5 13.f3!

斯坦尼茨保持中心的稳固。

13.Rad8 14.g4!

拥有稳固中心的主要思路是创造条件，以便可以成功地攻击对方易位的王。

14.d×e4 15.f×e4 h6 16.Qf3! Be8 17.Bc2 Nd7

白方在这里进行了非常有趣的调动。如果你已经忘记了它，可以复习选局72。

选局141

拉斯克－卡帕布兰卡

莫斯科 1935

白先（图141-1）

图141-1

白色有d4和c3兵，在中心非常坚固。他的中心不会太早受到c7-c5的攻击，根据斯坦尼茨的原则，这意味着当白方在王翼发起危险进攻时不会受到干扰。因此，拉斯克适当地走了：

19.h4!

白方脑海中出现3个思路。

他想在合适的时候走h4-h5，把后放在一个黑格上，交换黑格的象，然后把兵挺进到h6，如果可能的话把后走到f6。

第二种可能是在g6上进行交换并利用g5格和h线。

第三种可能性是准备在g6弃子，在换兵之后，g6会被削弱。

19.Qd8 20.h5 Qg5 21.B×g7 K×g7 22.Re5 Qe7 23.Rde1 Rg8 24.Qc1!

把后放在黑格上是很有必要的，能够让它在王翼突破。

24.Rad8 25.R1e3 Bc8 26.Rh3 Kf8 27.Qh6+ Rg7 28.h×g6 h×g6（图141-2）

图141-2

29.B×g6!

当进攻方的子最大可能处于灵活状态时，白方利用这个思路摧毁了黑方的兵。

29.Qf6

29.f×g6!? 30.Qh8+ Kf7（*30.Rg8 31.Rf3+*） 31.Rf3+

30.Rg5! Ke7 31.Rf3 Q×f3 32.g×f3，白方获胜。

选局142

波鲁加耶夫斯基 - 法塔尼克

奥赛 卢塞恩 1982

黑先（图142-1）

图142-1

图142-2

17.h5!

黑方计划从白方h2-h3中获利，通过h5-h4和h×g3进一步削弱白方的王翼。白方无法通过g3兵走到g4来真正避免这种情况，因为黑方可以应对g7-g5和Ng6-f4，获得局面优势。这种王翼攻击异常危险，因为还没有进行任何换子，所有的子都可以被部署在进攻当中。

18.f4 Ng6 19.Nf3?!

19.h4?，显然会遇到黑方19.Ng4。

19.f5更好，尽管黑方19.Ne5所处的位置不错，对黑格有很强的控制力。白方的g2象也不是很好。

19.d5! 20.c×d5?（图142-2）

20.e5更好，尽管20.Ne4会突出白方在王翼的弱点，之后的走法21.N×e4 d×e4 22.Nd4 h4等。

20.h4! 21.N×h4

图142-3

21.d×e6 Bc5+ 22.Kh1 Nh5，黑方获胜。

21.N×h4 22.g×h4 Q×f4 23.d×e6 f×e6 24.e5 Bc5+ 25.Kh1 Nh5 26.Q×h5 Qg3 27.Nd5

27.Qe2 Q×h3将杀。

27.R×d5 28.Rf1（图142-3）

28.Q×g2+! 29.K×g2 Rd2+，白方认输。

如果白方坚持继续走几步，他还是会被将杀30.Kg3 Rg2+ 31.Kf4 Rf8+ 32.Qf7+ R×f7#。黑方庞大军队中的最后一个预备队执行了最后一击。

正因为对局会成为这样，所以棋手开始就在"刺猬"阵型中换子，以解除其巨大的攻击潜力。

选局143

萨拉加茨基－科瓦列夫

欧洲杯 2013

黑先（图143-1）

图143-1

10.h5!?

即使车不在兵的后面，这样的走法也是有价值的。其中的一个思路是为黑方的轻子确保g4格的控制权。

11.Nc3

11.h3，可能的继续走法：11.h4 12.g4 N×g4 13.h×g4 B×g4。

11.h4 12.Na4 h×g3 13.h×g3 Ne6 14.c5 Ng4（图143-2）

这个思路对于进攻方和防守方来说都很重要。当h兵从棋盘上消失后，白方就很难赶走g4的黑马。另外，黑方可以活跃后，后通过g5再到h5。黑方具有

图143-2

图144-1

图144-2

优势，可以取胜：15.c×d6 c×d6 16.Rc1
Bd7 17.B×b7 Rb8 18.Bg2 Qg5! 19.Nf3
Qh5 20.Nc3 f5 21.Re1 f4! 22.Nd5 f×g3
23.f×g3 R×b5 24.Ne7+ Kf7 25.Ba3
K×e7 26.Qa4 Bh6，白方认输。

不要忘记这个巧妙的思路，在棋盘上清出一条竖线。这让人联想到选局98，清出了一条横线。

选局144

塔塔科维尔－拉斯克

圣彼得堡 1909
黑先（图144-1）

42.g5!（图144-2）

拉斯克遵循众所周知的原则，即当进攻方在中心占据优势时，可以通过侧翼进攻来决定对局结果。Komodo 11提出的另一个计划：42.h5，然后h5-h4。在这种情况下，白方必须小心h4-h3和h×g3，削弱王翼。拉斯克的着法更加合乎逻辑和人类的想法，因为它对f4产生了强大的压力。

43.Qa2

在一个败势局面下的最佳防御着法。43.f×g5?! Ne5 44.Be1（*44.Bc5，会快速输棋44.Rd3 45.Rc3 Nf3+ 46.R×f3 Q×f3 47.R×d3 R×d3，白方必须弃后以避免被将杀。也有44.Qe3 Nf3+ 45.Kh1 Qa8!，黑方有一个不可阻挡的闪将，会导致将杀或子力丢失*）44.Rd1，e1象将会被吃掉。

43.g×f4　44.Re2 Qg6　45.Qc2 Kh7　46.Qc3 Rg8　47.Kh1 Qh5　48.Rd2 f×g3　49.B×g3 R×g3　50.Qc6 Ne5　51.Qe4+ Kg8　52.Rdf2 Rg5　53.Rc2 Rd1，白方认输。

选局145

菲舍尔－米加马苏伦

苏塞 1967

白先（图145-1）

图145-1

图145-2

在整场比赛中菲舍尔此时花了最多的时间（15分钟），走出了看似无害的13.a3。他显然想阻止a4-a3，迫使白方不得不走b2-b3，从而导致c3和d4上的弱点。这步棋的缺点是白方失去了在向王翼推进进攻时的一先。创造性的思路是它违背了自斯坦尼茨时代和1951年世界冠军赛以来建立的理论，你不应该削弱受到攻击的一侧。

13.b×a3　14.b×a3 Na5　15.Ne3

注意，白方在这个局面上并不致力于h5-h6，因为他想把这些格子（空格）用于诸如Ng5或Qh5的着法。菲舍尔的典型做法是为他的子争取调动空间，不要让兵占道。

15.Ba6　16.Bh3 d4（图145-2）

17.Nf1!

比常规走法17.Ng4更强，因为马可以通过d2前往e4。把马走到g4的另一个缺点是它会暂时阻碍后在d1-h5斜线的通行，它将无法再保持菲舍尔的风格。

17.Nb6　18.Ng5 Nd5　19.Bd2 B×g5　20.B×g5 Qd7（图145-3）
21.Qh5

151

白方最大限度地利用了后可用的调动空间。

21.Rfc8 22.Nd2 Nc3 23.Bf6! Qe8 24.Ne4 g6 25.Qg5 N×e4 26.R×e4 c4 27.h5 c×d3 28.Rh4! Ra7 29.Bg2! d×c2 30.Qh6 Qf8（**图145-4**）

31.Q×h7+!!，黑方认输。

如果不是菲舍尔对"空格"的理解，即不允许兵妨碍子，那么这场漂亮的进攻对局永远不会成为现实！

图145-3

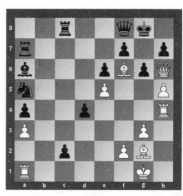

图145-4

选局146

斯帕斯基 – 彼得罗相

世界冠军赛 莫斯科 1966

黑先（图146）

图146

19.a6!

防止线路打开的经典方法。如果白方把兵挺进到a5，黑方应以b5，反之亦然。黑方彼得罗相现在在王翼自由发挥，赢得了他有史以来最漂亮的一场比赛。在下一个局面可以看到相同思路下稍微复杂的示例。

选局147

阿格德斯坦 – 奥拉夫森

北欧锦标赛　1985

黑先（图147）

图147

14.g6!

这一步让人想起前一个例子中的a6。在那场比赛中，彼得罗相阻止了后翼的开线，而在这里黑方也做了同样的事情，但在王翼。黑方计划Bg7，可能会遇到h4–h5，然后黑方走g6–g5或者g4–g5，然后黑方走h6–h5。

15.h5

15.g5?!开线，但对白方的风险更大，15.h×g5　16.h×g5（*16.h5? Kg7　17.h×g6 f×g6显然对黑方更好*）16.B×g5+　17.Kb1 Qf6，由于对黑格的强大控制。

15.g5　16.Qf5 Nb4　17.Ne5 Bc8　18.Qf3 B×e5　19.d×e5 Qc7　20.Kb1 Q×e5　21.Bg2 Ba6　22.a3 d4　23.a×b4 d×c3　24.Rhe1 c2+　25.K×c2 Qc7+　26.Kb1 Rad8　27.Qf6 Bd3+　28.R×d3 R×d3　29.Q×h6 Rc8　30.Q×g5+ Kf8　31.Qh6+ Kg8　32.Qg5+ Kf8　33.Qh6+，双方同意和棋。

148～150 与心理相关的走法和实用性的走法

我们现在转向本书中一个非常有趣的部分，我们触及国际象棋的人性方面以及我们如何处理不同的情况，无论是作为防守方（选局148），还是作为进攻方（选局149～150）

国际象棋心理学有很多维度，在讨论其他局面时，您会不时对这些问题发表一些评论。在本章中，我们将关注实用主义以及它如何在心理上影响对局。

选局148

阿维尔巴赫 - 斯帕斯基

前苏联锦标赛 1956

黑先（图148）

图148

16.Nc6!?

斯帕斯基的标志是有着卓越的想法和大量的创意。这一步被认为是有史以来最不可思议的着法之一。斯帕斯基大概是这样推理的：黑方局面非常局促，没有任何反击。

正常的着法无法改善他的局面，然后他会被慢慢挤死，对局的决定性在h线。局面上他已经输了，怎么办？唯一的办法就是保持乐观并在心理上发挥作用。

在17.d×c6 b×c6之后，黑方获得一个半开放的b线，并且在Ne6-d4的调动后马有可能处于d4。斯帕斯基的思路太奇特了，以至于观众都以为展示屏幕出了问题。更不可思议的是，伟大的技术高手阿维尔巴赫未能发挥他的子力优势，比赛在73回合以和棋结束。

如果你是一位职业棋手，我建议你在脑海中过一遍剩下的对局，不用棋盘并回答为什么最终局面是和棋。其他人可以利用棋盘做同样的事情。

剩余的着法是：

18.Nh4 Qe8　19.h×g6 h×g6　20.Qg4 Rb8　21.Nd1 Ne6 22.Ra3 Nd4 23.Rah3 Qf7　24.Bc3 Rfe8　25.R3h2 Q×c4　26.N×g6 Re6　27.B×d4 R×g6 28.Qf5 Qe6　29.Q×e6+ R×e6 30.Bc3 d5　31.f3 Rb3　32.Rh3 c4　33.Kd2 Rg6　34.Rg1 d4 35.Ba5 Bf8　36.Rg4 Rd6　37.Kc2 Rd7　38.g6 Rdb7　39.Be1 c5　40.Rgh4 Bg7　41.Ba5 c3　42.b×c3 Ra3　43.c×d4 e×d4 44.R×f4 Ra2+ 45.Kd3 Rb1　46.Rh1 R×a4　47.Kc2 Rb5　48.e5 d3+　49.K×d3 R×f4 50.Bc3 R×f3+　51.Ke4 Rg3　52.Kf4 R×g6　53.Ne3 Rb8　54.Nf5 Rf8　55.Rh5 Re8 56.Ke4 Rg1　57.Rh3 Bf8　58.Kd5 Rd1+　59.Ke4 Rc1　60.Kd5 Rd1+ 61.Ke4 Rd7　62.Nh6+ B×h6　63.R×h6 Rh7　64.Rg6+ Kf7　65.Rf6+ Ke7　66.Rc6 Kd7 67.R×c5 Rh6　68.Kd5 Rb6　69.Ba5 Rb5　70.R×b5 a×b5　71.e6+ R×e6 72.Kc5 Re5+　73.Kb6，和棋。

选局149

卡尔波夫 - 斯帕斯基
候选人赛第三轮　1974
白先（图149-1）

图149-1

斯帕斯基刚刚走出了惊人的着法29.Ne7-f5！它与上一个对局中的16.Nc6!?非常相似！但是不同的是，这一次，抛开心理，这是最好的着法。就像在对阵阿维尔巴赫的比赛中一样，他的想法是一定不能走常规的着法，因为那样他肯定会因为局面上的失利而遭受打击。所以他唯一能做的就是迷惑卡尔波夫，将对局带入一个更容易发生计算错误的战术领域。

现在的问题是，卡尔波夫是应该接受弃子还是不理会它，假装什么都没发生？

卡尔波夫走的是30.B×g5！

卡尔波夫只考虑了4分钟，就找到了不仅是最安全的而且也是最好的着法。贡纳尔·约翰逊在他的*Schackgeniet Anatolij Karpov*一书中提到，如果接受弃子，白方有可能获胜：30.e×f5 e4 31.Bd2 e×f3+ 32.B×f3 g×f5。我用Komodo 11进行了检查，确定这是一场胜利，例如：之后33.Bh5 Rc8 34.b5等，但卡尔波夫的着法是最实用的和最精确的。

30.Nd4

或者30.Bh6 31.e×f5 B×g5 32.Ne4

31.b×c5 N×c5 32.Rb6 Bf6 33.Rh1+! Kg7

33.Kg8，会遇到34.R×d6 B×g5 35.R×g6+ Kf7 36.R×g5

34.Bh6+ Kg8 35.B×f8 R×f8 36.R×d6 Kg7 37.Bd1 Be7 38.Rb6 Bd8 39.Rb1 Rf7 40.Na4 Nd3 41.Nb6 g5（图149-2）

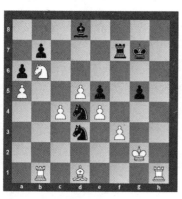

图149-2

黑方试图g5-g4挣扎，但当然它对像卡尔波夫这样以最高精度下棋的高手不起作用。

42.Nc8! Nc5

42.g4 43.Nd6 g×f3+ 44.Kf1，对f7和b7造成双重威胁。

43.Nd6 Rd7 44.Nf5+ N×f5 45.e×f5 e4 46.f×e4 N×e4 47.Ba4 Re7 48.Rhe1 Nc5 49.R×e7+ B×e7 50.Bc2 Bd8 51.Ra1 Kf6 52.d6 Nd7 53.Rh1 Ke5 54.Rd1 Kf4 55.Re1!，黑方认输。

按照卡尔波夫的风格，他选择在第30回合走实用性的着法B×g5，这也恰好是最好的一步。这里也可以考虑尼姆佐维奇的说法，即如果你可以在可能走向优势的复杂续着和走向优势的安全续着之间进行选择，那么您应该始终选择后者。

我们将通过一个将实用主义作为整体策略的例子来结束我们关于开局和中局的部分。

选局150

吉里－阿南德

斯塔万格　2017

白先（图150-1）

图150-1

图150-2

12.a4!?

吉里在*New in Chess Magazin*（5/2017）的评论中写到，他有多种选择，并且还考虑了12.d4、12.d3和12.h3。他觉得这3个着法过于退让了，所以更喜欢棋谱中的着法，这样他就可以看到阿南德的反应。与此同时，他可以获得相同的时间，因为很可能阿南德没有准备这一着，也要花时间进行思考。

12.b6　13.d3 Bg4　14.h3 Bh5

阿南德通常喜欢用象换马，但在这里他想要的不仅仅是马，还要削弱对方的王翼。

15.g4 Bg6　16.Nh4（图150-2）

16.Rc8

吉里准备好遇到16.N×g4，17.N×g6 Nh6! 18.Bf3 Rc8 19.N×e5 d×e5 20.Be4，接着走Qf3，此时白方是对局的统治者，因为h6马无法通过f5到达h4。

17.N×g6

在他对对局的注释中，吉里承认他不想在每一步之后都要计算N×g4的后果，因此很快做出了交换的决定。实用的着法!

17.h×g6　18.Bf3 g5

18.Nd7会给白方为双象打开局面制造更大的困难，例如19.Bc3（或者走*19.Ba3 Nc5 20.Bd5 Ne7 21.Bg2 Nc6*）*19.Nc5 20.Bd5 e4!?或者20.Ne7*。

图150-3

19.Bg2 Nd7 20.f4!? g×f4 21.e×f4（图150-3）

21.Nc5?

黑方最好的续着是21.Qh4！22.f×e5 d×e5 23.Kh2 Nc5 24.Bd5 Ne6 25.Qf3 Ng5 26.B×f7+ Kf8！27.Ba3+ Re7！，动态平衡。27.Ne7?会是一个错误，因为28.Bd5+!! N×f3+ 29.R×f3+ Qf6 30.Raf1。

22.f×e5 d×e5 23.Bd5！

黑方有太多的问题，阿南德在33回合时只能认输。双象实在是太强了。

有趣的是务实的吉里在对局的这个阶段表现如何。尤其是第12、17和20回合表明，这不一定是绝对最好的一步，但却是务实的最好着法。

让我们继续阅读本书的第二部分，专注于对局的最后阶段，即残局！

第二部分

150个重要的残局局面

151～167 兵残局

兵残局是所有残局的基础，熟练掌握兵残局是绝对必要的。首先，要学习对王，特别是远距离对王。我们将用几个简单的例子来描述这个原则，以确保充分掌握所有方面的情况。

另一个重要的主题是三角形体系，与格子相关的主题。

下一个主题是正方形体系，但是采用高级的形式，涉及国际象棋中有趣的想象。

我们将通过讲解如何下侧翼多兵和局面多兵来结束兵残局的部分。

选局151

格利戈里奇－菲舍尔

候选人赛 1959

黑先（图151-1）

图151-1

57.Kb8!

这着之后，保持远距离对王，和棋。白王不能走到b4格，进行对王，因为兵站在那里。

57.Kb7?，显然**58.Kb5!**导致黑方输棋。

接下来的走法：**57.Kc7? 58.Kc5! Kb7 59.Kb5!**白方获得对王的机会。黑方无法阻止白王进入c6或a6格，在那里王将护送兵进入到升变格。

如果白方想考验黑方，可以走：

58.Kd5（图151-2）

但是，在**58.Kb7!**之后，仍然是和棋。

继续的走法为：

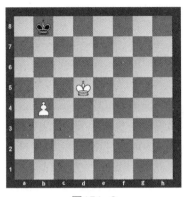

图151-2

59.Kc5 Kc7 60.Kb5 Kb7 61.Ka5 Ka7 62.Kb5 Kb7 63.Kc5 Kc7黑方继续保持对王，因此白方只能被迫移动兵。64.b5 Kb7 65.b6 Kb8 66.Kc6 Ka8 67.Kc7，逼和。

66.Kc8 67.b7+ Kb8 68.Kb6，同样导致逼和。

选局152

曼德勒 1969

白先（图152-1）

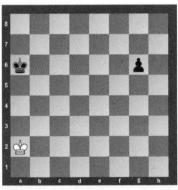

图152-1

图152-2

获得和棋的唯一方法是利用g兵处于g6的事实，这意味着黑方的王不能走入那里。

1.Kb2!白方最终会用远距离对王的手段欺骗黑方。

1.Kb6

1Kb5 2.Kb3白方立即进行对王。

2.Kc2 Kc6 3.Kd2 Kd6 4.Ke2 Ke6 5.Kf2 Kf6（图152-2）

6.Kg2，和棋。

重点：黑方想把王走到到g6，但是被自己的兵挡住了。

选局153

格利戈里耶夫

棋盘 1931

白先（图153）

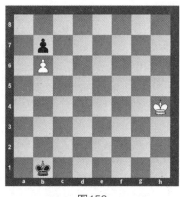

图153

白方获得和棋的唯一方式是取得对王。当黑王吃掉白兵时，白方的王必须要在b4。应该这样走：

1.Kg3! Kc2

黑方既要推开白王，又要吃掉兵。

2.Kf2!

如果白方攻击b7兵，按下面的走法过程，他将输掉这局棋：

2.Kf4 Kd3 3.Ke5 Kc4 4.Kd6 Kb5 5.Kc7 Ka6，白负。

2Kd2!

如果：2Kd3，那么3.Ke1 Kc4 4.Kd2 Kb5 5.Kc3白王从h4-e1-b4的斜线路程呈现了漂亮的几何形状，这是唯一可以获得和棋的路线。

3.Kf1! Kd3 4.Ke1 Kc4 5.Kd2

现在白方只要跟着黑王从斜线到达b4格就好。

5.Kb5 6.Kc3 K×b6

6Kc5 7.Kb3!

7.Kb4，白方取得对王，获得和棋。

选局154

马蒂森　1918

白先（图154）

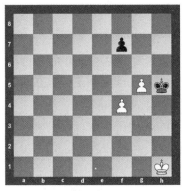

图154

1.g6!

弃兵是获得和棋的唯一方式。

1.Kh2?? Kg4　2.g6 f×g6　3.f5 K×f5!

（3.g×f5　4.Kg2 Kf4　5.Kf2 Ke4　6.Ke2和棋，因为白方对王）

4.Kg3 Kg5黑方取得对王，获胜。

1.f×g6　2.f5!

令人惊讶的是，白方必须将两个兵都弃掉才能获得和棋。

2.g×f5　3.Kg1!

白方通过远距离对王获得了和棋。3.Kh2??被黑方对王3.Kh4!　4.Kg2 Kg4 5.Kf2 Kf4　6.Ke2 Kg3黑兵被护送升变。

3.Kg5　4.Kf1

如果黑兵处在f6格，黑方通过把王放在f5来对王。现在是不可能了，白方取得了对王的权利。

4.Kf4　5.Kf2 Ke4　6.Ke2 f4　7.Kf2 f3　8.Kf1 Ke3

9.Ke1 f2+　10.Kf1 Kf3，逼和。

选局155

法尔尼 – 阿拉宾

莱比锡　1917

白先（图155-1）

这个所谓的法尔尼残局可能发生于慕尼黑，在1909—1917年之间的某个时

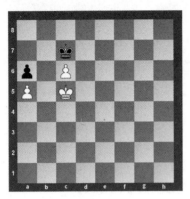

图155-1

间，但没有证据表明这一点。我们唯一确定的是法尔尼在他出版的的残局书中第15页公布了这个残局。这个局面曾出现在许多的对局中，例如，1905年巴门，菲比格-塔塔科维尔的对局，塔塔科维尔很幸运，因为菲比格未能获胜。

获胜的诀窍是在这个局面下轮到黑方行棋。实现这一目标唯一的方式是通过三角等着。你可以通过d5-d4-c4或d5-c4-d4这两种方式走动王，每种路线都由3个方格组成，它们呈三角形。如果黑王被放在c7，那么白方想把王放在相对应的c5，然后下一步突破到b6，拿下a6兵。

这个局面的核心主题是不仅要展示如何转换步序的技巧，而且还介绍了一种更简单的对应格形式。d5格对应c8格，c4格对应c8格，这意味着轮到行棋的一方处于劣势。

1.Kd5 Kc8 2.Kd4

另一种三角形等着方法是：2.Kc4 Kd8 3.Kd4。

2.Kd8

或者：2.Kb8 3.Kc4导致形同的情况。

3.Kc4 Kc8（图155-2）

4.Kd5!

所以，现在轮到黑方行棋。他会输棋，进一步的走法是：

4.Kd8 5.Kd6 Kc8 6.c7 Kb7 7.Kd7 Ka7（图155-3）

8.Kc6!

最强的着法。提防：8.c8Q??立即逼和！

8.Ka8 9.c8Q+ Ka7 10.Qb7# 将杀。

所以不要忘记这个重要的三角移动。1978年年轻的卡斯帕罗夫在陶格夫匹尔斯与阿尔伯特的比赛中，阿尔伯特"不礼貌"，过早认输，只走了一步，没有让卡斯帕罗夫完成三角移动。

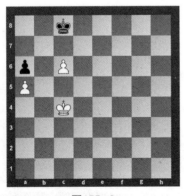

图155-2

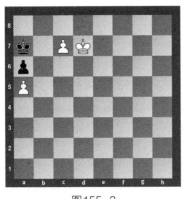

图155-3

三角移动是一种超出想象的常见手段。思路是：有意损失一步，以便同样局面转为轮到对手行棋，使其处于楚茨文克状况下。在其他残局中也可以找到这样的例子，如，选局284，后对车的残局。

对应格的概念非常重要，在接下来的两个局面中将再次涉及，另外在象残局部分的选局189中也将出现。

选局156

莫拉维茨　1940

白先（图156）

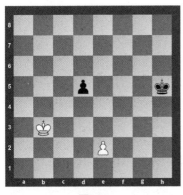

图156

黑方的d5兵注定会被吃掉，但白方必须以正确的方式吃掉它。

正确的：**1.Kb4!**

1.Kc3? Kg5 2.Kd4 Kf4导致和棋，轮到白方被迫行棋。与主变相比，出现相同的局面，主变轮到黑方行棋，但此分支变化轮到白方行棋。

1.Kg5 2.Kc5 Kf4 3.Kd4!

d4格对应f4格，由于楚茨文克，白方获胜。当然，不能走：3.K×d5? Ke3，黑方会吃掉白兵。

之后的着法：**3.Kg3 4.K×d5 Kf2 5.e4**，e兵一步移动两格。

白胜。

注意，如果我们把所有的棋子都向上平移一行，那么局面会成为和棋。原因是白兵只能移动一格，如果它在e3上，那么f3的黑王就准备吃掉它。

选局157

拉斯克 1900

白先（图157）

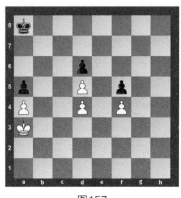

图157

这个局面是对应格的更高级形式。白方通过c4到b5或者h4到g5/h5突破。关键局面是白王在d3时。为了获胜，黑王在c7时须轮到白方行棋，进入d3。

解法是：1.Kb2!

1.Kb3?是和棋，之后黑方走：1.Ka7!。

1.Ka7

如果1.Kb8，那么2.Kc2! Kc8 3.Kd2! Kd8 4.Kc3! Kc7 5.Kd3!，黑方陷于楚茨文克。

2.Kb3!

b3格对应a7格。

2.Kb7

或者2.Ka6 3.Kc2!

3.Kc3! Kc7 4.Kd3! Kd7

或者4.Kb6 5.Ke3 Kc7 6.Kf3 Kd7 7.Kg3 Ke7 8.Kh4 Kf6 9.Kh5

5.Kc4，白胜。

掌握这项研究很重要，因此要认真学习直到百分之百地理解它。如果你理解了这个局面，那么你也将能理解包含对应格的其他局面。为什么不看看涉及相同主题的选局197呢？

选局158

列蒂 1921

白先（图158）

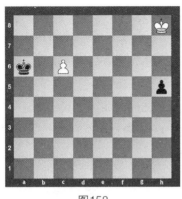

图158

为什么这个兵残局很重要？在对局中你可能永远无法走到相同的局面中，但是例局所代表的想法和思路很重要。例局非常具有启发性，展示了对弈中如何使用多重计划或者一步棋带有双重威胁。白方有两个目标，保护自己的兵，吃掉对方的兵。从表面看这似乎是不可能的，但在国际象棋中，呈现出的几何结构可能会欺骗你。

1.Kg7!

王进入这个格子后，白方有两个方向和路径，也同时配备两个计划。

1.h4

1.Kb6 2.Kf6 K×c6 3.Kg5，黑兵丢掉。

2.Kf6 Kb6

2.h3无法获胜，3.Ke6或3.Ke7，白王护送通路兵到c8升变。

3.Ke5!!，和棋。

双重威胁：4.Kd6保护c6兵，以及4.Kf4套牢对方的兵。

残局专家阿维尔巴赫在Chess Tactics for Advanced Chess Players一书中以这个局面为例解释了双重威胁是所有战术和战术组合的核心。

选局159

莫拉维茨

捷克斯洛伐克 1952

白先（图159-1）

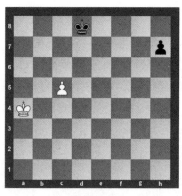

图159-1

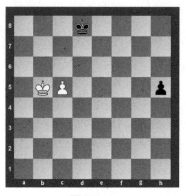

图159-2

这个局面会令人产生错觉，因为白王在对方兵的正方形之外。但是，尽管如此，它仍然是和棋。

白方通过走1.Kb5同时向两个兵靠近。

黑方应着：1.h5（图159-2）。

当然，如果1.Kc7，白方必然会抓紧机会进入到由h5-h1-d1-d5组成的正方形里，走法：2.Kc4 h5 3.Kd5。

2.Kc6!!

白方建立了一个双重威胁，获得和棋。这一步模仿之前列蒂研究的3.Ke5!!，但是亮点是在莫拉维茨的研究中，王被放在了兵的前面，建立了必要的双重威胁：Kb7和Kd5，以达到和棋的目的。

2.Kc8

如果：2.h4 3.Kb7 h3 4.c6 h2 5.c7+ Ke7!，双方的兵都升变。

3.Kd5

白方处在了h5-h1-d1-d5的正方形内，正好能够吃掉升变的兵，继续的着法是：3.h4 4.Ke4

正方形逐渐缩小。

4.h3 5.Kf3 h2 6.Kg2 h1Q+ 7.K×h1，和棋。

选局160

列蒂 1928

白先（图160）

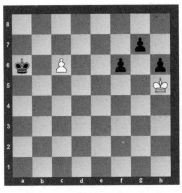

图160

令人难以置信的是，这个局面是和棋，尽管事实上白方落后两兵，得益于第158个局面，更容易理解敦刻尔克的奇迹确实可以实现。

1.Kg6 Kb6

1. h5 2.K×g7 h4 3.K×f6，导致出现与之前列蒂例局的相同局面。

1. f5 2.K×g7 f4 3.Kf6 f3（*3. Kb6 4.Ke5*）4.Ke6 或4.Ke7，也是和棋。

2.K×g7 h5

2. f5 3.Kf6 f4 4.Ke5 f3 5.Kd6，类似地和棋。

3.K×f6 h4 4.Ke5，和棋。

再次出现与列蒂巨著中相同的局面。

不要忽略国际象棋中的想象和奇迹！伟大的国际象棋特级大师卢德克·帕赫曼曾经说过国际象棋不存在奇迹，在某种程度上他是对的，但是我们必须为特殊情况做好准备，无论通过学习还是对弈。有时候可能会穿墙而过，我必须了解什么时候才是现实——因为奇迹有时候与现实生活交织在一起。

选局161

施莱切特 – 马可

1893

白先（图161）

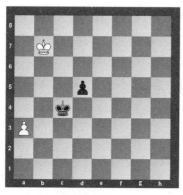

图161

从表面上看，a兵似乎是注定要被吃掉的，而黑方d兵最终会升变为后。然而，这是一个著名的错觉，在实际对局和学习中出现过多次。

据说，列蒂从1921年开始了这个著名的研究，局面158，就是受到了1893年在德国世界报出现的局面的启发。

57.a4 Kb4 58.Kb6!

双方同意了和棋，因为白王将支持兵a4–a5挺进，而**58.K×a4**后，白方会走 **59.Kc5**。这是最简单的方式，也是处理更高级别案例时要记住的关键思路。

选局162

林克 1922

白先（图162）

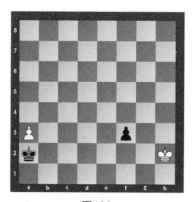

图162

看起来可以简单取胜，但是在**1.a4 Kb3 2.a5 Kc3!**之后，白方必须小心！

2.Kc4似乎导致出现了施乐希特–马可的相同情况，黑方威胁要进入a兵的正方形内，同时威胁要支持自己的兵。然而，由于串击**6.Qa6+**。白方可以获胜：**3.a6 Kd3 4.a7! f2 5.a8Q f1Q，6.Qa6+**串击。

3.Kg1!

白方以同样聪明的着法回应黑方。

3.a6不起作用，3.Kd2! 4.a7 f2 5.Kg2 Ke2双方的兵都升变。

注意：3.Kg3？ Kd4!出现了施乐希特-马可的复刻，或者如果你更喜欢著名的列蒂研究，Ke5是关键的一步。在4.a6 Ke3 5.a7 f2，呈现和棋局面。

3. Kd4 4.a6 Ke3 5.Kf1!，白胜。

重点是当黑兵被拦住的时候，白兵升变。

选局163

拉斯克－塔拉什

圣彼得堡 1914

白先（图163）

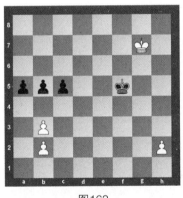

图163

在1914年著名的圣彼得堡锦标赛手册中，塔拉什评论说白方似乎要输了。

40.h4 Kg4 41.Kg6!

拯救问题的着法与施乐希特-马可涉及的着法相呼应，当时他走了58.Kb6!。

如果本能地走出41.Kf6？，被迫输棋，之后的着法：41.c4 42.b×c4 b×c4 43.Ke5 c3 44.b×c3 a4 45.Kd4 a3，白方的c兵封锁了白王追赶黑兵的路线。

41.K×h4 42.Kf5

正确的路径是沿着b1-h7的斜线。

42.Kg3

42.c4 43.b×c4 b×c4 44.Ke4 c3 45.b×c3 Kg5

（45.a4？ 46.Kd3 a3 47.Kc2，白方吃兵并保护自己一方的兵。）

43.Ke4 Kf2 44.Kd5 Ke3 45.K×c5 Kd3 46.K×b5 Kc2 47.K×a5 K×b3，双方同意和棋。

选局164

洛力 1763

黑先（图164）

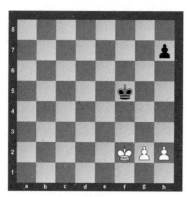

图164

在落后一个兵的局面中，保持和棋的黄金原则是尽可能让王灵活，然后挺进h兵确保进行有利的交换。

1.Kf4，和棋。

原则性的着法，尽管另一个王也能在f线和g线保持移动。黑方的主要任务是阻止白王到达h6，在这个局面中，如果白王到达h4或g4，这个目标就可以实现。

1.Ke4?错误，由于2.Kg3 Kf5 3.Kh4。如果白方的王到达h4或g4，将获得胜利，因为白方可以通过兵的移动获得想要的行棋权。

例如：3.Kg6 4.Kg4 h6

（或者4. Kf6 5.Kh5 Kg7 6.Kg5 Kh8 7.Kh6白胜。）

选局165

接续上一个选局164分支变化的最后一着：7.Kh6

黑先（图165-1）

（这是一个众所周知的获胜局面，白方通过挺进兵并在正确的时刻将g兵走到g6来获胜。

7. Kg8 8.g4 Kh8 9.g5 Kg8 10.h3!

思路是调整步序，当黑王在h8时，白兵走到h4。

10.Kh8 11.h4 Kg8 12.h5 Kh8 13.g6 h×g6 14.h×g6 Kg8 15.g7 Kf7 16.Kh7，白方即将升变。）

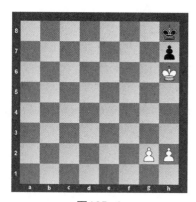

图165-1

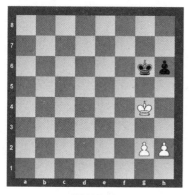

图165-2

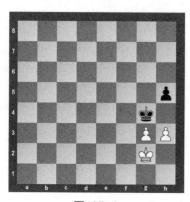

图165-3

白先：接续上一个局面164分支变化的最后一着：4.h6。（图165-2）

5.Kf4 Kf6　6.Ke4 Ke6　7.h4 Kf6 8.g3!（8.g4? Ke6和棋。）

8.Ke6　9.g4（轮到黑方行棋，是输棋的结果，因为白方下一步可以把王渗透进去。）

9.Kf6　10.Kd5 Ke7　11.Ke5 Kf7　12.Kf5 Kg7　13.Ke6 Kg6　14.h5+! Kg5　15.Kf7 K×g4 16.Kg6，白方赢得h6兵并取得对局的胜利。

白先：接续上一个局面164主变的最后一着：1. Kf4

2.g3+

2.h3 h6!

（如果：2. h5?削弱g5格，之后的演变如下：3.g3+ Ke4 4.Ke2 Kd4 5.Kf3 Ke5 6.Ke3 Kd5 7.Kf4 Ke6 8.Kg5。）

3.g3+ Kf5　（更活跃的3. Ke4 4.Ke2黑方无论如何都必须将王移动到第5线）

4.Kf3 h5!唯一避免被白王渗透进入的着法。现在黑方很容易在对王的帮助下守和：5.Ke3 Ke5　6.Kd3 Kd5，白方无法进一步改善他的局面。

2. Kg4

最简单的，2.Ke4也是和棋，因为王不能进入g3。

3.Kg2 h5

当然3.h6也是和棋。

4.h3+（图165-3）

4.Kg5!

当黑兵处在h5时，这是唯一的走法，因为白方将通过后续着法渗透到对方的阵地：

4. Kf5? 5.Kf3 Ke5 6.Ke3。

5.Kf3 Kf5白方无法获胜，和棋。

防守方要记住的黄金法则是：不要让进攻方进入第4线。

选局166

尤伟 1946

白先（图166-1）

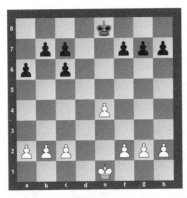

图166-1

兵结构与西班牙开局交换变例出现的兵结构相同：（开局走法）1.e4 e5 2.Nf3 Nc6 3.Bb5 a6 4. B × c6 d × c6。

这个结构也出现在卡罗康开局之后：1.e4 c6 2.d4 d5 3.Nd2

（或者3.Nc3）

3.d × e4 4.N × e4 Nf6 5.N × f6+ e × f6，但是在王翼一侧。

在这两个变化中黑方必须小心，不要交换掉所有子，因为这将导致一个劣势的兵残局。

尤伟走出的精彩变化以最有说服力的方式展示了如何获胜。白方4个健康的兵对黑方王翼的3个兵，同样，在后翼黑方4个兵对白方3个兵。然而，黑方的问题是，他的c线兵是叠兵，如果白方在后翼进行正确的防御，就不可能让黑方制造出通路兵。让我们看看尤伟是如何阐述这一策略的。

1.Ke2

双方第一步是活跃他们的王。

1.Ke7 2.Ke3 Ke6 3.f4

第二步包括两种情况的结合，尽早地使自己一方的多兵活跃起来，也要阻止对手的多兵活跃。

3.c5 4.c4!

白方拦住黑方c兵的继续挺进，从而阻止黑方获得时间和空间。

4.c6 5.a4

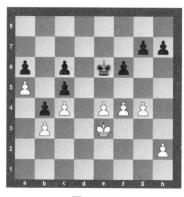

图166-2

白方威胁a4-a5，后果严重。

5.b5 6.b3!

当然，白方要保持他的兵在后翼完好无损。

6.f6 7.a5 b4 8.g4（图166-2）

8. g5

尤伟没有被动防御8. Kd6。白方可以按照与尤伟的主变相同的公式来下，但是有一个陷阱需要注意，那就是：9.e5+! f×e5 10.f5。现在看来，多的兵会很快转变为能够决定对局结果的边线通路兵。这是真的，但之后：10.Ke7 11.g5 Kd7 12.Ke4 Kd6黑方必须小心。在这里h兵可以走13.h3!，用于换先，这点很重要！

（如果13.h4?? g6是和棋。之后无法进行王的三角移动：14.f6 Ke6 15.Kf3 Kd6 16.Ke3 Kd7!因为黑方有一个e6-d6-d7格构成的三角区域。）

13.g6 14.h4黑方陷入楚茨尼克，失去e5兵。

回到尤伟下的主变例：

9.e5!

只能牺牲掉e4兵，以稳固王翼的多兵。

9.g×f4+

在9.f×e5 10.f×g5之后，白方可以更快地获胜。

10.K×f4 f×e5+ 11.Ke4（图166-3）

白方已经到达了他的理想局面，展示了远方多兵的优势，并最终形成了清晰的远方通路兵。

11.h6 12.h4 Kf6 13.g5+ h×g5 14.h×g5+ K×g5 15.K×e5 Kg4 16.Kd6 Kf4 17.K×c6 Ke4 18.K×c5 Kd3 19.K×b4 Kd4

这个局面获胜的最简单的方式是通过三角移动。白方能够分别在a3-a4-b4或a4-a3-b4格子里进行三角移动。

20.Ka3

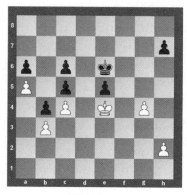

图166-3

另一种三角移动：20.Ka4 Kc5 21.Ka3 Kd4 22.Kb4获胜，但是不要走20.c5?? Kd5和棋。

20.Kc5 21.Ka4 Kd4

黑方必须阻止兵走到b4。

22.Kb4 Ke5 23.Kc5白方的一个兵升变。

这是具有启发性的残局，值得与朋友或电脑一起对弈几次，可以互换先后手，你会发现其他有趣的变化。

在结束本章兵残局进入马残局之前，我们不能忘记那些曾见过的、最令我们不可思议的兵残局。多年前，当我在鲁本·弗恩的*Basic Chess Endings*中研究兵残局时发现了它，令我很高兴。

选局167

伯杰－鲍尔

通讯赛 1889—1891

白先（图167-1）

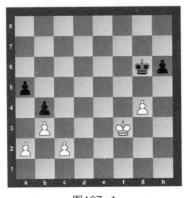

图167-1

虽然多的兵是弱兵，但有时也可能会获胜。这个具有指导意义的局面出现在很久以前的通讯赛中。如果白方想获胜，他必须加入一场令人毛骨悚然的兵的赛跑中，那是唯一的获胜途径。想要找到伯格的巧妙胜利方法并不容易，需要精确计算。

1.c4!! b×c3 2.Ke3 Kg5

将会发生什么呢？下一个惊天动地的着法来了！

3.a4!!

3.Kd3和棋，之后的走法：3.K×g4 4.a4 h5 5.b4 h4 6.b5!，双方兵都升变了。

然而，在第二次令人震惊之后，情况就不同了，因为黑方很快就被迫吃掉了b兵。白方获得了在兵的赛跑中的关键性先手。

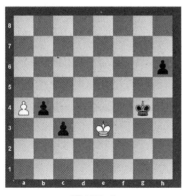

图167-2

3. K×g4 4.b4 a×b4（图167-2）

5.Kd3!!

另一步令人震惊的着法。在这个局面中到底存在多少这样的惊喜呢？

5.a5导致和棋，5.b3 6.Kd3 b2 7.Kc2 Kf3!。这是重点，黑方反击，帮助c兵升变。8.a6 Ke2 9.a7 b1Q+ 10.K×b1 Kd2 11.a8Q c2+ 12.Ka2 c1Q 13.Qg2+!，和棋。

5.h5 6.a5 h4 7.a6 h3 8.a7 h2 9.a8Q，白胜。

白方紧接着走致命的Qh1，大获全胜。

升变边兵的优点是自动控制大斜线上对角，所以永远不要低估棋盘上最低价值的兵，因为它可能突然变成棋盘上最有价值的子！

168～180 马残局

马残局与兵残局有一些相似之处，当我们对弈或研究马残局时，记住这一点很有用。在兵残局中被证明的那些决定性的优势通常与马残局的是相同类型，无论是边线通路兵还是利用4个兵对同侧的3个兵。

选局168

格利戈里耶夫 1932

白先（图168-1）

图168-1

马最糟糕的敌人之一是边兵（排在第二位的是马前兵，即b线、g线兵），但在某些局面中，马确实是一个神奇的棋子。

在伟大的研究著作家格利哥里耶夫的研究中，白方通过下面的方法挽救了对局：

Nf7! h3 2.Ng5 h2 3.Ne4+（图168-2）

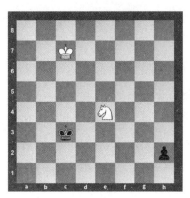

图168-2

3. Kc2

3.Kd3 4.Ng3!通向一个我们要记住的重要局面。白马就像一堵墙，阻止黑方通过4.Ke3或4.Kd2靠近，因为当黑王走到这两个格里时，5.Nf1+，击双。

3.Kd4 4.Nf2!筑起另一堵坚固的墙，因为：4.Ke3，被白马击双：5.Ng4+。

4.Ng3!

4.Nf2?是错误的路线：4.Kd2 5.Kd6 Ke2 6.Nh1 Kf3 7.Ke5 Kg2 8.Kf4 K×h1，白王差一步到达f2，无法把黑王封印在角上。

4.Kd1 5.Kd6 Ke1 6.Ke5 Kf2 7.Kf4 Kg2 8.Kg4和棋。

马击双的特性可以使墙的范围扩展，这点很重要，必须记住。

选局169

杰恩 1837

白先（图169）

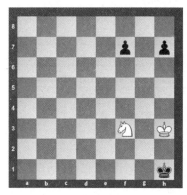

图169

通常情况下，拥有一个或几个兵的一方想要为胜利而战，除非包含边线兵且王在兵的前面。在这种情况下，王和马的一方有必要找出是否有可能组织在角落里的将杀。

1.Kg3 f5 2.Kf2 h5 3.Kf1 f4 4.Kf2 h4 5.Kf1 h3

马的调动时刻到了。

6.Ne5! Kh2 7.Kf2 Kh1 8.Ng4

白方在马的帮助下迫使另一个兵移动。

8.f3 9.Kf1 f2 10.N×f2+ Kh2 11.Ne4 Kh1 12.Kf2 Kh2 13.Nd2!

马的这种重新部署是要记住的重要思想。

13.Kh1 14.Nf1! h2 15.Ng3# 白胜

选局170

拉罗什 – 格雷维尔

巴黎 1848

白先（图170–1）

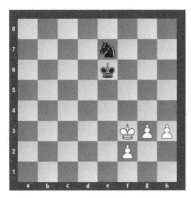

图170–1

这个残局是在著名的摄政咖啡馆鼎盛时期走出的。基泽里茨基认为这个残局非常有趣。我只能同意，因为20多年前，在几次针对这个局面的训练对弈之后，我对这个残局非常熟悉了。

保持和棋的花招相当简单。黑方应该将他的王放在白兵的中间区域，即g6格，当其中的一个兵被推到第5线时，黑方将用王拦截它。不能让所有的兵都到达第5线，这一点非常重要。当兵在第4线时，马价值3个兵。当兵在第5线时，它们比马更厉害。

1.Kg4 Kf6 2.h4

我在训练期间的对手摩根·伦德奎斯特，走了2.Kh5阻止黑王到达g6。然而，这是没有结果的，因为2.Kf5，白王放错了位置不能对兵产生帮助和支持。

2.Kg6 3.Kf4 Nd5+

最简单的和棋方式是：3.Kh5!，然后用马击打兵链中最弱的连接点。貌似可靠的方法是：4.Ke5

（4.f3 Nd5+ 5.Ke4 Nc3+ 6.Kf5 Ne2）

4.Nc6+ 5.Kd5 Nb4+ 6.Ke6 Nc6 7.f4 Nd4+ 8.Ke5 Ne2，和棋。

4.Ke5 Nb4

黑方计划走到兵的后面。

5.f3 Nd3+

5.Kh5!，仍然是最简单的。

6.Ke4 Nc5+ 7.Kd4 Ne6+ 8.Ke5 Nf8 9.g4（图170–2）

黑方的王和马走了不必要的、被动的着法，但是令人惊讶的是，如果接下

图170-2

来走法正确，这个局面仍然是和棋。

9.Nd7+?

这是一步败着。正确的是9.Kh6!!，然后走Ng6+。但是如果：10.h5，黑方应该走10.Kg5。

10.Kf4?

白方可以强制性取胜：10.Kd6 Nf8（10.Nf6 11.Ke6）

11.Ke7 Kg7 12.h5 Nh7 13.f4 Nf6 14.h6+

Kg6 15.f5+ Kg5 16.Kf7，白胜。

10.Nc5 11.Ke3 Ne6 12.f4 Ng7?

另一个败着。如果采用更加积极的走法可以换来和棋：

12.Nc5 13.Kd4 （*13.Kf3 Nd3 14.Kg3 Ne1*）

13.Nd7!阻止王穿过中心。然后：14.Ke4 Nf6+ 15.Kf3

选局171

接续上一个选局170分支变化的最后一着：15.Kf3

黑先（图171-1）

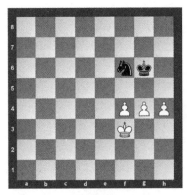

图171-1

在阿维尔巴赫和切克霍夫的*Knight Endings*（1977年出版）中详细阐述了这个局面。

黑方在下列着法之后走向和棋：

15.Nd5 16.f5+（或16.h5+ Kh6 17.Ke4 Nf6+ 18.Kf5 Nd5 19.Ke5 Ne3）

16.Kf6。主要原则是把王走到将军它的兵前面。17.Ke4 Nc3+ 18.Ke3 （*18.Kd4 Ne2+ 19.Ke3 Ng3 20.Kf4 Ne2+*）

18.Ke5!!。唯一可以获得和棋的着法，注意黑王的走法要积极。19.h5 Nd5+ 20.Kf3 Nf6 21.h6 Nh7，黑兵被堵塞，必然是和棋。

白先：

在上面这个局面中，如果白先可以获胜1.f5+！阿维尔巴赫和切克霍夫给出的原则指出："3个连兵如果能够到达第5线，它们可以击败马。"但是，正如

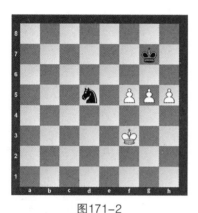

图171-2

我们稍后将讨论的那样，兵得到王的支持很重要，因为如果没有王的支持，马能够摧毁第5线的漂亮兵阵，通过威胁王无法保护的其中一个兵。

续着：1.Kg7 2.g5 Nd5 3.h5（**图171-2**）

3个兵全部都到达了第5线并且黑方无法阻止它们继续挺进。3.Nc3*

（*3.Kf7 4.h6 Nc3 5.h7 Kg7 6.g6，白胜。*）

4.Kf4 Ne2+ 5.Ke5 Ng3 6.f6+ Kg8 7.h6 Nh5 8.g6。

兵到了第6线。通过之后的走法：8.Ng3 9.h7+ Kh8 10.f7，其中一个兵升变，白胜。

接续上一个局面170主变的最后一着：12.Ng7?（**图171-3**）

之后的变化：

13.Ke4 Ne8 14.f5+ Kf7 15.g5 Nd6+ 16.Kf4 Ne8 17.h5 兵碾压黑方。

17.Ng7 18.h6 Ne8 19.Ke5 Kg8 20.g6 Kf8 21.f6 Nc7 22.h7，黑方认输。

图171-3

选局172

希拉普·佩尔松 – 德拉涅夫

斯德哥尔摩 2018

白先（图172）

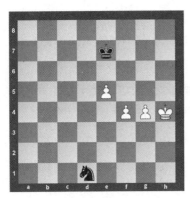

图172

在这个局面中，瑞典特级大师泰格·希拉普·佩尔松走出了震惊我的着法：54.Kg5!!。

之所以惊讶，是因为我确定他会走54.f5，这实际上是个错误。让我来解释一下。我是在弗恩和阿维尔巴赫的残局书籍中成长起来的。因此在2018年里尔顿杯的第一天，当我看到这个局面时，我惊呆了，泰格没有走出54.f5，根据弗恩*Basic Chess Endings*的原则，如果两个兵抵达第5线，这个残局就会获胜。在20世纪70年代后期，这条原则被阿维尔巴赫和切克霍夫改变了。他们的新原则是，所有的兵必须都放在第5线才能获得胜利。

如果我们在现在的局面上应用这条原则，它其实是和棋。让我们试试54.f5？。黑方用54.Nf2!或54.Nb2!活跃马，即使所有兵都置于第5线，仍然会是和棋，55.g5。到底会发生什么呢？黑方用55.Nd3!攻击e5兵，56.e6 Nf4（还有其他三个马的不错走法。）57.Kg4 Ne2!

我们有以下局面：见选局173。

选局173

白先（图173-1）

显然，白方想要王处在e5，但这是不可能的：58.Kf3

（*58.Kh5 Nd4! 59.Kg6 Nf3!由于对g5和f5交替的威胁，还是和棋。*）

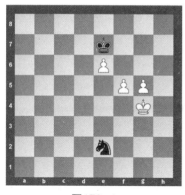

图173-1

58.Nd4+ 59.Ke4 N×e6。这是最具启发性的变化，说明了为什么这个局面是和棋。

白方无法获胜的原因是：尽管事实上所有的兵都置于第5线，但是黑方能够强迫1个兵进入第6线，在这种情况下，可以获得和棋。阿维尔巴赫和切克霍夫规定的"如果3个连兵都到达第5线，则可以击败一个马"，这一点不完全正确，因为防守方能破坏第5线的连兵，事实上就是这种情况。

对阿维尔巴赫和切克霍夫原则进行必要的、简单的补充，重新表述，指出"如果有王的支持，第5线的3个连兵会战胜1个马。"

54.Kf7 55.f5

现在更容易将g兵推到第5线，因为白王靠近所有的兵。

55.Nf2（图173-2）

56.e6+

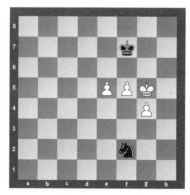

图173-2

注意，即使有王的充分支持，弗恩的第5线两兵原则也行不通！56.Kf4 Nd3+ 57.Ke4 Nf2+ 58.Kf3 Nh3，白方无法改善自己的局面，因为g兵无法到达第5线。所有可获胜的尝试都会导致一种或另一种方式的封锁。

56.Ke7 57.Kh5!

就像我们之前所见到的：57.Kf4? Kf6是没有用的，因为58.g5+不能帮助到白方，在58.Ke7之后和棋。

57.Nd3 58.g5 Ne5 59.Kh6 Ng4+ 60.Kg7 Ne3 61.Kg6

白方的三角移动迫使黑方面对楚茨文克。

61.Nc4 62.Kh7 Ne3 63.f6+! K×e6 64.g6 Ng4

64.K×f6，输给65.g7。

65.f7 Nf6+ 66.Kg7! Nh5+ 67.Kh6 黑方认输。

希拉普·佩尔松下得很好，通过精确地计算，他有意或无意地违反了残局巨头弗恩、阿维尔巴赫和切克霍夫制定的通常原则。他为这个残局的下法和理解做出了重要的贡献。

选局174

哈伯斯塔特 1952

白先（图174-1）

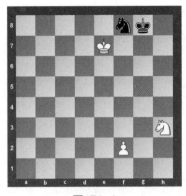

图174-1

图174-2

从表面看，这个局面是必和棋。毕竟，f8的黑马站在了通路兵的前面，而且有王的保护。因此，我们有了另一个错觉。国际象棋充满了你不能准确判断的情况，我们必须逐一学习它们!

1.Nf4!

当进攻方占主导地位并且控制对方的马时，像这样调动马是一个重要的思路，无论在开局、中局还是残局。

1.Nh7

1．Kg7，允许决定性的交换发生：2.Ne6+，白胜。

2.Ne6!

注意，这个马是如何坚持掌控黑方的，现在黑王也受到马的影响。

2.Kh8（图174-2）

3.f3!

就像我们在一些兵残局所见过的，马残局中保持行棋的节奏、控制先手也被证明同样是有用的。

3.f4?，事实上可以导致和棋：3.Kg8 4.f5 Kh8 5.Kf7

（5.Nf8，解放了黑马：5.Ng5） 5．Ng5+! 6.N×g5，逼和。

3.Kf7? Ng5+ 4.Ke7 Nf3，白方无法应对封锁，和棋。

3.Kg8　4.f4　Kh8　5.Kf7

5.Nf8，强制交换，也可以获胜，但是需要更长的时间。

5.Ng5+　6.f×g5，白胜。

黑方会在5步之内被将杀。

开始时谁能想象黑方会在11步之后被将杀? 如果这不是奇迹,那又是什么?

选局175

凯列斯 – 雷谢夫斯基

列宁格勒 / 莫斯科 1939

白先（图175-1）

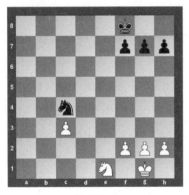

图175-1

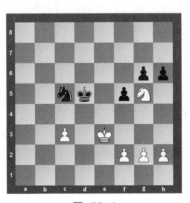

图175-2

这个局面看起来不难获胜,但实际并不简单。黑方马比白方的更灵活,白方必须找到可以攻击的第二个弱点,同时避免交换太多的兵。

34.Kf1 Ke7　35.Ke2 Kd6　36.Nc2 Ke5 37.Ne3 Nb2 38.Nd1 Na4

38.Nc4　39.Kd3 Nd6　40.Ne3威胁下一步: 41.Nc4+,给白方一个容易提升局面灵活性的机会。

39.Kd3 Kd5　40.Ne3+ Kc5　41.Nf5!

白方正在打击黑方的第二个弱点,显然是王翼,弱点要被牢牢固定。

41.g6　42.Nh6 f5　43.Nf7 Kd5　44.Ng5 Nc5+　45.Ke3 h6（图175-2）

46.Nf3?

此时,第二个弱点是h6兵,白方应该通过下面方式攻击它: 46.Nf7! Ke6（如果: 46.Ne4　47.N×h6 N×c3　48.Kf4 Ne4　49.f3,是没有用的。）47.N×h6 Kf6

48.Kd4，白胜。

46.g5 47.g3

白方必须阻止f5-f4，否则留给黑方的空间太大了。

47.Ne4 48.Nd4 N×c3?

按之后的走法，黑方有一个强制性的和棋：48.f4+ 49.g×f4 N×c3 50.Nf5 Ke6 51.N×h6 Nd5+。

49.N×f5 h5（图175-3）

50.Ng7

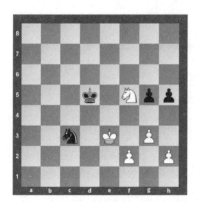

图175-3

弗恩建议：50.f4 g4 51.Ng7，但是黑方有强大的防御：51.Nb5!，控制白马的重要逃生格d6和c7，之后可以看到：52.N×h5 Ke6 53.Ng7+ Kf6 54.Ne8+ Kf7。马被困，虽然白方有3个兵，但还是不够：55.f5 K×e8 56.Kf4 Kf7 57.K×g4 Kf6 58.Kf4 Nd4 59.g4 Ne2+，和棋。

50.h4 51.g×h4 g×h4 52.f4 h3! 53.Nf5 Ke6 54.Ng3 Kd5 55.Kf3 Kd4 56.Nh1 Nd1 57.Nf2 Ne3 58.Kg3 Kd5（图175-4）

59.K×h3?

白方通过下列走法获胜：59.Kh4! Ke6 60.Kg5。

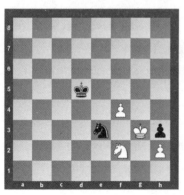

图175-4

59.Ke6

现在是强制和棋，因为f4兵无法保住。

60.Kg3 Kf5 61.Kf3 Nf1 62.h3 Nd2+ 63.Ke2 Nc4 64.Kd3

64.Nd3 Ke4给了黑方一个非常积极的局面，白方做不了什么。

64.Nb6，双方同意和棋。

如果凯列斯未能用通路兵获胜，那么下一个残局应该更难获胜。在下这样的残局时，只有一种方式可以获得信心，就是通过与朋友或电脑进行测试，既要做进攻方又要做防守方。只有这样做你才能很好地理解马残局。

选局176

格巴德 - 贝尔曼

通讯赛　1996

黑先（图176-1）

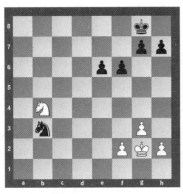

图176-1

在棋盘的同侧四兵对三兵的情况下，黑方有很好的实际机会利用这个额外的兵。然而，要打败电脑并不容易。在著名的*Basic Chess Endings*一书中（阿维尔巴赫、德沃列茨基、纳恩、穆勒和残局数据库进入竞技场之前的主要残局书），弗恩认为这个残局可能会获胜。德沃列茨基认为弗恩是正确的，正如他在*Dvoretsky's Endgame Manual*中所写的那样。

防守方是白方，有3种主要的防御思路：

a）第一种防御是消极的下法，等待黑方活跃他的子和兵。不推荐这个计划，因为太冒险。

b）第二种防御是活跃f兵。如果黑方已经把兵放到了e5，白方尝试准备f2-f4，交换它。

c）第三种防御思路是调动g兵。

似乎最好的选择是第二种防御方法，用f兵进行进攻，这也是弗恩、德沃列茨基推荐的方法。

在对局中，黑方走了31.Nd4，这暂时阻止了白方把王中心化。如果：31.e5 32.Kf3 Kf7 33.Ke3，白方准备下一步f2-f4。

32.f4!（图176-2）

白方通过创造兵涛来最有效地完成王翼兵的安排。同一侧4个兵对3个兵对于防守方

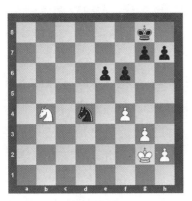

图176-2

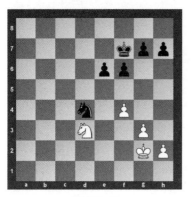

图176-3

来说是在少一个兵的情况下抵抗力最强的。相比车残局，最理想的阵型是由f2、g3和h4的兵组成的反向兵涛。如果你知道它们的存在，了解它们的有效性，那么这些兵涛很容易被记住。

32.Kf7 33.Nd3（图176-3）

33.g5?

通常，黑方希望避免交换兵，因为换兵将会使白方的和棋机会大大增加。这着棋的主要目的是在白方交换g5兵后，黑方获得e线的通路兵。注意，如果黑方准备e6-e5挺进兵，也会出现同样的结果。然而，问题是当黑方的子不够灵活时，白方很容易设置一个封锁，阻止兵到达e4。

正常的续着是使王活跃起来。之后：33.Ke7 34.Kf2 Kd6 35.Ke3 Nc6 36.Ke4 f5+ 37.Ke3 Kd5，王处于最佳位置。黑方试图通过像Na5-c4+和Kd4这样的调动将白方赶下棋桌。学习如何处理这个残局的最佳方式是与朋友或计算机对战。我自己做过很多次，因为这是我最喜欢练习和研究的残局之一。

34.f×g5 f×g5 35.Kf2 Kf6 36.Ke3 Nf5+ 37.Kf3 Nd6 38.Nc5

一个非常适合马的格子，可以控制重要的e4格。

38.h6 39.Kg4 e5 40.Kh5?!

40.Kf3更简单的和棋方式，试图尽可能长时间地封锁e兵。

40.e4!（图176-4）

41.Kg4?

图176-4

41.K×h6?，也会输：41.e3 42.Kh5 e2 43.Nd3 Nc4! 44.Ne1（*44.Kg4，被44.Ne5+有效的阻止*）

44.Kf5 45.h4 g4 46.Kh6 Kf6 47.Kh5 Ne3 48.Kh6 Nf1 49.Kh5 Kf5，g3兵丢掉。

最后一个获得和棋的机会是通过尽可能多的交换兵，从41.h4!开始。黑方能够尝试41.Kf5，经过漫长而被迫的变化：

42.h×g5 h×g5 43.g4+ Kf6 44.Nd7+!

Ke6　45.Nf8+ Ke5　46.K×g5 e3　47.Ng6+ Ke4　48.Nh4 e2　49.Ng2 Kf3　50.Ne1+
Kf2　51.Nd3+ Kf1　52.Kh5 Nb7　53.g5 Nc5　54.g6 N×d3　55.g7 Nf4+　56.Kh6! e1Q
57.g8Q，白方少子，但仍然是理论上的和棋。

41.Ke5　42.h4 Kd4　43.Ne6+ Kd5　44.Nc7+

44.Nf8 Nf7!

44.Kc4　45.h×g5 h×g5　46.Na6 Nb5　47.Kh3 e3　48.Kg2 Kc3　49.Nc5 e2
50.Ne4+ Kc2白方认输。

防守方要记住的主要原则是进行积极防御（32.f4!）并交换尽可能多的兵
（41.h4!）。

因为多兵，进攻方有额外的资源，在某个局面中可以用马换两个兵。这意
味着攻击用3个兵对抗1个马，在某些情况下，正如我们曾提到的，这意味着
胜利。这是进攻方和防守方都需要牢记的思路！

选局177

拉斯克 – 尼姆佐维奇

苏黎世　1934

黑先（图177-1）

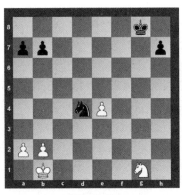

图177-1

这个局面说明了拥有远方通路兵的优
势，也是理解鲍特维尼克所说的马残局和兵
残局很相似的典型案例。然而，马残局有更
多可用的防御资源。这个典型的例子是其中
最著名的，关于远方通路兵的特定主题，但
是另一个教育意义弱一些的是1907年卡尔斯
巴德，齐戈林–马歇尔的残局。

35.Kf7

第一阶段，双方都会将王中心化。

36.Kc1 Kf6　37.Kd2 Ke5　38.Ke3 h5　（图177-2）

黑方的子处于最佳位置，是时候挺进兵了。

39.a3

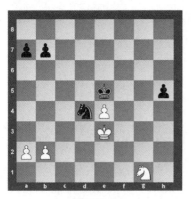

图177-2

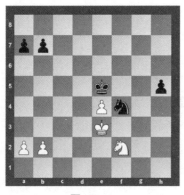

图177-3

图177-4

白方想把马调动到d3以驱散对方的王，因此39.Nh3!浮现在脑海。之后：39.Ne6 40.Nf2 Nf4，黑方用一种典型的手段阻止白方的调动计划，控制白方的马。（图177-3）

41.Kf3 a5 42.Ke3 b5 43.Kf3 Ne6 44.Ke3 Nc5 45.Kf3黑方可以逐步的提升他的局面，白方只能等待，这也是最好的防御策略。

45.b4

（*45.Kd4 46.Kf4白方用他的通路兵制造了充分的反击。*）

46.Ke3 a4 47.Nh3!现在是反击的最佳时刻。

47.N×e4（*47.h4 48.Nf4 Kf6 49.Kf3*）

48.Nf4 Nf2

（*48.Nf6，由于49.Nd3+不起作用。典型的白方利用马的击双来拯救自己。注意等待反击Nh3，直到黑方有两个弱点，在h5和b4。*）

49.Kf3 Kf5 50.N×h5 Nd3 51.Ng3+ Ke5 52.b3 a3 53.Ne2 Nc5 54.Ke3 N×b3 55.Kd3，白方的王足够近，以至于黑方无法利用多的兵，和棋。

39.a5 40.Nh3 Nc2+ 41.Kd3 Ne1+ 42.Ke2 Ng2（图177-4）

43.Kf3

43.Kd3? Nf4+ 44.N×f4 K×f4导致白方输棋，因为黑方能够强制白方王进入特定位置，从而黑方可以带将升后。45.Kd4 h4 46.e5 Kf5!，就是这个思路。白王被迫走入大斜线，然后黑方在兵的赛跑中获得先手：47.Kd5 h3 48.e6 h2 49.e7 h1Q+。

43.Nh4+ 44.Ke3 Ng6 45.Ng5 Kf6 46.Nh7+ Kg7 47.Ng5 Kf6 48.Nh7+ Ke7! 49.Ng5

49.Kd4?错误，49.Nf8!，黑方通过之后的着法将局面转变为可以获胜的兵残局：50.Ng5 Ne6+。

49.Ne5 50.Kd4 Kd6 51.Nh3 a4 52.Nf4 h4 53.Nh3 b6 54.Nf4 b5 55.Nh3

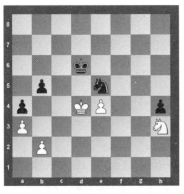

图177-5

（图177-5）

55.Nc6+?!

在以下变化中可以看到最精确的胜利：
55.Nc4! 56.Kc3 Ke5 57.b3 a×b3 58.K×b3 K×e4 59.Kb4 Kd3 60.Ng1 Nd6! 61.Kc5 Ne8 62.K×b5 Ke3 63.a4 Kf2 64.Nh3+ Kg3 65.Ng1 Kg2 66.Ne2 Nc7+ 67.Kc4 Ne6 68.a5 h3 69.Nf4+ N×f4 70.a6 Nd5! 71.K×d5 h2 72.a7 h1Q 73.a8Q Kg3+。

56.Ke3

56.Kc3没能挽救局面，56.Ke5 57.Kd3 Na5 58.Ng1 Kf4 59.e5 Nc6 60.e6 Kf5 61.Ke3 Kf6!

（注意，如果立即走：61.K×e6?，在62.Nf3!之后会出问题，白方可以使用马的击双来获取子力平衡。）

62.Nf3（62.Ke4 Nd8!）

62.h3 63.Kf4 K×e6! 64.Ng5+ Kd5 65.N×h3 Kc4 66.Ke4 Kb3 67.Kd5 K×b2 68.K×c6 b4，黑方获胜。

56.Kc5 57.Kd3 b4!（图177-6）

58.a×b4+

58.Nf4 Ne5+ 59.Ke2（59.Kc2 b×a3 60.b×a3 Kd4）

59.b3 60.Ne6+ Kc4 61.Nf4 Kd4 62.Ne6+ K×e4 63.Nc5+ Kf4 64.N×a4 h3 65.Kf1 Kg3 66.Nc3 h2 67.Ne4+ Kf3 68.Nf2 Nd3 69.Nh1 N×b2，黑方获胜。

58.K×b4 59.Kc2 Nd4+ 60.Kb1 Ne6

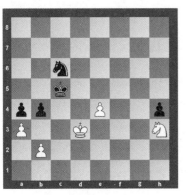

图177-6

61.Ka2

61.Kc2 Kc4 62.Nf2 Ng5 63.Kd2 Kd4，黑方控制了白方的所有棋子。

61.Kc4 62.Ka3 Kd4 63.K×a4 K×e4 64.b4 Kf3 65.b5 Kg2，白方认输。

选局178

萨博 – 格罗斯彼得

匈牙利 1984

白先（图178）

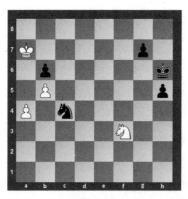

图178

在这个尖锐的马残局中，白方发现了惊喜：

1.Nd2!! N×d2 2.a5!，黑方认输，但是他应该多测试一下白方的技术，因为白方必须精确才能取胜。

主变是：2.b×a5

或者：2.Nc4 3.a6! Nd6 4.K×b6 h4 5.Kc5! h3

（5.Nc8 6.b6）

6.a7 Nb7+ 7.Kb4 h2 8.a8Q h1Q 9.Qh8+，白胜。这种变化对白方非常有效，因为黑王在h6。

3.b6 Nc4 4.b7 Ne5 。

选局179

接续上一个选局178的最后一着4.Ne5。

白先（图179）

5.Kb8!!

这种出乎意料的着法总是很漂亮。白方明显想要阻止c6的击双，通过把王调动到c7。但是，5.Kb6? Nd7+ 6.Kc7

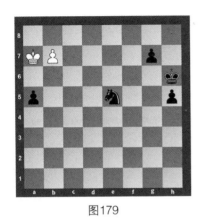

图179

（6.Kc6 Nb8+ 7.Kc7 a4 8.K×b8 a3）

6.Nc5!，一个新的击双在等待。

5.Nc6+

漂亮的第五着的要点之一是：5.Nd7+

6.Kc8! Nb6+ 7.Kd8。

6.Kc7 Nb4 7.Kb6!

既然马已经被引入b4，那么把王走到b6是正确的。

7.Nd5+ 8.Kb5 Nc7+ 9.K×a5，白胜。

选局180

伯杰 1890

白先（图180）

图180

1.Nf7!

太棒了，但是1.N×e8??绝对不行，只能变成和棋，因为白方不能用两个马和一个王进行将杀。这是国际象棋中的神奇规律之一。之后的着法是：1.Kh8 2.Ng5 Kg8 3.Nf6+ Kf8，注意不要走到角上：3.Kh8?? 4.Nf7#。

1.Nd6 2.Nh6+ Kh8 3.Ng5

下一步将杀。如果没有黑马，就是逼和局面。

181～191 象残局

象残局通常是要找到正确的斜线。特点是象仅能作用棋盘的一半格，这是双象被拆开导致的结果。当进攻方的象与边兵升变格为异色格时，如果王被阻塞无法干扰兵的升变，那么这种无力最为明显。当双方为异色格象时，象之间的平衡最容易被打破。这样的残局明显有它们自己的规律。

选局181

保尔森 - 梅杰

纽约堡 1888

白先（图181）

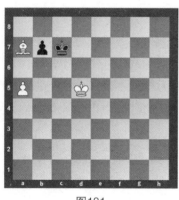

图181

在这个局面中，白方必须小心，不要让黑王到达b7和a8，因为会带来理论和棋。

正确的：1.Kd4!

自然却致命的走法是：1.Kc4??。和棋局面随后出现：神奇的1.b5+! 2.a×b6+（或者 *2.K×b5 Kb7*）2.Kb7白方无法获胜，3.Kb5 Ka8!。在4.Kc6后，逼和。4.Bb8 K×b8 5.Kc6 Ka8 或5. Kc8，还是和棋。

同样地，1.Kc5??，导致相同的情况，1.b6+!。

1.Kc6

1.b6 2.a6，阻止黑方进入b7。

2.Bb6 Kd7 3.Kc5 Kc8 4.Ba7!

白方必须阻止王进入b8。

4.Kc7

4.b6+ 5.K×b6。

5.Kb5 Kd7 6.Bb8!

获胜的关键斜线，阻止黑王进入角落。

6.Kc8 7.Bh2 Kd7 8.Kb6 Kc8 9.Bg3，白胜。

白方通过使黑方陷入楚茨文克获胜，下一步吃掉兵。

选局182

阿维尔巴赫 1954

白先（图182-1）

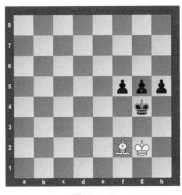

图182-1

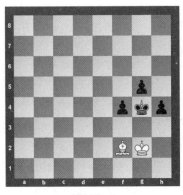

图182-2

1.Be1

为了能够和棋，防守方必须阻止黑兵进入第4线。最有效的续着是调动象到d8，并且给黑方局面中最薄弱的g5兵施加压力。白方可以立即做到这一点：1.Bb6!，下一步2.Bd8!。

1.f4 2.Bf2 h4（图182-2）

如果：2.Kf5，接下来黑方的应着是：

3.Bb6，接下来Bd8。

3.Kf3??不能阻止黑方把所有的兵放在第4线的计划：3.g4+ 4.Kg2 Kg5! 5.Bb6 h4 6.Bd8+ Kh5，黑胜。

3.Bb6!（图182-3）

这是最后的机会，可以调动象进入重要的d8-h4斜线，避免黑方之后走出g4获胜。

注意3.Be1?是消极的防御，黑方3.Kf5之后会导致白方的失败。

【但是黑方不能走3.f3+?，无法取胜，*4.Kg1!（或4.Kh2!）*

（白方不能走：4.Kf2?，4.h3 5.Kg1 Kf4 6.Bd2+ Kf5 7.Ba5 Ke4! 8.Bc7 Ke3 9.Kf1 f2! 10.Bb6+ Kf3 11.B×f2 h2，黑胜。）

4.Kf5（4.Kf4 5.Bd2+ Kf5 6.Ba5=）

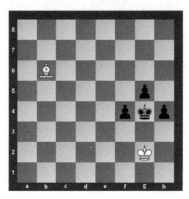

图182-3

5.Ba5 g4

6.Bd8 h3（6. g3 7.B×h4 Kf4 8.Kf1! Kg4 9.B×g3=）

7.Bc7 Ke4 8.Kf2，和棋。】

白方此时有3个分支着法：

a）4.Bf2 Ke4 5.Be1 Ke3 6.Bf2+ Ke2 7.Bc5 f3+ 8.Kg1 h3，黑方有3个兵，弃掉其中两个换取白方的象，然后利用单兵升变获胜。

b）4.Kh3 Ke4 5.Kg4 Ke3 6.Ba5 f3，黑胜。

c）4.Ba5 g4 黑胜，当所有的兵都被放置在第4线时。

（4.Ke4 5.Bd8! =）

5.Bd8 h3+ 6.Kh2

（6.Kf2 g3+ 7.Kf3 h2 8.Kg2 f3+ 9.Kh1 f2黑胜）

6.Ke4 7.Bb6 Kf3 8.Bc7 Ke3 9.Bb6+ Ke2 10.Bc5 f3 11.Kg1 f2+ 12.B×f2 h2+ 13.K×h2 K×f2 14.Kh1 Kg3 15.Kg1 Kh3，黑胜。

3.Kf5

3.f3+ 4.Kf2 Kh3 5.K×f3 g4+ 6.Kf2 Kh2 7.Bc7+ g3+ 8.Kf3 Kh3 9.Bb6 g2 10.Bg1，导致逼和。

4.Bd8!和棋

在这一着之后没有有效的续着，因为g5兵不能进一步推进。因此，白方只要继续施压，阻止黑方王改善他的局面就可以获得和棋。

选局183

桑托里尼 1847

白先（图183）

通常象前兵（c线或f线）、马前兵（b线或g线）相比中心兵更容易获胜。理由是一侧的斜线更短。根据桑图里尼的原则，象至少需要两个能走的格子才能获得和棋。在此例中，a7-b8是超级短斜线。

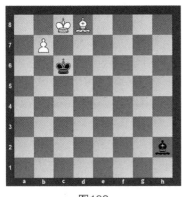

图183

1.Bh4

白方的主要思路是调动象到b8，强制黑象离开h2-b8斜线。

1.Kb5!

黑方必须阻止白象抵达a7。如果黑方采用消极的走法：1.Bf4，输得更容易：2.Bf2 Bh2 3.Ba7 Bg3 4.Bb8 Bf2 5.Bh2 Ba7 6.Bg1。

这个位置是白方的关键思路，利用a7-b8斜线特别短的特点。黑方需要另外的格子才能获得和棋。

2.Bf2 Ka6 3.Bc5!

妙着！令黑方陷于楚茨文克的境地。以下获胜的尝试：3.Be3 Bd6 4.Bg5 Kb5 5.Bd8 Kc6 6.Be7 Bh2 7.Bc5，显然不起作用 7.K×c5。

3.Be5

当然3. Kb5，允许白方4.Ba7。

4.Be7 Kb5 5.Bd8 Kc6 6.Bf6!

这是重点。白方获得了重要的先手，因为黑方必须移动象同时还要控制升变格。黑方没有其他的着法能使王调动到a6，阻止白方的Ba7。

6.Bf4 7.Bd4 Bg3 8.Ba7 Bf4 9.Bb8 Be3 10.Bg3 Ba7 11.Bf2白胜。

白方巧妙的调动终于到达了胜利的局面。

选局184

阿维尔巴赫

白先（图184）

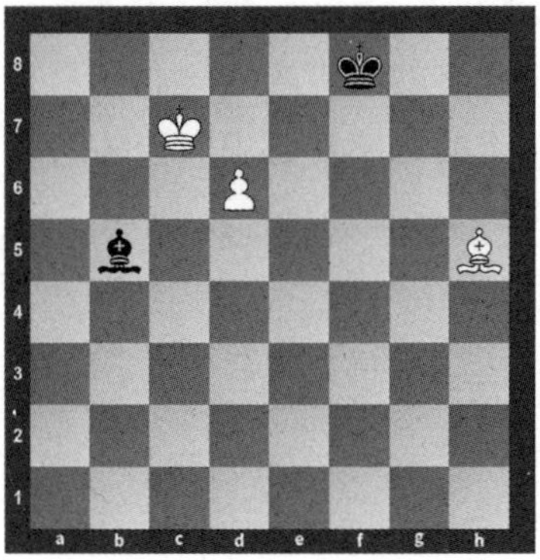

图184

桑托里尼和阿维尔巴赫深入分析了4种情况。基本的获胜局面，即第一种情况，防守方无法控制兵前面的格子。防守方靠近兵，但是不在兵的前面，这使得进攻方更容易交换象。在这个局面中，白方通过在c6或d7换象获胜。

1.Bf3!

1.Bg4并且下一步**2.Bd7**，需要的时间更长，因为象挡在了自己的兵前面。

1.Ba4 2.Bc6 B×c6 3.K×c6 Ke8 4.Kc7，兵升变，白胜。

选局185

库拉吉卡 – 马克兰

黑斯廷斯 1971/72

黑先（图185-1）

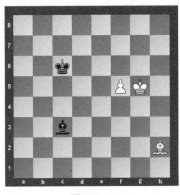

图185-1

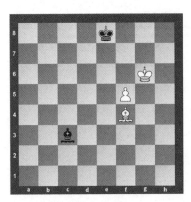

图185-2

面对这类残局时，要回答的主要问题是防守方的王应在调动到兵的后面还是前面。第一种方法称为**第二种情况**（防守方把王调动到兵的后面），第二种方法被称为**第四种情况**（防守方把王调动到兵的前面）。**第三种情况**意味着防守方的王在兵的后面，其中一条斜线是不到4个格长度的短斜线。

1.Kd7?!，对局中黑方走出了这着。

然而，最安全的防御是把防守方的王走到兵的后面，而不是把它放到兵的前面，除非兵到了f7格。

1.Kd5! 2.Kg6 Ke4 3.Bc7 Kf3 4.Bd8 Kg4

黑方通过防守方的王进入兵的后方来实现和棋。这是一个非常重要必须要记住的思路，我们将在下一个局面中详细说明。

2.Kg6 Ke8!

如果黑王无法到达敌人的后方，那么到达它的前面就很重要。

3.Bf4（图185-2）

3.Bd6阻止黑王进入f8和g8，但是如果黑方3.Bd4保持对大斜线的控制，仍然是安全的和棋。

3.Bd4?

3.Kf8！ 4.Bh6+ Kg8是和棋，因为不能把象走到g7。如果白方把象走到f6，也仍然是和棋。5.Bg5 Bd4 6.Bf6 Bf2 7.Be5 Bh4 8.Bf4 Bd8 9.Bg5 B×g5 10.K×g5 Kf7，和棋。

如果白兵到达第6线（黑方第3线）结果正相反，可以获胜；如果白兵未到达第6线（黑方未到达第3线），如果此分支局面，为和棋。

4.Bh6！

阻止白方下一步5.Bg7是不可能的，黑方认输。

选局186

卡帕布兰卡 – 亚诺夫斯基

纽约 1916

黑先（图186）

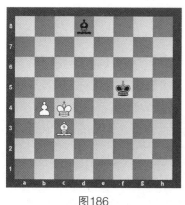

图186

这是特殊子力布局的最著名的局面。难以置信的是相同局面出现在另一个高水平对局中，泰曼诺夫和菲舍尔1960年在布宜诺斯艾利斯进行的对局。唯一的细微差别是黑王在f4，轮到白方行棋。

卡帕布兰卡走出了83.Kd5，黑方获得了理论上的和棋局面。

根据阿维尔巴赫的分析，接下来的着法应该是：**83.Kf4！ 84.Bd4**。

84.Be5+，使黑方更容易走到兵的后面：84.Ke3 85.b5 Kd3 86.Kc6 Kc4，和棋。

84.Kf3！

黑王必须走到兵的后面。

85.b5

85.Bc5 Ke2 86.Kc6 Kd3 87.Kd7 Bg5 88.b5 Kc4，也是和棋。

85.Ke2 86.Kc6 Kd3 87.Bb6 Bg5 88.Kb7

88.Bc7 Be3 89.Bd6 Kc4，没什么区别，和棋。

88.Kc4 89.Ka6 Kb3! 90.Bf2 Bd8 91.Be1 Ka4!，和棋。

Kc4–b3–a4的调动非常重要，必须记住。在对方的后面进行防御是保持和棋的关键。

另一局棋：

泰曼诺夫走了83.b5，菲舍尔通过下面的走法获得和棋。

83.Ke4 84.Bd4 Bc7 85.Kc5 Kd3! 86.Kc6 Kc4! 87.Bb6 Bg3 88.Ba7 Bc7!，和棋。

这是泰曼诺夫唯一一场与历史上最伟大棋手战平的比赛，显然菲舍尔对他的前任非常了解。也就是说，这个重要的局面早就记在了他的脑海里。

选局187

伊列斯卡斯·科尔多瓦 – 图克马科夫

1993

白先（图187-1）

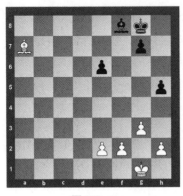

图187-1

同一侧翼上的4个兵对抗3个兵通常很容易和棋。但是，如果防守方的兵结构较弱，就会有一些实际的获胜机会。在这个残局中，一位特级大师设法愚弄了另一位大师。

39.Kg2 Kf7 40.Kf3 g6

黑方遵循正确的策略，把兵放在与自己一方象（和对手的）所在的相反颜色的格子上。

41.Ke4 Bd6 42.Bd4 Bc7 43.h3

白方的子置于最好的格子上，所以现在是时间挺进兵了。

43.Bd6 44.g4 h×g4 45.h×g4 Bc7 46.Be5 Bb6 47.f3

白方把兵放在了与象所在的相反颜色的格里。

47.Bc5 48.Kd3 Bb6 49.Kc4 Be3 50.Bd4 Bf4 51.Kb5 Bg3 52.Kc6

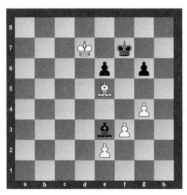

图187-2

给了白方两个通路兵。

57.Be3?

57.g5，为了阻止f3-f4是很必要的。

58.Bd6?

还应该再走58.f4。

58.Bd2?

58.g5!是最后的机会，但是消失了。

59.f4!（图187-3）

图187-3

Bf4 53.Bc5 Bg3 54.Bd6 Bf2 55.Be5 Be3 56.Kd7（图187-2）

56.Bd2?

匈牙利国际特级大师品特在*1000Minor Piece Endings*中推荐：56.g5 57.Kc6 Ke7 58.Kb5 Kf7 59.Kc4 Kg6 60.Kd3 Bc5 61.e3 Bb6 62.f4 g×f4 63.e×f4 Bc5 64.Ke4 Be7，和棋。

57.e4?

应该立即走：57.f4，因为57.g5 58.f5，

有趣的是，没有一个棋手理解这个兵前进的重要性，但是当然可能涉及时间压力。

59.Bc3

59.Be3! 60.f5! g×f5 61.g×f5 e×f5 62.e5 Bg5 63.e6+ Kg8 64.Bf4 Bf6 65.Bc7 f4 66.Bd8!，白胜。更慢的走法是66.B×f4，都可以获胜。记住60.f5这个兵的突破是有用的。一个额外的兵总是能换取一定的局面优势。数量换取质量。在这种情况下，通路兵e兵相比黑方的通路兵f兵更具危险性。

60.e5!黑方认输，因为e兵决定了黑方不可能阻止决定性的f4-f5。

一个有启发性的例子表明，双方棋手都难以意识到把兵放在与象相同颜色的格里的价值还有正确的时间。黑方有几次机会走g5，直到白方把兵走到了f4。

选局188

沃伊特凯维奇 – 哈利夫曼

拉克韦 1993

白先（图188-1）

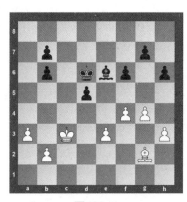

图188-1

图188-2

卡帕布兰卡制定了著名且重要的原则："当对方有象时，保持你的兵处在与象相同颜色的格里。但是如果你有象，那么不管对方是否有象，让你的兵处在异色格里。"但是，卡帕布兰卡的原则也有例外。

把兵放在对方象的同色格里是正确的，无法攻击它们。在这个局面中，重要的是固定黑方的后翼，从而使其成为白方未来的目标，因此白方的30.a4!，很有意义。

注意，习惯的走法是30.Kd4?，通过30.b5!和b6活跃叠兵。

30.g5 31.Kd4 Bf7 32.Bf3

白方阻止黑方h5，因为黑方的兴趣是换兵。

32.Be6 33.f5!

通过把兵置于白格，黑象的作用变得越来越差。

33.Bf7 34.b4 Be8 35.b5（图188-2）

白方有5个兵在白格，只有1个兵可以移动而不会在下一步丢掉。以这种方式处理象残局的情况很少见，但在目前情况下，这是正确的。

35.Bf7 36.Bd1 Bg8 37.Bb3 Bf7 38.e4

在这个决定性的兵走出之后，利用斜线牵制，所有的白兵都放在了白格上。因此，卡帕布兰卡的一般原则在这里完全无关紧要。

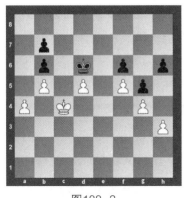

图188-3

38.Bg8　39.Ba2　Bf7　40.B×d5

b7兵是目标，因此黑方不得不交换象。

40.B×d5　41.e×d5

一个非常有趣的兵残局已经出现。

41.Ke7　42.Kc3!

白方计划Kb4，然后a5。

42.Kd6　43.Kc4（图188-3）

43.Ke5

黑方不能阻止决定性的Kb4，因为以下的强制变化：43.Kd7　44.Kb4　Kd6　45.a5　b×a5+

（45.K×d5　46.a6　b×a6　47.b×a6　Kc6　48.Ka4!!，一个漂亮的变化。）

46.K×a5　K×d5　47.Kb6　Kc4　48.K×b7　K×b5　49.Kc7　Kc5　50.Kd7　Kd5　51.Ke7　Ke5　52.Kf7，白方获得f6兵。

44.a5!

这个战术突破为王巩固了c5格，因此它可以护送d兵到d6。

44.b×a5　45.Kc5　a4　46.d6　b6+　47.Kc6　a3　48.d7　a2　49.d8Q　a1Q

第三个残局已经出现！后残局很容易获胜因为白方有高兵。

50.Qd6+

立即吃兵50.Q×b6，也是好的。

50.Ke4　51.K×b6　Kf3　52.Kb7　Kg2　53.Qd3

白方选择了简单而务实的方式。更快的获胜方式是：53.b6　K×h3　54.Kc7。

53.Qc1　54.b6　Qc5　55.Qb3　Kh2　56.Qf3　Qd4　57.Qc6!　K×h3　58.Kc8　Qb4　59.b7　Qf8+　60.Kd7　K×g4　61.Qc8，黑方认输。

选局189

阿维尔巴赫　1954

白先（图189）

如果在前面的例子中，进攻方利用他的局面优势，将兵放置在象的同色格里，违反著名的卡帕布兰卡原则，那么对比一下，阿维尔巴赫的研究遵循卡帕

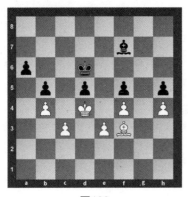

图189

布兰卡的原则："如果你有象，那么无论对手是否有象，都将你的兵放在你的象的异色格里。"

我从十几岁开始就对这项研究很熟悉，原因是我的朋友彼得·弗兰松给我看了好几次。事实上，他非常着迷，以至于他专门研究了这类象残局，并制作了它的指导材料。

阿维尔巴赫写道，几乎所有象残局都取决于入侵格的可利用性。在这个局面中，黑王守卫白王的入侵，所以问题是白方如何让一先给黑方。显然，f3格对应f7格，因此诀窍是诱使黑方进入空间较小的斜线，使其损失一着。

阿维尔巴赫的解决方案如下：

1.Be2 Bg6!

最顽强的防御。如果：1.Be8 2.Bd3 Bg6

（2.Bd7 3.Bc2 Be6 4.Bd1 Bf7 5.Bf3）

3.Bc2 Bh7 4.Bb3! Bg8 5.Bd1 Bf7 6.Bf3。

2.Bd3 Bh7 3.Bc2

德沃列茨基建议更简单：3.Bf1! Bg6

（3.Bg8 4.Be2 Bf7 5.Bf3）

4.Bg2 Bf7 5.Bf3。

3.Bg6 4.Bb1!!

阿维尔巴赫解释说，黑方在b1-h7斜线上有2个格子可用，而白方有3个。这就是黑方最终输掉这场战斗的原因。白方的每个格子都与黑方相对应。

4.Bh7 5.Bd3!

h7格与d3格对应。

5.Bg6 6.Bc2! Bh7 7.Bb3!! Bg8 8.Bd1 Bf7 9.Bf3

白方最终在黑方楚茨文克的帮助下发挥了自己的优势，黑方完败。

选局190

瓦加尼扬 – 卡尔波夫

列宁格勒　1969

白先（图190）

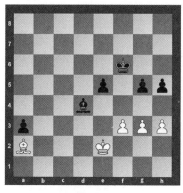

图190

异色格象赢得胜利的主要原则之一是创建两个通路兵。在这个局面中，要回答的主要问题是这是否可能实现。

卡尔波夫因处理异色格象的技术而闻名，黑方上一步走出了48.e4!。

e兵本身一文不值。更重要的是它为王腾出了空间。

49.f×e4

49.g4 h×g4（*49.h4也是可以走的*）

50.h×g4 e3黑方有两个通路兵以确保胜利，之后可以看到：51.Kd3 Ke5 52.Bb3 Kd6 53.Ba2 Kc5 54.Bg8 Kb4 55.Ba2 Be5 56.Bf7 e2 57.K×e2 Kc3黑方突破，即将胜利。

49.g4! 固定g3弱点。

50.h×g4 h×g4 51.Bb3 Be5!

迫使白方用王去防御兵。

52.Kf2 Ke7 53.Ke3

否则黑方最终获得象。

53.B×g3 54.Kd4 Be5+，白方认输。

选局191

恩奎斯特－阿格斯特

奥斯特斯卡 1994

白先（图191-1）

赢得这个局面的诀窍是将象调动到正确的斜线。

66.Be1!

66.e6+?? B×e6 67.f×e6+ K×e6，显然是和棋，因为不可能阻止王进入a8角上，这是众所周知的理论和棋。

66.Bd7 67.Bg3! Bc8 68.e6+（图191-2）

黑方认输。

由于68.B×e6 69.f×e6+ K×e6 70.Ke4 Kd7 71.Kd5 Kc8 72.Kc6，黑王无法抵达角上。

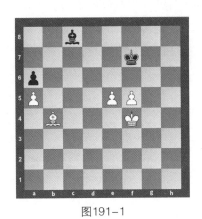

图191-1　　　　　　　　　　图191-2

192～205　马象残局

短射程马对远射程象还引入了关于控制的主题，象有时控制马，有时被马控制。令人震惊的是，在这类特殊的残局中，两个子究竟哪个更强取决于兵的位置。

除了这些，我们也将见到马象杀单王的不同方法。本节内容以双象对（双）马的残局展示为结束。

选局192

菲舍尔－泰曼诺夫

候选人赛　温哥华　1970

黑先（图192-1）

图192-1

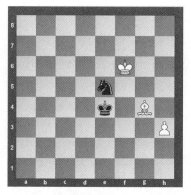

图192-2

黑方泰曼诺夫犯了极其严重的错误：**81.Ke4??**，把王走到了白格，可以用以下的3个方案代替：

a）81.Kd4　82.Be2 Nd7+　83.Kg7 Nc5 84.h4 Ne4 85.h5 Ng3 86.h6 Nf5+，和棋；

b）81.Kd6　82.Be2 Nd7+　83.Kg7 Nb6 84.h4 Nd5 85.h5 Ke7 86.h6 Nf6 87.Bf3 Ne8+，和棋；

一个有趣的插曲是，鲍特维尼克在莫斯科从电话里听说了这个局面，在没有棋具的情况下，意识到了泰曼诺夫还有一个更为壮观的和棋方式：

c）81.Nd3!　82.h4 Nf4　83.Kf5 Kd6! 84.K×f4 Ke7，和棋。利用白格象不能帮助这个边线兵升变的问题，升变格与象控制的格子颜色相反，王可以到达升变的黑格角上。

现在白方菲舍尔**82.Bc8!**，利用了黑方王不幸的位置。黑方泰曼诺夫一定忽略了这个象的长线移动。（图192-2）

82.Kf4

82.Nf3 83.Bb7+之后，决定在白格大斜线上将军。

83.h4 Nf3　84.h5 Ng5　85.Bf5 Nf3　86.h6 Ng5　87.Kg6

黑方陷入楚茨文克，只能移动马。

87.Nf3 88.h7 Ne5+ 89.Kf6，黑方认输。

选局193

图193

斯坦因 – 多尔夫曼

苏联 1973

白先（图193）

这个局面是和棋，之后的走法是：

1.Bf6 Nd3 2.Ba1! Nb2 3.Ke1 Kb1
4.Kd2 K×a1

4.Nc4+ 5.Kd1 K×a1 6.Kc2!，结果也是一样的。

选局194

接续上一个选局193的最后一着4.K×a1

白先（图194）

图194

马是一个奇特的子，因为它无法调节行棋的节奏，让它走出一步等着是不可能的。要理解这个局面，最简单的想法是马控制的格子颜色在每一步都是交替的，这是此局面和棋的原因。

当马和防御方的王处在相同颜色的格子里时，如果轮到进攻方行棋，则为和棋。在这里，白方可以利用这样一个事实，把王置于与马相同颜色的格子里，马无法凭借一己之力改变这个节奏。

5.Kc1!

5.Kc2?? Nd3!

5.Nc4 6.Kc2，双方同意和棋，因为白方始终有等着，不存在被迫走出不利于自己的着法。这是一个非凡的局面，也是国际象棋众多奇迹之一。

选局195

弗兰松－恩奎斯特

吕勒奥 1980

黑先（图195-1）

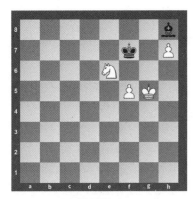

图195-1

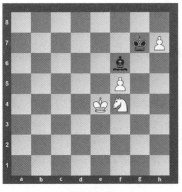

图195-2

我在瑞典青年锦标赛中走到了当初波恩·伯格在温布尔登对阵约翰·麦肯罗时的有趣残局。

77.Bc3

象在大斜线上的移动都是合理的，可以获得和棋，除一种情况之外。77.Be5??之后导致输棋：78.Nd8+ Kg7。79.h8Q+！ K×h8 80.Nf7+，白胜。

和棋的诀窍是避免被击双，把象走到离马远一些的地方。

78.Kh6 Bh8 79.Kg5 Bc3 80.Kg4 Bb2 81.Kf3 Bc3 82.Ke4 Bf6??

致命的错误，给了白方击双的机会。82.Bb2或82.Ba1，局面性和棋。

83.Nf4！ Kg7（图195-2）

仅有的方式阻止Ng6，但是84.Nh5+之后，我（黑方）认输。

我仍然记得比赛结束后，国际大师康斯坦蒂·凯索里告诉我我错过了一个理论和棋的机会。这个插曲提供了一些证据证明这个局面是凯索里脑海中的重要局面之一，因为他对它的正确评估远远领先于我们今天在线的残局库。

根据《国际象棋残局百科全书——轻子残局》，可以看出我不是这个残局唯一的受害者。米哈基辛于1981年在苏联输给了阿尼卡耶夫，海尔吉·奥拉夫森于1990年在雷克雅未克输给了Ivanchuk（伊万诺夫）。像这样理论和棋残局中的失败表明了这个残局在实践中很棘手。首先你要知道这个残局的结果是和棋，而我在1980年时并不知道。

注意，即使兵被放置在距离底线更远的位置，也是和棋。这是一个罕见的残局，可能一生只会遇到一次，我钦佩于凯索里有这样的知识，不像我。然而，我现在明白了获得这样的知识有多重要，因为我刚刚输掉了一场本应该是和棋的比赛。

选局196

富洛尔－卡帕布兰卡

莫斯科 1935

黑先（图196-1）

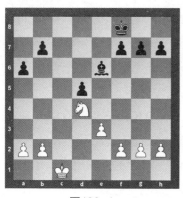

图196-1

在这个残局中，白方略占优势，但是按照卡帕布兰卡的原则，如果黑方把兵置于b6和a5，应该能够守住。

23.Ke7 24.Kd2 Kd6 25.Kc3 b6! 26.f4 Bd7 27.Nf3

白方的王属于d4，马移动到可以对孤兵施加压力的格子上。

27.f6! 28.Kd4 a5!（图196-2）

卡帕布兰卡听从了自己的建议，把兵放在了与象相反颜色的格子上。

29.Nd2 Bc8 30.Nb1 Be6 31.Nc3 Kc6 32.a3 h6 33.g3（图196-3）

33.h5!

卡帕布兰卡现在打破了他自己的原则——因为他不想将王翼拱手相让。如果黑方完全被动，白方可以考虑改善他的局面，方法是：马走到h4，兵f4-f5、g3-g4，然后再经过g2、f4调动马到e6，当王到c6时获胜。白方的h兵能够帮助建

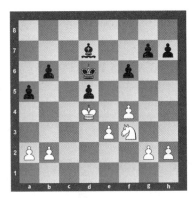

图196-2

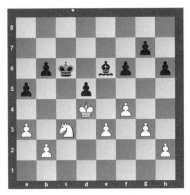

图196-3

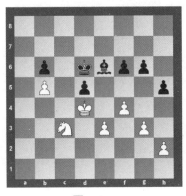

图196-4

立这样的楚茨文克的情况。当然，黑象可以
选择干扰马的调动能力，而黑方的h兵可以帮
助阻止白方未来g3-g4的扩张。白方要得到h5
的兵一点也不容易，所以把它放在这里应该
没问题。

另一个继续的方式是跟着卡帕布兰卡的
建议，让h兵待在h6，走33.Kd6!?，保持象的
灵活，之后的走法是：34.Nd1

（ *34.f5 B×f5 35.N×d5 b5或者34.g4
B×g4 35.N×d5 b5像这样的变化只会令黑方
感兴趣，因为随后他会摆脱孤兵。* ）

34.Bg4 35.Nf2 Be2!，极好的和棋机会。
如果白方将王翼兵放在白格，它们将成为象
从后方攻击的目标。

因此，这类残局实际上有两种防御策
略可以采用。很高兴知道还有几种策略的空
间，因为这意味着有获得和棋的余地。如果
图示中的局面是含有孤兵的、最差的局面，
这意味着它仍然可以接受。

34.b4 a×b4 35.a×b4 Kd6 36.b5!

固定b6，所以从现在开始，黑方在计算
具体变化时必须更加小心。

36.g6

粗心的一步，例如：36.Bf7? 37.f5 Bg8
38.Ne2 Bf7 39.Nf4 Be8 40.N×d5 B×b5
41.N×b6。

37.Na4 Kc7 38.Nc3 Kd6（图196-4）

39.f5!

获胜的唯一方式。

39.g×f5

黑方被迫打乱他的兵形，因为：

39.B×f5 40.N×d5 Bd3 41.N×f6 B×b5 42.Nd5 Kc6 43.Ne7+，g6兵丢掉。

40.Ne2 Bd7

阿维尔巴赫推荐：40.Bg8！41.Nf4 Bf7 42.h3 Be8 43.N×d5 B×b5 44.N×b6 Bc6，但是卡帕布兰卡的选择足够好了。

41.Nf4 Be8

41.B×b5？42.N×h5只对黑方有风险。

42.N×d5 B×b5 43.N×b6 Bc6 44.Nc4+ Ke6 45.Nb2 Bb5 46.Nd1 Be2 47.Nf2 Bf1

即使不是世界末日，也没有理由允许Nh3–f4。

48.Nd3 B×d3 49.K×d3

选局197

接续上一个选局196的最后一着

49.K×d3

黑先（图197–1）

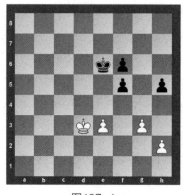

图197–1

一个非常有趣的兵残局已经出现。

49.Ke5！

在49.Kf7之后可能再次和棋，但是自然地中心化着法更有吸引力，因为它限制了白方的选择。

49.Kd5？50.Kd2!!之后，黑负。

以下为分支变化：

a）50.Ke4 51.Ke2 Kd5

（*51.h4　52.g×h4 f4　53.h5 Kf5 54.e×f4，+−*）

52.Kf3 Ke5 53.h3 Kd5 54.Kf4 Ke6 55.h4，+−。

b）50.h4 51.g×h4 f4 52.e×f4 Ke4 53.h5 Kf5 54.Ke3+−。

c）50.Ke5 51.Ke1!! Kd5

（*51.Ke4 52.Ke2，获胜*）　52.Kf2！Ke4 53.Ke2+−。

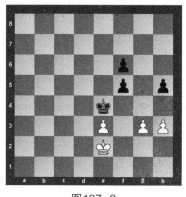

图197-2

这些变化再次转向我们之前提到的适应格的主题。

50.Ke2

50.Kd2 h4! 唯一的和棋。（*50.Ke4？51.Ke2，黑负*）

51.g×h4 f4! 52.h5 f×e3+ 53.K×e3 Ke6，和棋。

50.Ke4

仅有的一着。

51.h3（图197-2）

51.Kf2 h4! 正如我们之前变化中看到的和棋。

51.Kd5

根据许多信息来源，这是和棋的唯一方法，因为：51.Ke5？52.Kf3 Kd5 53.Kf4 Ke6 54.h4与51.h4？52.g×h4 f4 53.h5都是通向胜利。

然而，超级大着：51.f4!!也是和棋。之后的着法：52.g×f4

（*52.e×f4 h4 53.Kf2 f5! 54.Kg2 Ke3 55.Kh2 Kf3，白方被迫吃掉h兵，黑方轻松和棋。*）

52.h4 53.Kf2 Kd3 54.Kf3 f5 55.Kf2 Kd2，局面性和棋。

52.Kf3 Ke5

在卡帕布兰卡仅有的一着之后（你可以检查为什么这是仅有的一着！）伟大的残局专家同意和棋。

选局198

库德林－古尔科

美国锦标赛 1988

白先（图198-1）

特级大师亚历山大·巴布林在它的优秀著作*Winning Pawn Structures—The Isolated Queen's Pawn and its Derivatives*中认为与前面的例子相比，白方兵形更好一些。一个原因是黑方更难走出a7-a5，因为白方有可能b2-b4应对。如果黑方

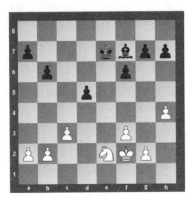

图198-1

图198-2

图198-3

吃掉b4，白方则用c兵吃回，从而获得多一兵的形式，之后有机会建立边线通路兵。

31.a3

一个好的原则是将所有的棋子放在与对方象相反颜色的格子里。

31.Be6 32.Ke3 Kd6 33.Kd4 h6 34.Nf4 Bf7（图198-2）

35.Nd3

巴布林认为白方一个可能的计划是：挺进f兵到f5，然后Nf4，控制王翼。这就解释了黑方在对局中的应对。然而，另一个思路可能是长期计划：b4-b5，接下来调动马，Nb4 – c6 × a7。

35.g5

这是黑方在王翼最好的设置。

36.g3 Bh5 37.Ke3

更直接的方法是巴布林的建议：37.f4 g × h4 38.g × h4，之后马调动到e3，它可以前往3个格子：d5、f5或g4。黑方在中心和王翼有3个弱点，而a7可能是第4个。

37.Bg6 38.Nf2 Bf5?

38.Bh5，针对f3兵，会使白方的任务更加困难。在这种情况下，白方可以将计划更改为巴布林建议的37.f4。

39.Kd4 Be6 40.Nd1 Bd7 41.Ne3

白方像富洛尔在之前残局走的那样，把王放在了d4，把马置于可以攻击孤兵的位置上。在决定把兵放在哪里之前，这是正确的子力部署。

41.Be6（图198-3）

42.b3!

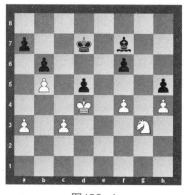

图198-4

白方可以慢慢地行进，随心所欲地下。如此漂亮的安静着法代表了不着急的国际象棋，无论在技术上还是心理上，在这样的有利残局中都具有重大的意义。

42.Kc6 43.b4! Kd6 44.b5!

如果白方要赢下这个残局，仅靠d5弱点是不够的。白方需要制造另一个弱点，而且现在已经完成了。白方利用黑方无法利用a兵的事实，将它固定在a7，它是一个潜在的目标，可以被前哨c6马攻击。

44.h5 45.f4 g×f4 46.g×f4 Bg8 47.Nf5+ Kd7 48.Ng3 Bf7（图198-4）

49.f5!

黑方的局面已经崩溃，原因是有两个处在第5线的强大白兵。

49.Ke7

或者49.Kd6 50.Ne2 Be8 51.Nf4 B×b5 52.N×h5，白胜。

50.Ne2 Be8 51.Nf4 Bd7 52.N×h5 B×f5 53.K×d5

53.Nf4也不错。

53.Bd7 54.c4 Be6+ 55.Kd4 Bf5 56.Nf4 Kd6 57.h5 Bb1 58.h6 Ke7 59.c5 b×c5+ 60.K×c5 Bc2 61.a4 Kf7 62.a5 Be4 63.Kd6 Kg8 64.Nd5 Bd3 65.b6 a×b6 66.a×b6 Ba6 67.Kc7，黑方认输。

一个兵在e3和c3会有如此大的差异，这非常有趣而且有点神奇。这个知识可以被用在为了争取好的兵结构，开始去交换正确的子。像这样的重要的局面知识会为获胜提供自动地支持。

选局199

鲍特维尼克 - 塔尔

世界冠军赛 莫斯科 1961

白先（图199-1）

在这种情况下，马比象要强大得多，黑方兵的弱点将被马攻击。

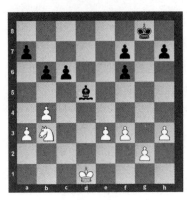

图199-1

图199-2

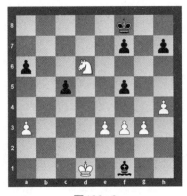

图199-3

31.Nd4

白方通过e3-e4的威胁攻击c6兵。

31.c5 32.b×c5 b×c5 33.Nb5

现在a7兵处在攻击之下。

33.a6

33.a5回应：34.Nc3 Bc4（或34.Bc6
35.Kd2）

35.Ne4或35.Ke1!?，有Na4的想法。

34.Nc7 Bc4 35.Ne8

现在f6兵被攻击了。注意，到目前为
止，马已经攻击了黑格上的兵，但是在马的
下一步移动之后，攻击将转向白格。这就是
马在猎杀兵时比象更好的原因，因为象被限
制在一种颜色的格子中。

35.f5（图199-2）

36.h4!

白方把兵放在与对方象相反颜色的格子
里。没有理由允许下面的变化：36.Nf6+ Kg7
37.Nd7 Bf1。

36.Kf8 37.Nd6

37.Nf6? Ke7 38.N×h7?? f6，明显的错
误，马被控制住了。

37.Bf1 38.g3（图199-3）

注意，几乎所有的白兵都被放到了黑格
里，逃脱象的关注。

**38.Ke7 39.N×f5+ Ke6 40.e4 Ke5
41.Kd2**，黑方认输。

选局200

斯托尔兹－卡什丹

奥赛 海牙 1928

黑先（图200-1）

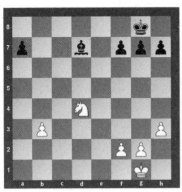

图200-1

这个局面是一个经典的案例，展示了在开放局面下象对马如何下。第一个问题是弄清楚马控制象还是象控制马。这个局面的其他重要问题涉及哪方拥有更加灵活的王和更好的兵形。兵分布在棋盘两侧，当有象一方的王更灵活可以起到举足轻重的作用。然而，这个特殊的局面按照正确的下法应该是和棋。

首先，对弈者要活跃它们的王。

28.Kf8 29.Kf1 Ke7 30.Ke2 Kd6 31.Kd3 Kd5

王现在被放置到中心最灵活的格子上，而黑方显然在两者中更为灵活。

32.h4 Bc8

这一着构成了在开放局面中象对马的主要优势之一。黑方计划Ba6，从而迫使王做出决定。

33.Nf3?

更准确的是：33.f3，阿维尔巴赫给出：33.Ba6+ 34.Ke3 Kc5 35.Nc2 Bf1 36.g3 Ba6 37.Nd4 Bb7 38.Kd3 Kb4 39.Kc2 Bd5 40.Kb2 g6 41.Kc2 a6 42.Kb2，目前还不清楚黑方应该如何进行。

33.Ba6+（图200-2）

34.Kc3

一个变化如下：34.Ke3 Kc5 35.Ng5? Kb4 36.N×f7 K×b3，应该避免，因为由于通路兵

图200-2

被王和象支持，这显然对黑方有利。象，远射程的子，它的优点是可以支撑自己的兵，同时阻止对方的兵前进。这是短射程的马无法做到的。

34.h6 35.Nd4 g6 36.Nc2?

36.f3，更有用，去控制重要格e4。

36.Ke4!

最考验人的着法。

37.Ne3 f5

37.h5!，计划f6和g5，对白方来说更危险，但这着已经足够好了。

38.Kd2 f4（图200-3）

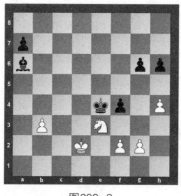

图200-3

39.Ng4

39.Nc2输给39.Bf1 40.Ne1 Kf5 41.f3 g5 42.h×g5 K×g5，黑方跑到g3，吃掉g2兵；

39.f3+ Kd4 40.Nc2+ Ke5 41.Nb4 Bb5，从长远看，白方也站不住脚。

39.h5 40.Nf6+ Kf5 41.Nd7 Bc8 42.Nf8

42.Nc5，黑方回应42.Kg4！。

42.g5 43.g3

43.h×g5 K×g5，马在三着之内被吃掉。

43.g×h4 44.g×h4 Kg4 45.Ng6 Bf5 46.Ne7 Be6 47.b4 K×h4 48.Kd3 Kg4 49.Ke4 h4 50.Nc6 Bf5+ 51.Kd5 f3!

重要的一着，为王释放f4格。如果51.h3，那么52.Ne5+。

52.b5 h3 53.N×a7 h2 54.b6 h1Q 55.Nc6 Qb1 56.Kc5 Be4，白方认输。

选局201

卡帕布兰卡

国际象棋入门　1935

白先（图201-1）

图201-1

我听说过大约有2200名棋手未能在这个残局中获胜的故事。它在你的生命中可能仅出现过一次或两次，你要么是进攻方，要么是防守方。然而，最重要的事情并不是这个残局本身。而是学习如何协调王、马和象，加深对棋子能力的感知。我曾经在很早的阶段就教孩子们这个残局，在1500分之前他们就应该知道如何下这个残局，以便让马象的配合像双象那样自如、和谐。

有3种不同的方法将杀王，我们将依次研究。3种方法的目标都是必须系统地将对方王推到与象同色格的角落里。

卡帕布兰卡的方法是我在初级时第一个学习的方法，他将所有的子都带出来，把王逼到棋盘的边上。这样操作：

1.Ke2 Kd7 2.Kd3 Ke6 3.Bf4 Kd5 4.Ne2 Kc5 5.Nc3

将王从小中心赶走的第一步已经完成。

图201-2

5.Kb4（图201-2）

5.Kc6 6.Kc4，将完成第二步，王从大中心（f3-c3-c6-f6）被赶走。

6.Kd4

第三阶段是把王赶到底线。

6.Ka5

防守方应该前往白格角。6. Kb3?!导致更快地被将杀。

7.Kc5 Ka6　8.Kc6 Ka7　9.Nd5 Ka8

10.Nb6+ Ka7 11.Bc7 Ka6 12.Bb8

这是要背诵的设置，因为它将根据模式进行重复，马和象V形调动，同时对王。

选局202

接续上一个选局201的最后一着

12.Bb8

黑先（图202-1）

图202-1

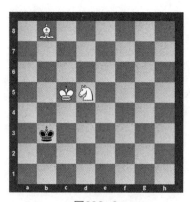

图202-2

12.Ka5 13.Nd5 Ka4

黑方进行积极的防御，计划跑到另一个h1白格角。消极的防御是走13.Ka6，非常清晰地展示出马和象的V形调动。14.Nb4+，完成了从b6-d5-c4的调动，路线正好呈V字形。14.Ka5，白王跟着黑王进行正面对王：15.Kc5 Ka4 16.Kc4 Ka5。现在是时候与象一起执行V形调动了：17.Bc7+ Ka4 18.Bb6。将此局面与上面的图示局面进行比较，注意所有的子都按照相同的模式放置。一切都会再重复一次：18.Ka3 19.Nd3 Ka4 20.Nb2+ Ka3 21.Kc3 Ka2 22.Kc2 Ka3 23.Bc5+ Ka2 24.Bb4 Ka1。现在将进行三步杀：25.Nd3 Ka2 26.Nc1+ Ka1 27.Bc3#。

14.Kc5

14.Ba7 Kb3

（14.Ka5 15.Bb6+ Ka4 16.Kc5 Kb3 17.Ba5）

15.Kb5 Kc2 16.Nf4 Kd2 17.Bf2，现在是根据谢龙的方法将王推到角上，我们将在下一个局面中更详细地讨论。

14.Kb3（图202-2）

15.Nb4!

这个马的着法必须记在心里。同时控制两个白格很重要，在现在的情况下是c2和d3。

15.Kc3　16.Bf4!

白方首先控制d2格。

16.Kb3　17.Be5!

相比17.Bd2，对局中的着法更强，因为象控制了c3和b2。

图202-3

17.Ka4　18.Kc4（图202-3）

我们又回到了消极防御和V形调动。

18.Ka5　19.Bc7+ Ka4　20.Bb6 Ka3 21.Nd3 Ka4 22.Nb2+ Ka3　23.Kc3 Ka2 24.Kc2 Ka3　25.Bc5+ Ka2　26.Bb4 Ka1 27.Nd3 Ka2　28.Nc1+ Ka1　29.Bc3#。

当我在教授这个残局的时候，上述涉及的、被卡帕布兰卡启发的方法是我的首选，因为它最容易被记住。

还有另外两种方法也值得了解，因为它可以提高你在各种情况下运用马和象的能力。

第一种方法可以称为卡帕布兰卡方法，第一件事是活跃王。第二种方法可以被称为尤伟或卡尔波夫方法。在尤伟的残局书中，他提出了一种方法，将马放置在一个中心格上，然后由象远距离保护，例如，一个在g2的侧翼象防御在d5的马。这样设置的优点是无论王试图逃到哪里，马都会处在正确的位置。以卡尔波夫命名这种方法的原因与卡帕布兰卡的恰恰相反，他意识到在残局中子的中心化比王的中心化更重要。当然，在这个残局中，仅仅是个人的品位而已。

现在，你知道了第二种方法，在王之前先将子中心化，我们将讨论可能是最困难的方法，它有效地体现了勾股定理。

选局203

谢龙

残局教学手册第2卷 1964

白先（图203-1）

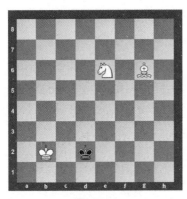

图203-1

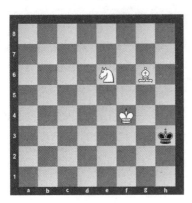

图203-2

如果我们将b1-h7斜线视为直角三角形的斜边，白方的任务是使这个三角形越来越小，通过改变斜线，从b1-h7到d1-h5，再从d1-h5到f1-h3，这时候将杀就快来临。谢龙展示了接下来的变化：

1.Bc2

首先白方控制b1-h7斜线。

1.Ke3 2.Kc1!! Ke2 3.Bg6 Ke3 4.Kd1

重点是2.Kc1!!。王不需要在中心，因为轻子无论如何都会阻止对方的王去那里。

4.Kf2

4. Kf3 5.Kd2 Kf2，展示了改变斜线的时刻：6.Bh5。

5.Kd2 Kf3 6.Kd3 Kg4 7.Ke3 Kh4 8.Kf4 Kh3（图203-2）

9.Bh5

象切换到较短的d1-h5斜线，黑方王被囚禁在一个更小的三角形中。当然，9.Be4会使将杀更快两步，但是这里的目的是呈现谢龙的斜边方法，而不是最快的电脑将杀。人类需要用人类的方法。

9. Kg2 10.Ke3 Kg3 11.Be2

这里象控制了f1格，准备之后Bf1，控制f1-h3斜线。

11.Kh4 12.Kf4 Kh3 13.Ng5+ Kg2 14.Ne4 Kh3 15.Kg5 Kg2 16.Kg4 Kh2

白方六步杀：

17.Bf1! Kg1　18.Bh3 Kh2　19.Nc3 Kg1　20.Kg3 Kh1　21.Bg2+ Kg1 22.Ne2# 。

在这个变化中，王在临近角的黑格上被将杀。然而，如果19.Kh1，王会在三步之内被象在白角将杀。

学习斜边方法绝对是值得的，但它要求王的走法精确。

我的建议是你把这三种方法都学完，然后根据局面选择最合适的一种。

选局204

鲍特维尼克 – 塔尔

世界冠军赛 莫斯科 1961

黑先（图204-1）

图204-1

根据2018年数据库，这个残局在7187893个对局中只出现了118次，因此极为罕见。幸运的是，它出现在世界冠军赛中。两个象总是能战胜一个马，这是残局数据库的重要发现之一。黑方可以通过吃掉马或走出将杀来锁定胜利。

这个局面出现在1961年世界冠军赛第17场比赛中，由鲍特维尼克对阵塔尔。残局数据库告诉我们，在23回合之内可以将杀，而塔尔在77.Bf1+ 78.Kb6之后迅速获胜。

残局数据库的演变：78.Kb7 Kd6　79.Kb6 Be2　80.Na5 Bc5+　81.Kb7 Bd4 82.Nb3 Bc3　83.Kb6 Bc4　84.Na5 Bd4+　85.Kb7 Be6　86.Ka6 Kc5! 87.Nb7+ Kb4，一场漂亮的王的调动，收紧将杀网。

88.Nd6 Bc5白方丢马，因为它必须要覆盖c8格。

89.Kb7　（89.Nb7 Bc4#）

89.B×d6　90.Kc6 Bc5　91.Kc7 Bd5　92.Kd8 Bc6　93.Kc7 Kb5　94.Kd8 Kb6 95.Kc8 Be7　96.Kb8 Bd7　97.Ka8 Be6　98.Kb8 Bd6+　99.Ka8 Bd5#。

78.Kd6　79.Na5 Bc5+　80.Kb7 Be2　81.Nb3 Be3

双象在没有兵的棋盘上非常强大，使白方的马变得没有用，无法做任何事情。

82.Na5（图204-2）

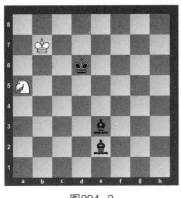

图204-2

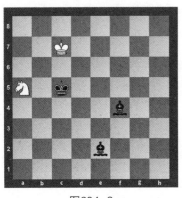

图204-3

82.Kc5

黑方塔尔走得很务实，计划吃掉马。残局库偏向于下面的走法：82.Bd4　83.Nb3 Bc3　84.Kb6 Bc4　85.Na5 Bd4+　86.Kb7 Be6　87.Ka6 Kc5！王的调动应该牢记！

83.Kc7 Bf4+（图204-3），白方认输。

因为之后马丢掉了：

84.Kd8（*84.Kb7 Kb5　85.Nb3 Be3没什么区别*）

84.Kb6　85.Nb3 Be3，接下来通过Bd1强制马走到角落里，再走Bd4。

这是一个非常有用的残局，适合使用电脑练习。使用双象，尝试击败电脑。你将学到很多关于双象的下法，学到的技术可以用于其他拥有双象、但与此局面完全不同的其他局面中。学习的是运用双象的技术！

国际象棋特级大师格伦·弗莱尔曾写过一本优秀的书*Practical Endgame Play—Beyond the basic—the definitive guide to the endgames that really matter*，它是为数不多的、专注于实用的残局书籍之一，这些残局都仅多一两个子。弗莱尔为这类残局取了一个名字，称它们为"NOE"——意为"另类残局"（发音为"nuckie"）。

根据他的统计，15%～20%的对局都会形成接下来的这个类型的残局。这意味着，如果你认真研究这样的残局，将比那些没有将这种研究纳入训练习惯的棋手拥有更为巨大的优势。

选局205

富洛尔－鲍特维尼克

比赛　1933

白先（图205-1）

图205-1

根据鲍特维尼克的说法，这个残局应该以和棋告终，但是白方仍然可以期待40%～60%的实战获胜机会。白方拥有更大的空间，还以双象对双马。

双马的主要缺点是想要交换对方其中的一个象会更加困难，但是黑方如果采用积极的下法应该可以和棋。黑方还有另外两件事。首先，局面封锁。在开放局面中，双象对于两侧有兵的局面会是一个决定性的因素。其次，兵的位置是对称的。白方没有通路兵，而且此时兵的数量是一样的，双象可能会是毁灭性的因素。

对局继续：

25.Kf2 Ke7　26.Be3 Kd8　27.Ke1 Kc7　28.Kd2 Nc5　29.b4 Ncd7　30.g3 Nb6　31.Kc2（图205-2）

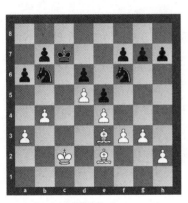

图205-2

31.Nbd7?

在这个消极的着法之后，黑方将更难进行积极的下法，因此白方的获胜机会相应的增加。推测黑方仅有的和棋机会是阻止白方在后翼的活动。具体着法：31.Na4! 32.Bd1（32.Kb3 b5）32.b5　33.Kd2 Kd7　34.B×a4 b×a4　35.Kc3 Nd7　36.b5　a5!。白方要在后翼做一些建设性的事情并不容易。如果白方保留他的双象并在王翼使王活跃，那么黑方的马将在后翼调动，获得反击的机会。

32.a4!

显然，白方在后翼占据了空间。

32.Nb6 33.a5

强兵的建立使黑方的防御更加困难。注意，b7兵已经被固定了，成为白格象未来的目标。

33.Nbd7 34.Bc1 Kd8 35.Bb2 Ne8 36.Kd2 Nc7

鲍特维尼克希望36.Ke7，接下来g7–g6和f7–f5改善自己的局面，而不是让白方拥有控制整个棋盘的奢侈享受。

37.Ke3 Ke7 38.Bf1 Nb5 39.h4 Nc7 40.Bh3 Ne8

比赛在这里封棋，这是鲍特维尼克的绝招。

41.f4 f6 42.Bf5

挑衅对方兵局面的弱点是象的典型行为。

图205-3

图205-4

42.g6 43.Bh3（图205-3）

现在白方可以从弱点中获利，计划通过f4–f5和f×g6，然后g3–g4和h4–h5制造一个通路兵。这是一个重要的思路，需要记住。

43.h6 44.Bc1 Ng7 45.f×e5 d×e5

另一种吃回的方式是不可行的：45.N×e5？46.Bc8威胁b7兵；

而45.f×e5?也会导致失败，46.Kf3 h5 47.Bg5+ Ke8 48.Bh6，其中的一个马会丢掉。当处理有巨大空间的双象时，这种情况并不少见。

46.Kf3 h5 47.Be3 Kd6 48.Bh6 Ne8 49.g4 h×g4+ 50.B×g4 Nc7？

50.Ke7更好，计划Nd6。51.Be3 Nd6 52.h5 g×h5 53.B×h5 f5，黑方有和棋的机会要感谢从棋盘上消失的兵。

51.Be3 Nb5 52.Ke2 Nc7 53.Kd3（图205-4）

黑方陷入楚茨文克中，因为c5格被白方

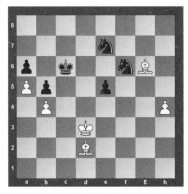

图205-5

覆盖，d7马阻止Bc8，并且c7马阻止Be6-f7的调动。

53.f5 54.e×f5 g×f5

54.Nf6 55.Bh3 g×f5，获得了先手，黑方无论如何都会输，因为白方拥有一个强大的远方通路兵。

55.B×f5 N×d5　56.Bd2 N7f6　57.Kc4 Kc6 58.Bg6 b5+　59.Kd3 Ne7（图205-5）

比赛在这里第二次封棋。

60.Be4+ Ned5　61.Bg5 Nh5　62.Bf3 Ng3　63.Bd2 Kd6　64.Bg4 Nf6　65.Bc8 Kc6　66.Be1 e4+　67.Kd4 Ngh5　68.Bf5 Kd6　69.Bd2，黑方认输。

一个非常具有启发性的残局，展示了防御的马在消极走子之后必须应对的困难。注意，富洛尔避免其中一个象可能被交换的变化，因为会降低他的获胜机会。他的主要策略是让象远离马，并且利用空间优势进行决定性的破坏。每一个兵的交换都让局面越来越开放，产生了两个令对方无法抵抗的象。

这个残局证明了塔拉什曾说过的话："未来属于拥有双象的人。"

206~277　车残局

车残局要求的知识是最多的，因此列举了相当多的局面，这些局面发生的概率有50%。另外，在车残局中走法的流程顺序具有独特性。即使是明智的着法也可能成为错误，而在其他残局中通常不会出现这种情况。

另一条重要的信息是，车残局经常会被拯救，尽管一方少一个甚至两个兵。在困难的情况下保持和棋是阿廖欣的秘诀之一。当你遇到麻烦时，根据古老的格言："所有的车残局都是和棋。"你可以尝试进入少一兵的车残局中。

选局206

吉雷顿 – 恩奎斯特

孔斯巴卡 1980

白先（图206）

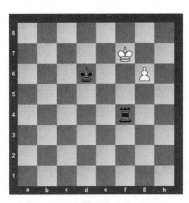

图206

当与一个兵对战的时候，对车来说最好的位置是在兵的后面。如果在白方的局面中兵足够高，那么就有可能和棋。这里，我刚刚将军了对手，希望他能把王走到兵的前面。

66.Ke8!

正确的着法，即使王与兵被切断联系。最重要的事情是不要妨碍兵。

66.Re4+ 67.Kf8?

67.Kf7是必要的，重复这个局面，王就不可能被迫走到兵的前面。 67.Kd7 68.g7 Rf4+，白方走：69.Kg6!。

67.Kd7!

白方未察觉或低估了这一步的力量。

68.g7 Rf4+

白方被迫把王置于兵的前面，现在黑方胜。

69.Kg8 Ke7 70.Kh7 Rh4+ 71.Kg6 Rg4+ 72.Kh7 Kf7 73.Kh8

白方尝试逼和的骗着，73.Rh4#，黑方恰当地回避了逼和。

选局207

Réti 1929

白先（图207-1）

当车在兵的前面时，车对兵也可能很棘手。列蒂的著名研究的解决方案是：1.Rd2!

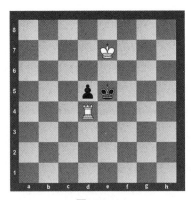

图207-1

令人惊讶的自然走法是：1.Rd1?，让车远离王的威胁，在这里不起作用。黑方此后获得和棋：1.d4 2.Kd7 Kd5!!，白方陷入楚茨文克；3.Rd2（*3.Kc7 Kc5!和3.Ke7 Ke5!重复楚茨文克*）3.Ke4 4.Kc6 Ke3，黑方通过威胁车获得了必要的先手。5.Rd1 d3 6.Kc5 Ke2接下来7.d2和棋。

白方另一种取胜的选择：1.Rd3! d4 2.Rd1，导致与主变相同的局面。

1.d4 2.Rd1!（图207-2）

这是关键局面。现在黑方陷入楚茨文克。

2.Kd5 3.Kd7 Kc4

如果3.Ke4，那么白王会选择另一条路：4.Kc6。

4.Ke6 d3 5.Ke5 Kc3 6.Ke4 d2 7.Ke3

白方正好赶上抓住兵。

图207-2

选局208

科帕耶夫 1958

黑先（图208-1）

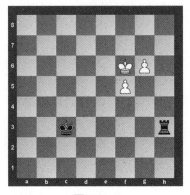

图208-1

当车面对两个高兵时，王离得足够近是很重要的，使其能够挽回成和棋。著名的研究家尼古拉·科帕耶夫在这个研究中发现放置车最好的位置是：1. Rf3!。

有必要阻止白方走Kg7，然后挺进f兵。如果你不熟悉这种类型的局面，你的直觉可能会让你失败，错误是：1.Rg3?，将出现在棋盘上。问题是它允许2.Kg7!。德沃列茨基

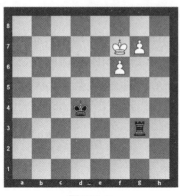

图208-2

将这个思路叫作"换领头羊"，这是需要记住的重要思路，无论对于进攻方还是防守方。之后的续着：2.Kd4 3.f6 Ke5 4.f7 Rf3 5.f8Q R×f8 6.K×f8 Kf6 7.g7，白方升变。

2.g7

如果白方尝试用2.Ke6换领头羊，准备f5-f6，然后黑方回应：2.Rg3!，控制两个兵。这是保持两个兵在控制之下的典型方法，当它们挺进得不算太高的时候。2.Ke5，没有太大变化，之后的走法：2.Rg3 3.f6，不错的过渡将军3.Rg5+!。

但是不能立即走3. R×g6?， 4.f7导致胜利，4.Rg5+ 5.Ke4 Rg4+ 6.Kf3 Rg1 7.Kf2。

2.Rg3 3.Kf7 Kd4 4.f6（图208-2）

4.g8Q R×g8 5.K×g8 Ke5，兵下一步被吃。

4. Ke5

记住这个和棋局面非常重要。它被德沃列茨基称为"尾巴"，因为黑方的车控制g兵，同时黑王对f6兵施加压力。

选局209

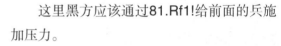

塔拉什 – 亚诺夫斯基

奥斯坦德 1907

黑先（图209）

图209

这里黑方应该通过81.Rf1!给前面的兵施加压力。

车有效地将两个兵冻结在它们前进的轨道上。

82.Kd4!

白方保持不让对方的王进入c3，同时准备Ke5支持f兵。

82.Kb3

82.Rf5不起作用 83.Ke4 R×g5　84.f7 Rg4+　85.Kf3 Rg1 86.Kf2，进入了后对车的残局。

83.Ke5 Kc4　84.g6 Re1+　85.Kd6 Rg1

这是最严密的防御。对局继续，进行无用的将军：85.Rd1+　86.Ke6 Re1+ 87.Kf7，黑方认输。

86.g7　Kd4 +−

选局210

接续上一个选局209的最后一着86.Kd4

白先（图210）

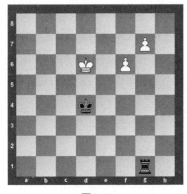

图210

87.Kc6!!

这着棋的要点是威胁f6−f7，因为车在g6将军之后，白王准备走到b5。

a）87.f7?无法获胜：87.Rg6+，白方被迫进入第7线，黑车吃掉g7兵后，对f7兵进行牵制。

b）87.Ke6?，黑方应着：87.Ke4　88.Kf7 Ke5给两个兵共同施压，保证黑方和棋"尾巴"。

c）87.Ke7? Ke5 同样的和棋。

87.Kc4!

最好的防御方式，如果：87.Rg6? 88.Kb5，接下来89.f7走出决定性的一步。

88.Kd7!

白王轻松地走到第8线，接下来通过f6−f7获胜，利用f6缺乏压力的特点。用这个变化对比c）变化。

88.Kd5 89.Ke8! Ke6 90.f7 Ra1

黑方尝试最后一击。但是可惜没有用：91.f8N+! Kf6　92.g8Q Ra8+ 93.Kd7白胜。遗憾的是黑方没有以准确的方式进行防御。

选局211

莫拉维茨 1924

白先（图211）

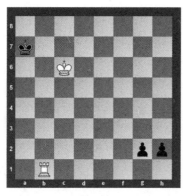

图211

如果不是黑方的尴尬处境，这个局面对白方来说显然是输棋。

1.Ra1+ Kb8 2.Rb1+ Kc8 3.Ra1 Kd8 4.Kd6 Ke8 5.Ke6 Kf8 6.Kf6 Kg8 7.Ra8+ Kh7 8.Ra7+ Kh6 9.Ra8 Kh5 10.Kf5 Kh4 11.Kf4 和棋。

黑王无法逃脱永久的将杀威胁，并且在11.Kh5 12.Kf5之后进入重复的局面。

这个思路只适用于h线、g线或a线、b线的兵，否则黑方能够走出带有将军的升变。例如，如果黑方拥有的是h2和f2兵，那么在白方把王走到f6时，就可以f1Q+。

选局212

卡姆斯基 – 巴克罗

索菲亚 2006

黑先（图212-1）

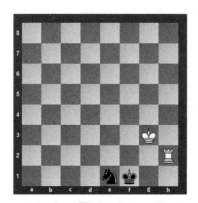

图212-1

这个残局通常来自车对兵的残局中。它就是实战中的局面。由于将杀的关系，黑方兵无法升变为后，只能升变为马，对王进行将军。

白方刚刚走了75.Kg3。防守方通常很容易获得和棋，主要原因是进攻方很难取得对王，因为马一般会控制这个格子。

黑方走了75.Nd3　76.Rd2 Ne1

这是最简单的和棋方式，让马保持与王紧挨着，同时控制能够对王的f3格。

77.Rf2+ Kg1　78.Rf8（图212-2）

黑方的王被切断，但是这并不意味着什么。最重要的是保持马与王靠近。

78.Ng2

图212-2

看似理智78.Nd3?，实际上在白方 79.Kf3! 之后被困。马想与王团聚是不可能的，因为：79.Ne1+

（79.Kf1你虽然想走这着，但是会因白方80.Ke3+而失败，主要的原因是78.Nd3是一步错误的着法。）

80.Ke2 Ng2 81.Re8! Nh4 82.Re4，几步之内白方就可以吃掉马。

78.Nc2!是最简单的和棋方式，计划下一步回到79.Ne1。例如，如果79.Kf3　Kf1;或79.Re8 Kf1。

79.Kf3 Kf1?

79.Nh4+唯一的和棋着法。之后的走法：80.Ke3 Kh2 81.Rg8 Kh3，已经到达典型的和棋局面。

80.Kg3+?

80.Rf7!或 80.Rf6!，获胜。

80.Kg1 81.Kf3 Kf1?

81.Nh4+!。

82.Rf7! Ne1+　83.Ke3+ Kg1　84.Ke2 Ng2　85.Rh7 Nf4+ 86.Kf3 Nd3 87.Rh4 Ne5+

与王重逢：87.Ne1+没有用，之后：88.Ke2 Ng2　89.Rg4 Kh2 90.Kf2，马丢掉。

88.Ke2?

正确的是88.Ke3或88.Ke4。现在是和棋。在这个理论和棋的残局中，从出现的高频率的错误来看，棋手们很可能处于时间恐慌之中。

图212-3

88.Kg2 89.Re4（图212-3）

89.Nf7?

89.Nd7是和棋，之后的走法：90.Re7 Nf6 91.Rg7+ Kh3 92.Kf3 Kh4，马准备与王团聚，93.Nh5。要记住的主要事情是把马放到王的旁边，控制对王的格子。

90.Re7 Nd6 91.Rg7+ Kh3 92.Kf3 Kh4 93.Kf4 Kh5 94.Re7

更精确的是：94.Rc7!，例如之后的走法：94.Ne8 95.Re7 Nf6 96.Kf5 Ng4 97.Rh7+ Nh6 98.Kf6，典型的楚茨文克出现。

94.Nc4 95.Re6 Nd2 96.Rc6 Nb3 97.Ke3 Kg4 98.Rc4+ Kg3 99.Rc3 Na5 100.Ke4+ Kf2 101.Kd5 Nb7 102.Rb3 Nd8 103.Rb8，黑方认输。

不要忘记练习这个残局，因为它在比赛中很常见。

选局213

埃曼·拉斯克 – 埃德·拉斯克

纽约 1924

白先（图213）

图213

黑方以为他会凭借车和兵战胜马，但是他的梦想被白方**93.Nb2!**打破了。

他只计算了下面的变化：93.Ka3 Ke4 94.Nc5+? Kd4 95.N×b3+，于是黑方：95.Kc4 将会得到马。然而，正如白方在比赛中证明的那样，并不急于赢得兵。继续的走法：

93.Ke4 94.Na4 Kd4 95.Nb2 Rf3 96.Na4 Re3

白方在a4和b2之间来回走动，利用黑王

不能越过第3线的事实。

97.Nb2 Ke4 98.Na4 Kf3 99.Ka3!

白方改变计划正当时，因为黑方王正在计划走到兵的后面。然而，白方简地走Kb2，接着Nc5-N×b3。注意，99.Nb2?是一个错误，由于99.Ke2 100.Nc4

（*100.Ka3 Kd2 101.Nc4+ Kc1 102.Nb2 Rg3，白方陷入楚茨文克。*）

100.Rg3 101.Ka3 Rc3! 102.Nb6

（*102.Nb2 Kd2*）

102.Kd3 103.Kb2 Rc6! 104.Na4 Kc4，黑方最终获胜。

99.Ke4

99.Ke2 100.Kb2 Kd2 101.Nc5，b3兵丢失，结果是和棋。

100.Kb4 Kd4 101.Nb2 Rh3 102.Na4 Kd3 103.K×b3 Kd4+

这盘棋进行到第14个小时，黑方不得不接受和棋。

选局214

维德马尔 - 阿廖欣

圣雷莫　1930

白先（图214-1）

图214-1

通常，这种类型残局的结果是和棋，但是在实际对局中证明了防御可能会很困难。

白方走了39.h4，这是一步好棋，占据空间并活跃白方的局面。

39.Ke7 40.Ne4 h6（图214-2）

41.Nf2?

白方走得太消极了，非常被动，在这种残局中是危险的。获得和棋最好的机会是积极行动并努力向黑兵施压。41.Kh3!，准备g2-g4，是合理的下法。

a）41.Ra3，使白方可以走42.Kg4，例如：42.Ke6。

（*42.Ra2 43.g3*）43.Kf4 Kd5 44.h5。现在g7兵被固定住了。下一阶段是

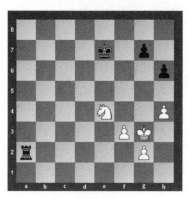

图214-2

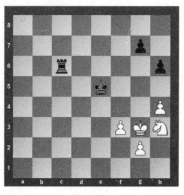

图214-3

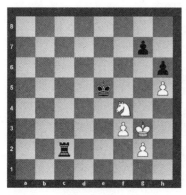

图214-4

去调动马，对g7兵施压，从而将黑方的一个棋子变得被动。44.Kd4 45.Nd6 Kd3 46.Nf5 Ra4+ 47.Kg3 Ra5 48.Kf4 Ra7 49.g4 Ke2 50.Kg3，根据雷金的说法，这个局面走向和棋。

b）41.Ke6 42.g4! Ke5 43.Kg3 g6，黑方不允许g7兵因白方之后g2-g4的着法而被固定。44.Nf2 Ra3 45.Nh3 Ra4黑方不应该允许白方的马到达f4。46.Kf2!，白方构筑了一个堡垒，黑方不可能阻止Kg3，然后Nf4或者Kg3，接着Kf2。46.h5 47.g×h5 g×h5 （47.R×h4 48.h×g6和棋） 48.Kg3，黑方不能突破，而且必须要思考如何对h5兵的弱点进行防御。

41.Ke6 42.Nd3 Kf5 43.Nf4 Ra4 44.Nd3 Rc4 45.Nf2 Rc6 46.Nh3 Ke5（图214-3）

47.h5?

白方的马距离f5格太远了，g兵没有放在g4格，所以这步棋与其他位置不协调。按照下面的变化走会比实际对局着法好：47.Nf4 Rc2 48.Nh3 Rd2 49.Nf4 Ra2 50.Nh3 Kd4 51.Nf4 Ke3 52.Ne6 Ra7 53.Nf4 Ra6! 54.Nh3 Ke2 55.Nf4+ Kf1 56.Nd5，希望黑方不能突破。然而，可以看到黑王非常灵活，作为防守方很想避免这样的下法。

47.Rc2! 48.Nf4（图214-4）

48.Rd2?

48.Kf5!是正确的。

49.Nh3?

白方再次被动的行棋。迈尔斯推荐更

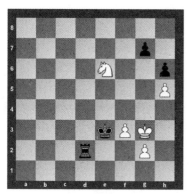

图214-5

好的49.Ng6+!，之后：49.Kd4 50.Nh4，计划Nf5，和Kf4一样，都是极好的和棋机会。

49.Kd4 50.Nf4 Ke3 51.Ne6（图214-5）

51.Nh3等待的走法不起作用，51.Rb2 52.Nf4 Rb5! 53.Ne6 Re5!，g7兵是不能吃的禁果。

51.Rd5!

像这样对车的巧妙处理是典型的，也是为什么这些残局难以处理的主要原因之一。对白方来说，给对方的兵施加更有效的压力是至关重要的，正如上面提到的一些变化所展示的那样。

52.f4

52.Kh4 Re5! 53.N×g7 Rg5 54.Ne6 R×g2，导致白方输棋。f兵注定在劫难逃。

52.Rf5! 53.Kg4 Rf6!，

53.Ke4 54.Nc5+ Kd4 55.Nb3+ Ke5，黑方认输。

54.f5 Rf7

黑方选择对局着法而不是下面的变化是个人喜好问题：54.Ke4 55.N×g7 Rf7 56.Ne6 R×f5。

55.g3

55.Nd8 Rd7 56.Ne6 Kf2，白方丢掉g兵。

这个残局的寓意是：如果你背负了马的负担，那就要比白方维德玛下得更加积极。

选局215

韦德－恩奎斯特

诺维萨德 2016

白先（图215-1）

由于逼和的问题，如果防守方的王在与象不同颜色的角落里，那么车对象很

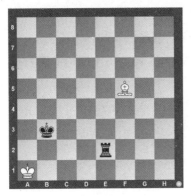

图215-1

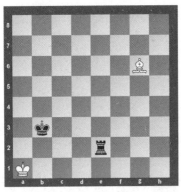

图215-2

图215-3

容易和棋。在这个局面，白方只需要思考如何将象放在距离黑王足够远的地方。

107.Bg6（图215-2）

需要注意的陷阱之一是：107.Bd3？？Ra2+ 108.Kb1 Rd2，由于距离对方的王过近，防守方没法用象的将军拯救自己。防守方必须小心不要落入这个简单的陷阱中。防御原则是把象放到远处，以便将军进攻方的王，当黑王在前面的时候。

107.Ra2+

107.Re1+ 108.Bb1 Ka3 逼和。当王在角落里并且象在它前面时，不可能为楚茨文克创造条件，但是如果白方象在c1、王在b1，可用的a1格意味着输棋局面。

108.Kb1 Rg2 109.Bf7+

经典斜线将军对于挽救和棋至关重要。

109.Kc3 110.Ka1 Kc2 111.Be6

当然不能走111.Ba2？？，111.Rg1+，黑方胜。

111.Rf2 112.Bg8 Rf8 113.Bd5 Rf4 114.Be6 Rf1+ 115.Ka2 Rf6（图215-3）

116.Bb3+

再次通过将军拯救。

116.Kc3 117.Bg8 Ra6+ 118.Kb1 Ra8 119.Be6 Rb8+ 120.Ka1 Re8 121.Bf7 Re1+ 122.Ka2 Rg1 123.Be6 Rg6

根据50回合和棋规则，我的对手在这里提出了和棋。

选局216

奥尔维茨/克林 1851

白先（图216）

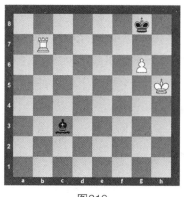

图216

车对第6线兵有时很难取胜，因为王要实际有效地参与其中并不容易。兵在第6线阻碍了王。然而，奥尔维茨和克林的这项研究是获胜的结果。

1.g7!

白方的g6兵阻碍王，所以最好弃掉它。

1.Kh7!

1.B×g7可以更快的取胜，2.Kg6。如果黑方试图挽救他的象会导致被将杀：2.Be5（或者2.Kh8 3.Rb8+）3.Re7 Bd6 4.Re8+ Bf8 5.Rd8 Kh8 6.R×f8#，将杀。

2.Rf7!

关键的思路是困住王，使其无法通过f线逃跑。

2.Bd4 3.g8Q+! K×g8 4.Kg6

黑方不能移动王到f8，现在只需对王和象设置一个决定性的双重威胁。

4.Bg1

黑方的象尽可能远离车的影响。

5.Rf1 Bh2 6.Rf2

另一种获胜的方案：6.Rh1 Bg3

（6. Bf4 7.Ra1）

7.Rh3 Bf4 8.Ra3 Kf8 9.Rf3。

6.Bg3 7.Rg2 Bd6

7.Be5 8.Re2。

8.Rd2 Be7 9.Rc2

黑方不能阻止下一步决定性的Rc8+。

选局217

萨博－鲍特维尼克

布达佩斯 1952

白先（图217）

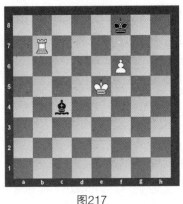

图217

66.Rb4

66.f7，会遇到黑方66.Kg7的回应，这个局面的结果是和棋，因为黑方下一步吃掉白方的这个兵。

但是如果黑方走66.B×f7？会输棋：67.Kf6。

66.Ba2

唯一能守住防御堡垒的着法。

67.Kf5 Bd5

再次出现的唯一着法。67.Kf7？，导致输棋：68.Rb7+ Kf8 69.Kg6，因为黑方不能用象将军。

68.Kg6 Bf7+ 69.Kg5 Bd5 70.Rh4 Bb3 71.Rh8+ Kf7 72.Rh7+ Kf8 73.f7 Ke7!

主要的防御思路，阻止白王走入f6。

74.Kg6 Bc4

如果黑方保持对f7兵的压力，就会是和棋，所以在a2-e6斜线上的任何移动都是可以的。当然不能走：74.Bc2+?，75.Kg7，白胜。

75.Rg7 Bd5 76.f8Q+ K×f8 77.Kf6 Ke8 78.Re7+ Kd8! 和棋

注意，在相似局面中，白方如果是中心兵或马前兵（b线或g线），就可以获胜，即使兵在第6线。

选局218

德沃列茨基 2003
白先（图218-1）

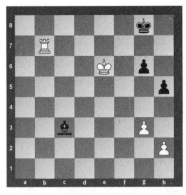

图218-1

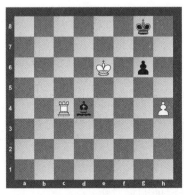

图218-2

黑方已经建立了一座坚不可摧的防御堡垒。在白方有机会把g兵放到g4之前，黑方把h兵走到h5是很重要的。如果黑兵已经处在了h5，那么白方的g兵被放在g5也无关紧要。

德沃列茨基给出了以下的变化：

1.h4!?

当兵在g3，白方能尝试调动王到g5，但是当白王调动到了f4时，黑方将用Bf6阻止。一个具有启发性的变化如下：

1.Kd5 Bf6　2.Ke4 Bc3　3.Kf4 Bf6　4.g4!? h×g4　5.K×g4 Be5 6.h3 Bf6　7.Kf4 Kf8　8.Ke4 Kg8　9.Kd5 Ba1　10.Ke6 Bc3　11.Rc7 Bb2　12.h4 Bd4 13.Rc4（图218-2）

13.Be3! 这是保持和棋的唯一着法。

（穆雷-塔克尼克，1987年纽约，走了致命的13.Bb2?，白方走向胜利，后续着法：14.Rg4 Kh7　15.Kf7。这个陷阱对于双方来说都是很重要的，必须记住。

13.Bf2?，也会失败，续着：14.Kf6 Kh7 15.Rg4 Kh6　16.R×g6+ Kh5　17.Rg2。）

14.Kf6 （14.Re4 Bd2 15.Re2 Bc3黑方保持住。）

14.Kh7 15.Rg4 Kh6 16.R×g6+ Kh5 17.Rg3 Bb6!! 18.Rh3 Kg4 19.Rh1 Bd8+，黑方获得和棋。（图218-3）

回到主变：**1. Ba1!**

象必须躲避车。1.Bd4? 2.Rb4，获得重要的一先，与主变相比较。2.Bc3

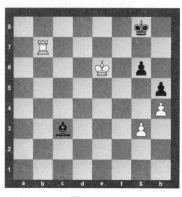

图218-3

3.Rc4 Bb2

（*3.Be1 4.Kf6 Kh7 5.Rc6! B×g3 6.Kg5，*
黑方陷入楚茨文克。）

4.g4 h×g4 5.R×g4 Kh7 6.Kf7 Kh6
7.R×g6+ Kh5 8.Rg2! Bc3 9.Rh2 Bd4 （*9.Be1*
10.Kf6 B×h4+ 11.Kf5）

10.Ke6 Bg1 11.Rh1 Bf2 12.Kf5，白方获得
理论上的胜利。

2.Rb4 Kg7! 3.g4 h×g4 4.R×g4 Kh6
5.Rg5

5.Kf7 Kh5，简单和棋。

5.Bd4 6.Kf7 Bf2 7.R×g6+ Kh5，和棋。

一个非常有启发性的残局，因为你还能学习相关的局面，h兵对g兵。

选局219

古列茨基/科尼茨 1863

白先（图219）

图219

这个残局的获胜关键是在正确的时刻弃
掉h兵，同时阻止黑方的王逃到a8或h1的安全
角上。

1.Kg4

第一步是尽可能的提升王。

1.Kg7 2.Kf5 Kh6 3.Ra3

第二步切断黑王的路，强制它去第7线。

3.Kh7

3.Bc1 4.Ra6+没什么区别，因为4.K×h5

5.Ra1，无法继续下了。

4.Ra6 Kg7 5.h6+!

当白方的子处于最佳位置时，弃兵的条件就成熟了。

5.Kh7

5.B×h6　6.Rg6+ Kh7　7.Kf6接下来Kf7，即将胜利，因为黑王被困在对它不利的、错误的角上。

6.Rg6!

第三步是转移白王到h5或f7。

6.Bf4

6.Bc3，阻止车将军，但不能阻止7.Kg5 、8.Kh5。

7.Rg7+!

白方强制王吃掉h6兵。

7.K×h6　8.Rg6+ Kh7

8.Kh5　9.Rg8。

9.Kf6

接着走Kf7，如果你熟悉选局216，克林和奥尔维茨1851年的著名研究，你将拥有初步的胜利。

选局220

斯图涅茨基　1939

白先（图220）

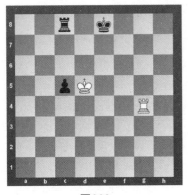

图220

这个局面展示了能够绝对掌控第7线有多么的强大。通过之后的走法白方会获胜：

1.Rg8+ Kd7　2.Rg7+ Ke8

2.Kd8 3.Kd6导致将杀或者得车。

3.Rh7!!

面对黑方的楚茨文克，一个令人难以置信的着法。

3.c4　4.Kd6!

白方威胁Rh8+，所以黑方必须反击，可惜所有的走法都会输，例如：4.Rd8+ 5.Ke6。白胜。

如果你不会忘记这个局面，当控制了第7线的时候，你总是会三思而后行，看看是否有神奇的存在。这是你应该做的事情，无论残局还是中局，因为车的正常价值相当大地增加了。

选局221

菲利道尔 1777

黑先（图221）

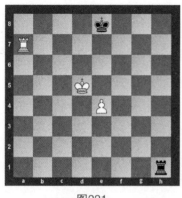

图221

在你下的所有残局中，大约有一半是车残局。但是如果你只知道一个重要的局面，那么它应该是菲利道尔局面！

黑方1.Rh6!走向和棋。

切断对方王的路线很重要，白王不能抵达第6线。

2.e5 Rg6

黑方保持车在第6线直到白方把兵挺进到第6线。

3.e6

白方威胁决定性的王的插入，因此黑方必须让车具有攻击性。

3.Rg1! 4.Kd6 Rd1+

这是拯救的思路。白方不能从后方阻碍将军，也不能给防守方制造任何危险。

5.Ke5 Re1+ 6.Kf6 Rf1+

和棋，因为白方不能将黑王从e8或e7赶走。

这是对拉斯克所说的"会用车才能下棋"这句话的一个简单而恰当的例证。

选局222

卢塞纳 1497

白先（图222-1）

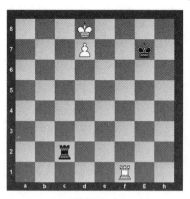

图222-1

第二个最重要的、必须要记住的车残局是来自15世纪的卢塞纳局面。

白方通过1.Rf4!获胜。

白方需要为王搭桥才能获胜。下面的走法还显太早：1.Ke7?! Re2+ 2.Kd6 Rd2+ 3.Ke6 Re2+ 4.Kf5 Rd2，因为它无处可去。白方必须从头再来，通过后续的着法搭桥：5.Ke6 Re2+ 6.Kd6 Rd2+ 7.Ke7 Re2+ 8.Kd8 Rc2 9.Rf4!。

1.Rf5!也获胜了，但是黑方能用王激起一些波澜，制造一些麻烦。记住，关键格是f4、f5和f8，黑方无法用王控制这些所有的格子！1.Kg6 2.Rf4（或2.Rf8 Kg7 3.Rf4!搭桥）2.Kg5 3.Rf8! Kg6 4.Ke7 Re2+ 5.Kd6 Rd2+ 6.Kc6 Rc2+ 7.Kb5。在这个最后的变化中，白方不需要桥。

1.Rc1 2.Ke7

王走出去的正确时机。

2.Re1+ 3.Kd6 Rd1+ 4.Ke6（图222-2）

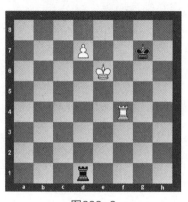

图222-2

4.Re1+

4.Rd2看起来更聪明，但之后，5.Rf5!和Rd5，白方仍然搭建了一个桥——但是在第5线。

5.Kd5 Rd1+ 6.Rd4

白方的桥（或伞）已完成，不再有烦人的将军（或倾盆大雨！）。

图223-1

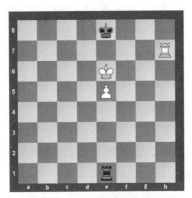

图223-2

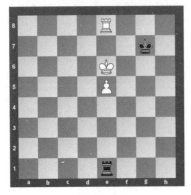

图223-3

选局223

菲利道尔 1777

黑先（图223-1）

白方威胁用下面手段获胜：1.Rh8+ Kd7 2.e6+，所以黑方必须立即对e兵施加压力。

1.Re1! 2.Ke6（图223-2）

2.e6按照之前菲利道尔局面，遭遇黑方的2.Rf1+；

同时2.Rh8+在2.Kd7之后没有用处，因为白方不能挺进e兵到e6。这是将车放在e线上的要点。

2.Kf8!

原则是王走短边，留长边给车。在这个局面中2.Kd8也是和棋，3.Rh8+ Kc7 4.Re8 Rh1 5.Kf7 Rh7+，接下来6.Kd7，长边足够长，可以让车发起令白方不安的将军。然而，当强势方有象前兵（c线或f线兵）时，把王走到兵位置的短边是至关重要的，这样长边可以随时地进行令人烦躁的将军，否则这个局面就会输掉，因为它会转移到卢塞纳局面。

3.Rh8+ Kg7 4.Re8（图223-3）

白方威胁把王走到d7，所以这是将车移到长边的信号，破坏白方制造卢塞纳局面的计划。4.Ra8，黑方通过4.Re2!维持对e兵的压力，5.Kd6，黑方回应：5.Kf7。

4.Ra1! 5.Rd8

5.Kd7 Ra7+ 6.Kc6 Ra6+导致一系列的将军，然后通过Kf7在正确的时刻威胁车。

5.Re1!　6.Kd6　Kf7

白方没有办法取胜，只能重复7.Rd7+ Ke8　8.Ra7 Re2　9.Ke6等。

选局224

万库拉 1924

白先（图224-1）

图224-1

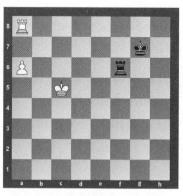

图224-2

让车使用长边的想法也是这个局面中万库拉获得和棋的主要方法，可以被视为继菲利道尔和卢塞纳之后的第三个重要的残局。

1.Ke5之后，黑方必须保持对a6兵的压力，这样白方就无法解放车。任何沿着第6线的移动都是合适。当白方接近黑车时，黑方把车返回f6，然后沿着f线将军。

走法如下：

1.Rb6　2.Kd5　Rf6!

最简单的着法。黑方的王最好被安置在g7或f7，不需要移动。谨防战术陷阱：2.Kf7?? 3.a7 Ra6 4.Rh8! R×a7 5.Rh7+，白方获得车。

3.Kc5（图224-2）

3.Rf5+

当进行将军时，车应该被放在f线。3.Rh6，导致失败，4.Kb5 Rh5+ 5.Kb6 Rh6+ 6.Kb7，在h7没有可行的将军，因为被黑王阻挡了。6.Rf6太晚了，白方回应7.Rc8，车的解放使白方很容易升变兵。

4.Kb6

4.Kd4之后，黑方冷静地走：4.Rf6!，维持对a6兵的压力。4.Rf4+?，导致失败：5.Ke5 Rf6（5.Ra4，在6.Kd5之后一样会输棋）6.Rg8+。

4.Rf6+

现在有必要将军，否则白方会解放他的车。

5.Ka7 Rf7+ 6.Kb8 Rf8+ 7.Kb7 Rf7+ 8.Kc6 Rf6+ 9.Kd5 Rb6

又是最简单的。

10.a7 Ra6 11.Kc5 Ra1 12.Kb6 Rb1+ 13.Kc7 Ra1，和棋。

白王在保护的时候无法逃脱车的将军，因此局面是必和棋。

选局225

卡斯特 1909

白先（图225-1）

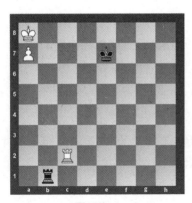

图225-1

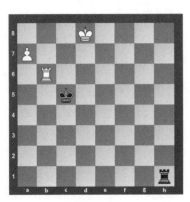

图225-2

当王处在边兵（a线或h线兵）前面的时候，如果白方能够在对方的王置于c7格之前到达b8，总是会获胜的。

1.Rc8 Kd6!

最严密的防御。1.Kd7，黑负，在平淡无奇的走法之后：2.Rb8 Rh1 3.Kb7 Rb1+ 4.Ka6 Ra1+ 5.Kb6 Rb1+ 6.Kc5。

2.Rb8 Rh1 3.Kb7 Rb1+ 4.Kc8!

4.Ka6朝着错误的方向迈出一步，之后4.Ra1+ 5.Kb6 Rb1+。这是黑方先手的要点。

4.Rc1+ 5.Kd8 Rh1 6.Rb6+!

6.Ke8?不起作用，6.Rh8+ 7.Kf7 Rh7+，兵丢掉了。

6.Kc5（图225-2）

6.Ke5 7.Ra6，很容易获胜。

7.Rc6+!

这是要记住的重要思路，因为它是唯一的获胜方式。

7.Ra6? Rh8+ 8.Kd7 Rh7+ 9.Ke8

（*提防9.Ke6?? Rh6+，黑胜！*）

9.Rh8+ 10.Kf7 Ra8 11.Ke7 Kb5 12.Ra1 Kb6 13.Kd6 R×a7 14.Rb1+ Ka5!

（*当然不能走14.Ka6?? 15.Kc6*）

15.Kc5 Rc7+，和棋。

7.Kb5 8.Rc8 Rh8+ 9.Kc7 Rh7+ 10.Kb8

白方下一步升后，白胜。

选局226

楚伊茨基 1896

白先（图226-1）

图226-1

当车处在第7线的边兵前面时，一切都取决于黑王的位置。胜利似乎是不可能的，除非具有战术资源。

1.Kf4（图226-2）

王在通向c5的路上，其他路线也是可以的，例如：1.Kf5。最主要的是将黑王引入c3，因为它必须要跟随白王，以避免出现决定性的将军，然后a8Q。

1.Kf2 2.Ke4 Ke2 3.Kd4 Kd2 4.Kc5 Kc3（图226-3）

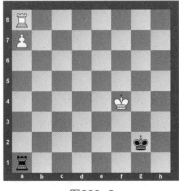

图226-2

图226-3

车将军是没有用的，因为：4.Rc1+ 5.Kb4 Rb1+ 6.Ka3 Ra1+ 7.Kb2，白方的威胁不仅仅是对黑车，也有Rd8+，接下来升变。

5.Rc8!!

这是重点。

5.R×a7 6.Kb6+

闪将之后，白方得车。这是伟大的残局作家楚伊茨基的明智的战术思想，你要记住！

选局227

格利戈里耶夫 1937

白先（图227-1）

图227-1

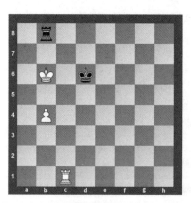

图227-2

在这个局面中，黑王被切断了与b兵的联系，车必须尽一切努力来实现和棋。

1.Ka4

1.Rc4 Ra8阻止白王进入到a4格。如果2.b5 Kd7! 3.Kb4 Rc8黑方获得和棋。

注意 1. Kd7?想法是之后走Rc8，会失败：

2.Ka4 Ra8+ （2.Rc8 3.R×c8 K×c8 4.Ka5!，白方获得对王的机会）

3.Kb5 Kd6 （3.Rb8+ 4.Ka6展现了车在c4的重要性）

4.Kb6 Kd5（4.Rb8+ 5.Ka7 Rb5 6.Ka6白方通过推进b兵获胜）

5.Rc5+ Kd4 （5.Kd6 6.Rc6+ Kd7 7.b5）

6.Rc6 Rb8+ 7.Ka5 Ra8+ 8.Ra6 Rc8 9.b5 Kc5 10.Ra7 Rh8 11.Rc7+ Kd6 12.b6，白胜。

1.Ra8+ 2.Kb5 Rb8+ 3.Ka5 Ra8+ 4.Kb6 Rb8+（图227-2）

黑方在b线和a线上有足够的空间，可以迫使白王回到b3。白方无法取得任何进展。注意如果将黑车置于b7，起不到作用，因为在竖线上的距离太短了。

选局228

格利戈里耶夫　1937

白先（图228）

图228

从b4兵算起，如果对方的王被隔离在3条竖线之外（c、d、e线），总是会赢的。王置于f线的哪里并不重要。这个残局的取胜关键是王获得有用的d6格（与b4兵在同一条斜线的格子）。

1.Kc4 Rc8+　2.Kd5 Rb8　3.Kc5 Rc8+ 4.Kd6!

王的理想格。

4.Rb8　5.Rb1 Ke8　6.Kc7 Rb5　7.Kc6 Rh5

7.Rb8　8.b5 Kd8　9.Rd1+ Kc8　10.b6，由于黑车状态不佳，白方获胜。

8.Rd1! Rh6+　9.Rd6

白方通过推进b兵取胜。

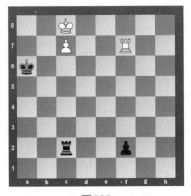

图229

选局229

拉斯克　1890

白先（图229）

白方拥有更灵活的王，此因素决定了这个残局。白方走：1.Kb8，强制黑方走：1.Rb2+。

2.Ka8 Rc2，白方给王创造了更多空

251

间：3.Rf6+ Ka5，之后重复这个流程。

4.Kb7 Rb2+ 5.Ka7 Rc2 6.Rf5+ Ka4 7.Kb7 Rb2+ 8.Ka6 Rc2 9.Rf4+ Ka3 10.Kb6 Rb2+（否则R×f2）11.Ka5 Rc2 12.Rf3+ Ka2 13.R×f2!

利用第2线的牵制。一个美丽的、有启发性的研究。

选局230

哥德堡－斯德哥尔摩

黑先（图230）

图230

如果黑方拥有灵活的车，即使在落后两个兵的情况下，也有机会获得和棋。

1.Ra4!

思路是白方无法做到在不丢一兵的情况下使车和王变得灵活，黑方获得和棋因为剩下的是一个边兵。

2.Rf3+ Kg6 3.Kf2

白方选择弃掉王翼的兵，利用黑方的王被切断路线的事实。然而，这个局面还是和棋。

3.R×h4 4.Ke2 Ra4 5.Kd2 Ra6 6.Kc2 Rf6!

拯救的思路。交换之后形成的兵残局很容易和棋。

7.Rd3 Kf7 8.Kb3 Ke7 9.a4 Rd6!

黑方取得和棋，没有任何困难。

选局231

卡斯帕罗夫－肖特

世界冠军赛 伦敦 1993

黑先（图231-1）

车和两个孤兵的局面通常的取胜方式是让一个兵进入第5线（针对白方来

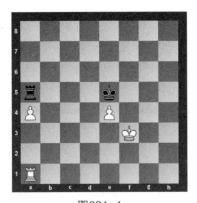

图231-1

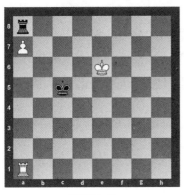

图231-2

图231-3

说），放弃另一个兵，使得防守方的王在吃完兵后被切断路线。在他们的世界冠军赛第九场比赛中，肖特错失了与卡斯帕罗夫和棋的机会。

这里肖特应该走：

46.Rc5!

而他在实战中却走了46.Ke6??，致命的错误，47.Ke3 Kd6 48.Kd4 Kd7 49.Kc4 Kc6 50.Kb4 Re5 51.Rc1+ Kb6 52.Rc4黑方认输。王被切断了路线，白方用e兵获胜。

47.Ra3

白方阻止在第3线的将军。47.a5不起作用，47.Rc3+ 48.Kg4 K×e4 49.a6 Rc8 50.a7 Ra8 51.Ra5 Kd4 52.Kf5 Kc4 53.Ke6 Kb4 54.Ra1 Kc5!（图231-2）

唯一的一着，驱赶白王。55.Kd7 Kb6 56.Rb1+ Kc5! 这是防御的要点。（*56.K×a7??在白方57.Kc7之后，黑负。*）

57.Rb7 Rh8!，白方无法进一步提升他的局面。

47.Rc4!

如果你不熟悉这个思路，这样的着法很容易被忽视。它彰显了防守方的车在横线和竖线上的工作能力，同时利用将军去获得决定性的一先。

48.a5 R×e4 49.a6（图231-3）

49.Rf4+!

没有将军黑方就会输棋。49.Rh4??50.Ra5+，接下来走a7获胜。

50.Kg3 Rf8 51.a7 Ra8

这个局面是和棋。

一个可能的结局是：52.Ra6 Kd5 53.Kf4 Kc5 54.Ke5 Kb5 55.Ra1 Kb6 56.Kd6 R×a7 57.Rb1+ Ka5!

但是不能走57.Ka6?? 58.Kc6，黑方为了避免一步杀只能丢掉车。

58.Kc5 Rc7+

一个有启发性的例局，展现了车的主要防御能力。

选局232

范·韦利 – 阮

奥赛 巴库 2016

白先（图232-1）

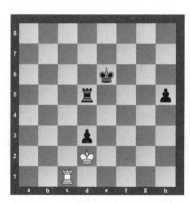

图232-1

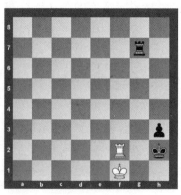

图232-2

在这里，兵更加分开，黑方中心兵在距离底线更近的位置。然而白方能够和棋，通过吃掉d3兵，同时王在h兵的正方形内的事实。

92.Rh1!

白方在控制h兵的过程中采取迂回路线吃掉d3兵。立即去征服c兵会导致速败：92.Rc3?? h4 93.R×d3 h3。

92.Kf6 93.Rh3 Kg5 94.R×d3

白方明智的下法给他带来了d3兵，而黑方剩余的兵将变得无害。

94.Rf5

过渡到兵残局：94.R×d3+ 95.K×d3 Kf4 96.Ke2 Kg3 97.Kf1导致了理论和棋。 94.Re5 95.Re3。

95.Ke2 Kg4

95.h4 96.Rf3!众所周知的解除对方车对f线控制的方法。

96.Rd8 h4 97.Rg8+ Kh3 98.Rg7 Kh2

99.Rg4 h3 100.Rg8 Ra5　101.Kf1 Ra1+　102.Kf2 Ra2+　103.Kf1 Rg2 104.Rf8 Rg7　105.Rf2+（图232-2）

105.Kg3

105.Kh1　106.Rf8 h2　107.Rf6 Rg1+　108.Kf2 Rg2+ 109.Kf1，黑方不能取胜因为王无法离开角落。

106.Kg1 Ra7　107.Rg2+!

一定要记住的典型的和棋方法。107.Rf1，也是理论和棋。

107.h×g2，逼和。

选局233

格利戈里奇 – 斯梅斯洛夫

莫斯科 1947

白先（图233-1）

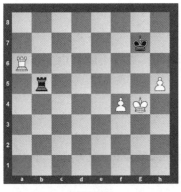

图233-1

车兵残局和象兵残局比较常见，熟练掌握很重要。尽管它是理论和棋，但是进攻方时常会获胜。最著名的例局之一是卡尔森-阿罗尼扬，2004年在的黎波里的国际棋联淘汰赛，卡尔森输掉了。这证明了这个残局可能很棘手，并且每步棋只有30秒时间。这个残局的走向是：h兵被当作诱饵以便让f兵变后。

在格利戈里奇和斯梅斯洛夫对弈的、著名的车残局中，黑车暂时从横线上切断了王的路线，表现良好。

83.Rg6+

白方希望王表明意图。83.f5，在第5线堵住了强大的车，但是之后85.Rb1！，车仍会活跃在对方的王和兵的后面。

83.Kf7!

王的基本原则是：它应该放在f7上，直到有生命的危险，并且王冒着被驱赶到底线的风险。如果真的发生那样的事，王宁可被放到g7。之后它能走到

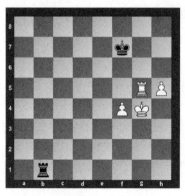

图233-2

h6，堵住h兵。83.Kh7不会输棋，但会让防御变得更棘手。

84.Rg5

黑车对白王来说很烦人，所以白方强迫它改变方向。

84.Rb1!（图233-2）

这是一个极好的格子，因为如果有必要，车有将军的可能性，在第3横线以及白方棋子后面的3条竖线上。

85.Rc5

85.h6被最好的强大等着回应：85.Ra1!

（如果：85.Rg1+? 86.Kf5 Rh1 87.Rg7+白胜，因为王被驱赶到了底线。）

86.Rh5（86.Kf5 Ra5+或 86.h7 Rg1+ 87.Kf5 Rh1都是和棋。）

86.Kg8

87.f5（87.h7+ Kh8）

87.Kh7，和棋局面，因为白方不能在不丢兵的条件下使车活跃。

85.Kf6 86.Rc6+ Kg7!

黑方必须提防陷阱。86.Kf7? 87.Kg5 Rg1+ 88.Kf5，黑方不能阻止王被赶到底线，因为88.Kg7 89.Rg6+。

87.Kg5（图233-3）

87.Rg1+!

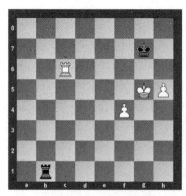

图233-3

这是主要的防御思路。黑方必须尽可能的让王保持灵活。

88.Kf5 Ra1

这是车的理想格，一个常见的思路是在a1和b1格上来回移动，直到白方表明他的意图。

89.Rc7+

如果89.Rg6+，那么黑方通过89.Kf7或89.Kh7保持王在第7线。

89.Kh6 90.Re7 Rb1 91.Re8 Kg7

图233-4

图233-5

92.Re5 Ra1 93.Rd5 Rf1

93.Rb1更符合之前的下法。

94.Rd4 Ra1 95.Rd6 Ra5+ 96.Kg4 Ra1

96.Rb5也不错，如前所述。

97.Re6 Rg1+ 98.Kf5 Ra1 99.h6+（图233-4）

99.Kh7!

黑方保持对h兵的压力。

100.Rd6 Ra2 101.Kg5 Rg2+ 102.Kf6 K×h6!

吃兵的最佳时机。

103.Ke7+（图233-5）

103.Kh7

103.Kg7也是和棋，104.f5 Re2+ 105.Re6 Rf2 106.Rg6+ （或者106.f6+ Kg6） 106.Kh7 107.Kf6 Ra2。

104.f5 Re2+ 105.Re6 Ra2 106.f6

选局234

接续上一个选局233的最后一着106.f6

黑先（图234-1）

图234-1

根据鲍特维尼克的说法，充分理解在一个侧翼上两个不相连的多兵局面是很必要的（王也可以被放在f7上，没有明显差异），以便正确地进行残局。

106.Ra8!

获得和棋的唯一着法。阻止白方用王在f8建立卢塞纳局面。如果黑方忽略这点，采取下面等待的策略106.Ra1?，白方获胜：

107.Kf8 Ra2 108.f7 Ra8+ 109.Re8

（109.Ke7 Kg7和棋）

109.Ra7 110.Rd8

【也可以沿着e线移动车（e4-e1），威胁在h线将军，接着Kg8，例如：110.Re2 Ra8+ 111.Ke7 Ra7+ 112.Kf6 Ra6+ 113.Re6 Ra8 114.Re8】

110.Kg6 111.Rd6+ Kh7 112.Ke8 Ra8+ 113.Rd8。

图234-2

107.Kf7 Kh6（图234-2）

一个重要的理论和棋局面已经出现。黑方也可以走107.Rb8，因为这一侧足够长。

108.Re1

108.Re8之后，Kf8，然后f6-f7，黑方阻止卢塞纳局面，通过108.Ra7+（108.Ra6也是好的）

109.Re7（109.Kf8 Kg6）

109.Ra8（最简单的109.Ra1 110.Kf8 Kg6 111.f7 Kf6! 112.Re8 Ra7也是和棋）

110.Rd7 Rb8 111.Ke7 Kg6，和棋。

108.Ra7+ 109.Re7 Ra8 110.Rd7 Kh7 111.Rd1 Ra7+ 112.Ke6 Ra6+ 113.Rd6 Ra8 114.Rd4 Kg8 115.Rg4+ Kf8，同意和棋。

如果防守方懂得如何调动王和车，那么按照我们刚刚看到的方法获得和棋是没有问题的。我建议你作为防守方与电脑对抗练习这个残局，以确保你能够获得和棋。

选局235

克林/奥尔维茨 1851

白先（图235-1）

如果黑方不将车从重要的第6线移开，这会是简单的和棋。

例如：1.Kg4 Rc6 2.Rf4 Ra6 3.Rf6+ R×f6 4.g×f6 K×f6，对白方不起作用，因为剩下的兵是边线兵。注意，如果两个兵都向左移动1格，就可获胜。

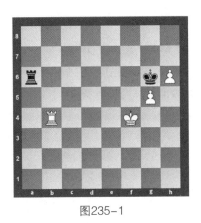

图235-1　　　　　　　　　　图235-2

1.Rb8 Ra4+ 2.Ke3 Ra7!

另一种和棋方式：2.Ra5! 3.Rg8+ Kh7 4.Rg7+ Kh8等。

3.Rg8+ Kh7（图235-2）

白方无路可走。

选局236

卡斯帕里安 1927

黑先（图236）

图236

如果g兵在第6线被防守，在王和车被精确调动之后，会是胜局。黑方最好的防御是：1.Re1+。

替代方案是：

a）1.Ra6 2.Rd7 Rc6 3.Kd8+ Kf8 4.Rf7+ Kg8 5.Re7!。车必须控制第6线，以便能够将h兵推到h6。 5.Kf8 6.Kd7 Rb6 7.Re6 Rb7+ 8.Kd6 Rb6+（8.Rb1 9.h6）9.Ke5 Rb5+ 10.Kf6，接下来g6-g7+或h5-h6，白胜。

b）1.Kh6也会输，续着：2.Rd7! Rf1 3.Ke8! Re1+ 4.Re7 Rc1 5.g7 Kh7 6.Kf8 Rc8+ 7.Kf7 Rd8 8.h6，下一步Re8，白胜。

2.Kd8 Rh1!

2.Kg8 3.h6 Re6 4.h7+ Kh8 5.Rg5 Kg7 6.Rh5 Kh8 7.g7+，白胜。

或者：2.Kh6 3.Rd7 K×h5 4.g7 Rg1 5.Ke8 Kh6 6.Kf8白胜。

3.Rd7+ Kf8 4.Rf7+ Kg8 5.Rh7 Ra1 6.Rc7 Ra5 7.Ke7! Ra6

7.R×h5 8.Kf6。

8.Kd7

这个残局的获胜关键是控制第6线。

8.Kg7 9.Kc8+ Kg8 10.Rd7 Rc6+ 11.Kb7 Re6 12.Kc7 Rf6 13.Rd6

任务完成！

13.Rf1 14.h6

世界冠军挑战者卡鲁阿纳曾表示，他对车残局两兵对一兵进行了深入研究。通过这种方式，总体上他学到了大量的车残局知识，因为在每一个兵被交换后都要进行局面的评估。下面的局面很好地说明了这一点。

选局237

卡特鲁林－伊纳克

莫斯科 2006

白先（图237-1）

常识告诉我们，白方应该把王走到g2，保护g3弱点，同时防止黑王在王翼渗透。然而，这种思维方式被证明是错误的。

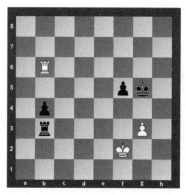

图237-1

46.Kg2??，这样走会导致输棋，续着：46.f4! 47.g×f4+ K×f4 48.Kf2 Rb2+ 49.Ke1 Ke3 50.Kd1 Kd3 51.Kc1 Kc3 52.Rh6 Kb3，因为白方不能阻止黑方到达卢塞纳局面。

之后：53.Rh3+ Ka2 54.Rh4 Rb1+ 55.Kd2 b3 56.Ra4+ Kb2 57.Ra8 Ra1 58.Rb8 Ra7 59.Kd3 Rd7+ 60.Ke3 Kc2 61.Rc8+ Kb1 62.Rb8 b2 63.Rb6 Ra7 64.Kd2 Ka1，白方认输。

现在，我们看看白方如何挽救这个局

面。

解决方案：46.Ke2!!（图237-2）

46.f4

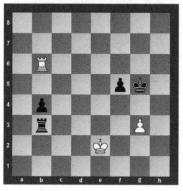

图237-2

46.R×g3　47.R×b4，最终走向了著名的Philidor（菲力道尔）局面，简单的和棋。

46.Kg4　47.Rg6+ Kh3　48.Rg5，王翼兵一个接一个地消失对白方有利，因为黑方的王接触不到b兵。

47.g×f4+ K×f4　48.Kd2 Ke4　49.Kc2 Rc3+　50.Kb2

白王位于b兵之前，而不是周围其他的地方。所以在"有逻辑的"46.Kg2和"无逻辑的"46.Ke2之间有巨大的区别。

选局238

乔基齐－特里富诺维奇

南斯拉夫　2011

白先（图238-1）

图238-1

一个相当典型的错误，过早升变，在接下来的走法中很容易迷失。白方走：62.f8Q? R×f8　63.R×f8 Kb3　64.Kd5

【64.Ra8 a2　65.R×a2（图238-2）

65.K×c3!! 白方很可能错过了这个拯救行动。66.Kd5 Kb3　67.Rh2 c3　68.Kd4 c2 69.Rh1 Kb2，白方只能弃车换兵，和棋。

如果65.K×a2　66.Kd5 Kb3　67.Kd4白方简单地获胜。】

64.K×c3　65.Rf3+ Kb2　66.K×c4 a2　67.Rf2+ Ka3!

（67.Kb1? 68.Kb3 a1N+ 69.Kc3白胜）

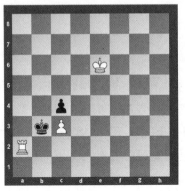

图238-2

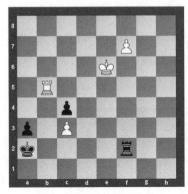

图238-3

68.Rf3+ Kb2 69.Rf2+ Ka3 70.Rf1 Kb2，双方同意和棋。

正确的是：**62.Rb5!**（图238-3）

对于Rf5威胁更好的是搭桥，而对局的着法只能导致和棋。

62.R×f7

62.Ka1 63.Rf5 R×f5 64.K×f5 a2 65.f8Q Kb2 66.Qb4+ Kc2 67.Qa3 Kb1 68.Ke4 a1Q 69.Q×a1+ K×a1 70.Kd4，白胜。

63.K×f7 Ka1 64.Rb4 a2 65.R×c4 Kb2 66.Ra4

a兵在下一步被吃掉，白方可以简单获胜。

记住，搭桥不仅仅只在卢塞纳局面中。

选局239

拉斯克 – 鲁宾斯坦

圣彼得堡 1914

白先（图239-1）

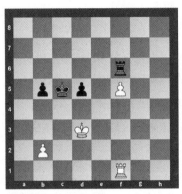

图239-1

在通路兵后面拥有一个更灵活的车的好处是，有时可能会使对手处于只能恶化自己局面的境地。

59.Rf4!

白车有效地将黑方置于楚茨文克。

59.b4

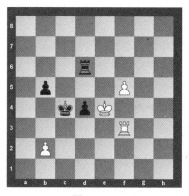

图239-2

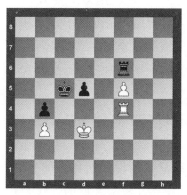

图239-3

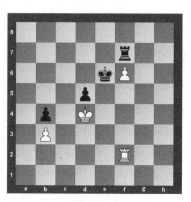

图239-4

59.d4在中心给白王自由的通道。可能的续着是：60.Ke4 Rd6 61.Rf3!白方必须阻止黑方的通路兵在他之前挺进。61.Kc4（图239-2）

62.f6!（这一着实际上有效，因此无须用62.Rd3或62.b3+阻止d兵。）

62.Re6+（兵的赛跑对白方最有利，如果：62.d3 63.f7 d2 64.f8Q d1Q 65.Qc8+ Kb4 66.Qc3+ Ka4 67.Qa3#，将杀。）

63.Kf5 Re3 64.Rf4! Re8 65.f7 Rf8 66.Ke6 b4 67.Ke7 Rh8 68.f8Q R×f8 69.K×f8 Kd3 70.Ke7 b3 71.Kd6 Kc2 72.Kc5 d3 73.Kc4 d2 74.Rf2，白方下一步吃掉d2，然后仍然用兵取胜。

60.b3（图239-3）

黑子必须让位于白方军队。

60.Rf7

60.Kc6 61.Kd4 Kd6 62.Rf2 Rh6 63.f6 Rh4+ 64.Ke3 Rh3+ 65.Kf4 Ke6

66.f7!赢得这个局面的一个重要战术要点。

（66.Kg4?导致和棋，66.Rh8）

66.Rh8 67.Kg5 Rf8 68.Kg6 d4 69.Kg7，简单取胜。

61.f6 Kd6 62.Kd4 Ke6 63.Rf2!（图239-4）

63.Kd6

63.R×f6 64.R×f6+ K×f6 65.K×d5 Ke7 66.Kc5 Kd7 67.K×b4 Kc6 68.Ka5，白方兵残局获胜。

64.Ra2 Rc7 65.Ra6+ Kd7 66.Rb6

拉斯克精彩的残局下法，展示了如何灵活自如地运用车。首先，用车走了一步等着，然后从f2摆到a2，用Ra6和Rb6的调动决定对局。

选局240

凯列斯－鲍特维尼克

海牙/莫斯科 1948

白先（图240-1）

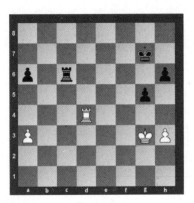

图240-1

当白方落后一兵时，作为防守方，下法必须积极，充分利用剩余的棋子，尤其是车。这里黑方的威胁是走Rc3+，吃掉a兵，所以白方面对的问题是找到最准确的防御方式。

白方凯列斯走了50.a4，不是符合原则的着法。

根据鲍特维尼克的说法，灵活的"50.Ra4无法保证一定是和棋，之后的走法是：50.Kf6 51.h4 g×h4+ 52.K×h4 Ke6 53.Kg4 Kd6，接下来Kc7和Kb6。白方仍然要克服许多困难才能取得和棋。鲍特维尼克建议54.Ra5!，在第5线切断王的路线，接下来：54.Kc7 55.Rh5! Kb6 56.Kf4白方拥有极大的和棋可能性，这要归功于他的灵活的车。

另一个有趣的备选方案，鲍特维尼克没有提到：50.h4!?。如果白方设法消除王翼的所有兵，他应该会获得确定的和棋机会。之后的走法：50.Rc3+（更活跃的是：*50.g×h4+ 51.K×h4 Kg6*）

51.Kg4 g×h4 52.Rd7+ Kf8 53.K×h4 R×a3 54.Kh5 Ke8，白方的灵活性弥补了两个兵的差距，是和棋的保障。

50.Kg6 51.h4（图240-2）

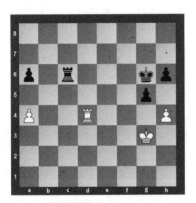

图240-2

51.Kh5

"有必要保持由车防守h6兵，然后黑王将获得行动自由。兵在g5拖累了王，白方可以轻松获得和棋。"

鲍特维尼克建议51.g×h4+，但是52.K×h4，黑方有两个边兵，如果白方积极地运用王和车，那么黑方应该不足以获胜。

52.h×g5　h×g5

选局241

接续上一个选局240最后一着52.h×g5

白先（图241）

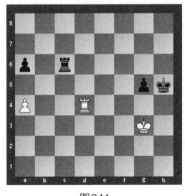

图241

53.Rd3?

"白方认为他不得不防御第3线，但他输了。另一种情况53.Rd5!将导致和棋，因为两个黑方的子与他们的兵的防御紧密地联系在一起。"确实如此，在车残局中，如果白方的车走得过于消极，相当于自杀。

53.Rc4!

凭借一个向好的兵和更灵活的车，黑方正在走向胜利。

54.Ra3 a5　55.Kh3 Rb4　56.Kg3 Rf4 57.Ra1 Rg4+ 58.Kh3 Re4　59.Ra3 Kg6　60.Kg3 Kf5　61.Kf3 Ke5 62.Kg3 Rd4 63.Ra1 Kd5　64.Rb1 Rb4　65.Rf1 Ke4　66.Re1+ Kd4 67.Kh2

鲍特维尼克写道，最后的希望是：67.Kf3，在他已有的计划之上：67.g4+ 68.K×g4 R×a4，接下来69.Rc4导致胜利。问题是白方有一个和棋机会，走法：69.Kf4，例如：69.Rc4 70.Rd1+ Kc5+ 71.Ke3。王距离a兵太近了，是确定的和棋。

（如果：67.g4+??黑方应该保住这个兵；

67.Kc3 68.Rg1 g4+，黑方很容易获胜。）

67.R×a4　68.Rg1 Rc4　69.R×g5 a4　70.Kg2 Kc3　71.Kf3 a3　72.Ra5 Kb3，白方认输。

选局242

阿廖欣－卡帕布兰卡

世界冠军赛 布宜诺斯艾利斯 1927

白先（图242-1）

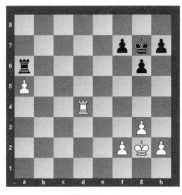

图242-1

图242-2

这个著名的局面来自第34届世界冠军赛阿廖欣和卡帕布兰卡的比赛对局，这是教科书式的演示，展示了在车残局中如何运用位于棋盘边上的、额外的通路兵，此时强方的车位于通路兵的后面。

白方阿廖欣走了：54.Ra4!

这一着是为了获胜而制订的具有6个阶段计划的第一步。由于白车被放置在通路兵的后面，所以黑方被迫将车放在兵的前面，从而使车降低了能力，显得过于消极、被动。54.Rd5也是有可能的，事实上阿廖欣在第52回合时走了这步，虽然它不是车的最强位置。塔拉什曾说过，车应该在通路兵的后面，无论对于进攻方还是防守方，他的说法当然也适用于这个局面。

54.Kf6 55.Kf3

第二步：把王走向中心。

55.Ke5 56.Ke3（图242-2）

56.h5

黑方陷于楚茨文克，被迫移动了一个王翼的兵。事实上将令白方未来在侧翼的攻击更容易。

黑方不能移动车，因为：56.Ra7 57.a6只会提升通路兵的位置；

而56.Kf5，允许白方 57.Kd4，随后对车进行攻击；

56.Kd5让白方有机会用57.Kf4开始对王翼进行攻击。

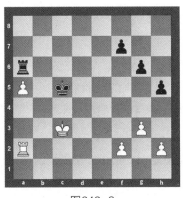

图242-3

57.Kd3

第三步：用王对车进行攻击。如果白方没有获得攻击车的可能性，他就会转到第四步，去攻击王翼的兵。

57.Kd5　58.Kc3　Kc5　59.Ra2!（图242-3）

在这个残局中，黑方第二次陷于楚茨文克。

59.Kb5

现在我们区别于实际对局，给双方配备最好的着法。

60.Kd4!

第四步。

60.Rd6+!

对于车来说是最好的防御，王替换了车的位置，堵在a6。

61.Ke5 Re6+　62.Kf4 Ka6　63.Kg5

王在前往g7的路上，向黑方兵链中最薄弱的f7兵施加压力。

63.Re5+　64.Kh6 Rf5　65.f4

在把王走到g7之前，首先通过h2-h4去阻止g6-g5，防止在王翼不必要的换兵。

65.Rd5!　66.Kg7 Rd7　67.Kf6（图242-4）

f7被很好的防御住了，因此白方将注意力集中在g6兵上。

67.Rc7　68.f5!

白方以谨慎、细致的技术打破了黑方的兵链。

另一个更平淡的获胜方法是：68.Re2 K×a5 69.Re7 Rc2 70.K×f7 R×h2 71.K×g6 Rg2 72.Re5+! Kb6 73.Rg5，白方下一步拿下了h5兵。

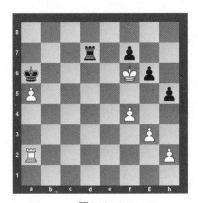

图242-4

68.g×f5

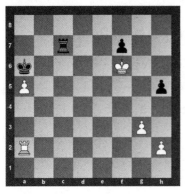

图242-5

68.Rc6+ 69.K×f7 g×f5 70.Rf2 导致黑方的兵像成熟的果实一样落下。

69.K×f5

黑方现在有两个严重的兵弱点。

69.Rc5+ 70.Kf6 Rc7（图242-5）

71.Rf2!

第五步：弃掉a兵，换取黑方剩余的两个兵。

71.K×a5 72.Rf5+ Kb6 73.R×h5 Kc6

74.Rh7 Kd6 75.R×f7

黑方可以认输了，不需要屈辱地等待第六步：兵升变。

选局243

坎托罗维奇/斯特克纳/波戈相

2011

黑先（图243）

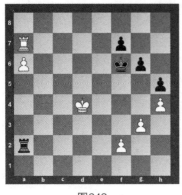

图243

根据斯特克纳的分析，直到2011年，这个残局才被认为是可以获胜的。但坎托罗维奇和波戈相始终认为这是一场平局——他们是对的！这是实现它的方法。

1.g5!

斯特克纳建议：

1.R×f2? 会输棋，**2.Rc7! Ra2 3.a7 Kf5 4.Kc4!!** 。后面的思路是4.Kg4 5.Kb3，白方不仅威胁车，还要Rc4+，然后Ra4，获胜。

2.h×g5+

2.Kd5 g4!!，和棋。

2.K×g5 3.Kc5 Kg4 4.Kb5 R×f2 5.Ra8 Rb2+ 6.Kc4 Ra2 7.Rg8+ Kf3 8.Kb5 Rb2+ 9.Kc6 Ra2 10.Kb7 Rb2+ 11.Ka8 f5! 12.Rg5 f4! 13.g×f4 h4!

14.f5 Kf4　15.Rh5 Kg4　16.Rh8 K×f5　17.R×h4 Ke6

众所周知，这是一个和棋的局面。要记住的关键思路是：保持王翼的活跃，特别是g兵。通过阅读*Dvoretsky's Endgame Manual*可以更深入地研究复杂的车残局。

选局244

拉斯克－列文菲什

莫斯科　1925

白先（图244-1）

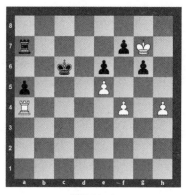

图244-1

图244-2

这个局面从表面上看是白方输棋，实际上拉斯克确实错过了一场奇迹般的和棋。在这里他本可以做出一个惊人的突破49.f5!!。

在实际对局中，拉斯克走出了49.Kf6?，失去了重要的先手，也输了比赛。

49.e×f5（图244-2）

49.g×f5?输棋，之后的走法：50.h5，50.f6+

【用50.Rb7活跃车，但无济于事，后续着法：51.h6 Rb1　52.h7 Rg1+　53.K×f7 Rh1　54.Kg7 Rg1+　55.Kf6 Rh1　56.Kg6 Kb5（56.Rg1+　57.Kh5 Rh1+　58.Rh4白方通过搭桥获胜。）

57.Rd4 a4　58.Rd8】

51.K×f6 f4　52.h6 f3　53.Kg6 f2　54.Rf4 Kd5　55.h7 K×e5　56.R×f2

（不能走56.h8Q+? K×f4，和棋。）

56.Ra8　57.Ra2 Kd4　58.R×a5 Rh8　59.Kg7 Re8　60.Kf6 Rh8

（60.e5　61.R×e5 R×e5　62.h8Q通向了

声名狼藉的后对车的残局。）

61.Ra4+! Kd5　62.Kg7 Re8　63.h8Q R×h8　64.K×h8 e5　65.Kg7黑王被切断了路线，所以白方在车对兵中很容易获胜，之后的走法：65.e4　66.Kf6 e3　67.Kf5 e2　68.Re4。

50.e6!

用另一个兵突破，确保白方远方通路兵有王的支持，如此强大的有利条件，导致了强制性的和棋。

50.f×e6+　51.K×g6 Kb5　52.Ra1 f4　53.h5 e5

53.f3不会改变裁定，之后的着法：54.Rf1! a4　55.R×f3 a3 56.Rf1 a2 57.Ra1 Kc4 58.h6 Kb3 59.h7 Ra8 60.Rh1! Kb2 61.Rh2+ Kb3 62.Rh1。

54.Re1!

唯一的和棋着法，因此白方必须谨慎。

54.Kc4

54.a4　55.R×e5+ Kc6　56.Re4 a3　57.R×f4 a2　58.Rf1 a1Q 59.R×a1 R×a1 60.h6，和棋。

55.R×e5 Kd3　56.h6 f3　57.h7 R×h7　58.K×h7 f2　59.Rf5 Ke3　60.Rf8 a4　61.Re8+ Kf3　62.Rf8+ Kg2　63.Rg8+ Kh3 64.Rf8

遗憾的是拉斯克错过了这种美好的可能，但它只是向我们表明即使对于世界上最好的棋手来说，车残局也是很棘手的。

选局245

汉森－塞塔吉

奥赛 塞萨洛尼基 1984
白先（图245-1）

获胜的计划是通过调动Kf3-g4-h5，接着f4-f5-f6攻击h6兵。黑方对此无能为力，因为f6削弱了g6格。

34.Kf3 Kf8

黑方必须照顾两个弱点。首先，他必须控制通路兵；其次，他必须阻止白方对h6兵的潜在攻击。这当然是不可能完成的任务。

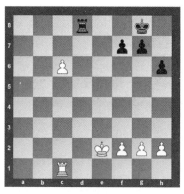

图245-1

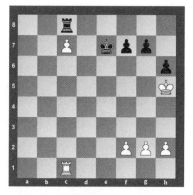

图245-2

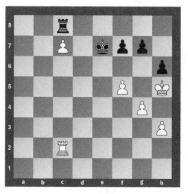

图245-3

35.Kg4 Ke7

35.g6削弱了f6格，白方可以利用它。36.c7 Rc8 37.Kf4! Ke7 38.Ke5，黑方陷于楚茨文克。

36.c7 Rc8 37.Kh5（图245-2）

37.Kf6

过渡到兵残局：37.Kd7 38.f4 R×c7 39.R×c7+ K×c7导致输棋，续着：40.f5 Kd6 41.f6 g×f6 42.K×h6 Ke5 43.Kg7 Kf5 44.K×f7。

38.Rc6+ Ke7

38.Ke5，白方回应：39.g3和f4。

39.f4 Kd7 40.Rc2 Ke6 41.g4 Kf6 42.Rc6+ Ke7 43.f5 Kd7 44.Rc2 Ke7 45.h3（图245-3）

黑方陷于楚茨文克。

45.Kf8 46.f6 Kg8 47.Rc6 Kh7 48.f×g7 K×g7 49.g5!

白方通过在棋盘的另一侧得到一个新的通路兵获胜。

49.h×g5 50.K×g5 f6+ 51.Kf5 Kf7 52.h4，黑方认输。

白方在车残局中精彩的表演。注意，当白方试图在王翼挑起弱点时，黑方是很无助的。这个残局让人想起下一个遵循相同原则的例子，然而这里黑方的车更消极。

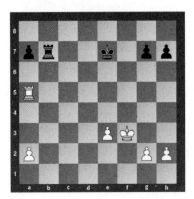

图246-1

图246-2

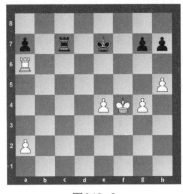

图246-3

选局246

鲁宾斯坦－拉斯克

圣彼得堡 1909

白先（图246-1）

当你多一个兵和更多活跃的子时，你可以遵循鲁宾斯坦的多步骤计划。首先要做的就是尽可能地固定住黑王。

28.Ra6! Kf8

黑方不能通过走到b8来释放车，因为白方会用王和通路兵来决定这一局的胜负。鲁宾斯坦的下一步计划是尽可能让王和兵活跃起来。

29.e4 Rc7（图246-2）

30.h4!

在挺进通路兵之前，白方在王翼占据空间。这也代表了对之后Rc2的防御，因为当白方的王向上移动时，它消除了第2线没有保护的兵的危险性。

30.Kf7 31.g4 Kf8 32.Kf4 Ke7

黑方只能等待，避免弱点。

33.h5（图246-3）

重要的是要认识到，白方只靠e兵是无法取胜的。根据两个弱点的原则，挑起王翼的另一个弱点至关重要。

33.h6

从长远来看，黑方无法避免王翼的弱点。现在在鲁宾斯坦计划的最后一个阶段，利用刚刚在g6上造成的弱点。如果黑方继续他的等待策略，白方仍然会加强一个弱点，续着：33.Rb7 34.g5 Rc7 35.e5 Rb7 36.Kf5 Rc7 37.g6。这一着

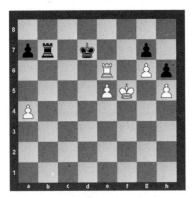

图246-4

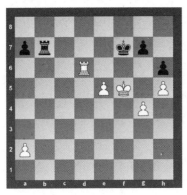

图246-5

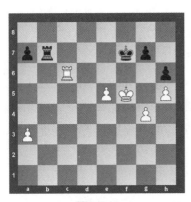

图246-6

挺进兵确保了对重要的f7格的控制。37.h6 38.a4 Rb7 39.Re6+! Kd7（**图246-4**）

（如果：*39.Kf8 40.Rc6 Ke7 41.Rc8黑方不能阻止下一步 42.Rg8。这就是为什么控制f7格是如此重要的原因之一。*）

40.Rf6!!，这样的战术技巧总是在有王支持的高兵中成为现实。41.Ke8

（*40.g×f6，导致快速输棋：41.g7 Rb8 42.e×f6下一步 43.f7。*）

41.Rf7!，我们再次意识到在对方领地深处的f7格的巨大重要性。

41.R×f7+ 42.g×f7+ K×f7 43.e6+ Ke7 44.Ke5!，白胜。

34.Kf5 Kf7 35.e5 Rb7 36.Rd6（**图 246-5**）

36.Kf8

36.Rc7白方以假装的弃子回应：37.Rd7+! R×d7 38.e6+ Ke7 39.e×d7 K×d7 40.Kg6，白方在王翼得兵。

37.Rc6!

37.Rd8+ Ke7

37.Kf7 38.a3!（**图246-6**）

白方避免可能的Rb4，并且要让黑方陷于楚茨文克的状态下。黑方拉斯克认输。

一个可能的续着是：38.Kf8。

如果：38.Re7 39.e6+ Kg8 40.Kg6 Re8 41.e7!接下来 42.Rd6和 43.Rd8。

或者：38.Ke7 39.Kg6 Kf8 40.Rc8+ Ke7 41.K×g7，黑方的局面散架了。

39.Kg6 Rb3 40.Rc8+ Ke7 41.K×g7 R×a3 42.K×h6 拉斯克不想忍受这场大屠杀是可以理解的。

选局247

杜拉斯 – 卡帕布兰卡

纽约 1913

黑先（图247-1）

图247-1

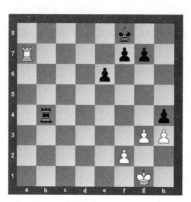

图247-2

卡帕布兰卡走了**38.h5**，但更精确的是**38.g5!**，阻止白方交换他的h兵。然后黑方增加了向下挺进兵的机会。注意，黑车被放置在第4线，非常不错。如果不是这样，白方会走38.h4!，接着g2-g3，建立三兵对四兵情况下最有抵抗力的兵阵。f2-g3-h4的兵涛在其他的残局中也是非常有效的防御阵型。但在马残局中，h2-g3-f4更加有利。

39.g3!

阻止黑方的兵走到h4，固定g2兵是有必要的。

39.h4（图247-2）

39.g5走得太早了，因为40.Ra5 f6 41.Ra7!，王被切断路线，隔离在底线。

40.g×h4?

正确的是：40.g4，目的是用g兵交换更强的f兵。f4的弱格并没有那么严重，白方会向黑方局面中最弱的兵施压，使黑方更难活跃他的王。

40.R×h4

在这种有利的交换之后，黑方将更容易制造出一个e线的通路兵。

41.Kg2 e5

41.Rd4! 42.Kg3 g5!是最强的续着，不允许h兵进一步前进。之后43.Ra5 Rd5黑方计划挺进g5，然后f5。

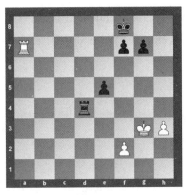

图247-3

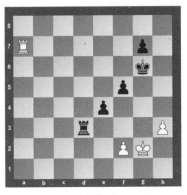

图247-4

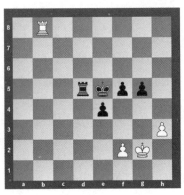

图247-5

42.Kg3 Rd4（图247-3）

42.g5落入白方的手里 43.Ra5 f6 44.Ra7。

43.Ra5?

拉比诺维奇建议的续着：43.h4! f6
44.Rb7 Kg8 45.Ra7 Kh7 46.Rb7 Kg6 47.Re7
Rd3+ 48.Kg2 Rd5 49.Kg3 f5 50.Re8 Rd3+
51.Kg2 e4 52.Rh8! f4 53.h5+ Kg5 54.Re8 Rd4
55.Re7 Kf6 56.Re8 Kf5 57.Rf8+和棋的机会。
确实如此，因为接下来：57.Kg4 58.Rf7 Rd2
59.R×g7+ K×h5 60.Kf1，基本的和棋局面。

43.f6 44.Ra7 Kg8 45.Rb7 Kh7 46.Ra7
Kg6 47.Re7 Rd3+ 48.Kg2 Rd5 49.Kg3 f5
50.Ra7 Rd3+ 51.Kg2 e4（图247-4）

52.Ra4?

52.h4!，符合原则的着法。如果h兵可以
被推进，那么就应该推动它，因为白方可以
从交换中获益。

52.Kg5!

黑方已经占领了大量的空间，但是如果
下法精确，仍然是和棋。

53.Ra5 g6 54.Rb5

54.Ra6输棋，之后的走法：54.Rd2!
55.Re6

（55.Ra3 f4；55.Kf1 Rd1+；55.Kg1 f4）

55.Kf4

54.Kf4 55.Ra5

55.Rb6 Rd2

55.Rd2 56.Ra4 g5 57.Rb4 Ke5
58.Rb5+ Rd5 59.Rb8（图247-5）

59.f4?

59.Rd1 60.Re8+ Kf6 61.Rf8+ Ke6

62.Re8+ Kf7 63.Re5 Kf6 64.Re8 Re1! ，根据斯梅斯洛夫和Levenfish，白方对f4无能为力。这个计划在 1930年 黑斯廷斯，卡帕布兰卡和耶茨的车残局中被采纳，所以卡帕布兰卡似乎是从实际对局中学到的。

60.Rg8?（图247-6）

60.Kf1! Rd1+ 61.Ke2正确的和棋机会。确实，在h3的兵很弱，但是在e4和g5上的兵也是如此。

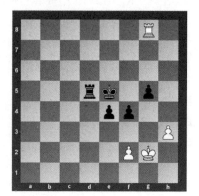

图247-6

60.Kd4?

斯梅斯洛夫和Levenfish建议：60.Rd2 61.R×g5+

（*61.Kf1 f3 62.Ke1 Re2+ 63.Kf1 Ra2 64.Ke1 Ra1+ 65.Kd2 Rf1*）

61.Kf6 62.Rg4 Kf5 63.Kf1 f3 64.Ke1 Re2+ 65.Kf1 Ra2 66.Ke1 Ra1+ 67.Kd2 Rf1 68.Ke3 Re1+ 69.Kd4 Re2 70.Rg8 Rd2+ 71.Ke3 Rd3#，将杀。

61.Kf1 Kd3 62.Ra8 e3（图247-7）

斯梅斯洛夫和Levenfish分析了3个方案：

a）62.f3 63.Ke1

b）62.Kd2 63.Re8 Rd4 64.Re5 Rb4 65.Rd5+ Kc3 66.R×g5 Rb1+ 67.Ke2 f3+ 68.Ke3 Re1+ 69.Kf4

c）62.Rb5 63.Rd8+ Kc4 64.Rc8+

63.Ra3+?

白方现在输掉了。根据斯梅斯洛夫和Levenfish分析，最后的和棋机会是：63.Re8!

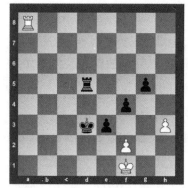

图247-7

Kd2 64.Re7 Rd3 65.Re5 Kd1 66.Re8 e×f2 67.Re5 Kd2 68.K×f2，但是不能走68.R×g5?? Ke3。

63.Ke4 64.f×e3（图247-8）

64.f3!

64.f×e3? 65.Ra8 Rf5+ 66.Ke2 Rf2+ 67.Ke1 Kf3 68.Rf8+ Kg3 69.Rg8

（*斯梅斯洛夫和列文菲什建议的走法69.Re8，但事实上是一个错误：*

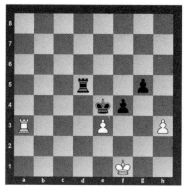

图247-8

69.K×h3　70.R×e3+ Kg2黑胜。）

　　69.Rf5　70.Rh8

　　65.Kg1

　　或者65.Kf2 Rd2+ 66.Kg3 Rg2#，将杀。

　　65.Rd3　66.Ra8

　　66.Ra5　K×e3

　　66.K×e3　67.Re8+ Kf4　68.Rg8 Rd1+

69.Kf2 Rd2+ 70.Kf1

　　70.Kg1　g4! 要记住的典型思路！

71.R×g4+　（*71.h×g4 Kg3*）

　　71.Ke3 72.Rg8〔*72.Rg3 Ke2*〕

72.Rd1+ 73.Kh2 f2 74.Re8+ Kd2 75.Rf8 f1Q 76.R×f1 R×f1，简单获胜。

　　70.Rh2　71.Kg1 R×h3　72.Rg7 g4　73.Rg8 Kg3，白方认输。

选局248

杜拉斯 - 尼姆佐维奇

圣塞巴斯蒂安 1912

黑先（图248-1）

　　我们再次来讨论这个复杂残局的原因是，当我们看到杜拉斯-卡帕布兰卡的对局时，我们学会了如何取胜以及防守的技术。然而，仅靠技术是不够的，还

图248-1

有另一种方式获胜，借助心理学。这是尼姆佐维奇在遇到与卡帕布兰卡同一位对手，同一个类型的残局中设法去做的。用这个对局与卡帕布兰卡的相比较，杜拉斯的局面有所提升，但是他还是输了。从赢家和输家的角度了解这是如何发生的，可能很有用。

　　杜拉斯已经设法建立了最强的防御兵涛阵型h4-g3-f2，当同一翼三兵对四兵时，这是最安全的和棋方式。在这样的情况下，黑

方如何取胜？尼姆佐维奇故意无所事事，让对手感觉疲惫。事实上，黑方无能为力。通过以这种"天真"的方式对弈，尼姆佐维奇成功的愚弄了他的对手。我们看看他是怎么做到的。

尼姆佐维奇走了：33.Ra5（图248-2）

34.Kg2

然而，最强的一着是34.f4!，阻止黑方活跃他的e兵。在这个局面中，绝对的第7线毫无意义，因为黑方无法在不丢兵的前提下使王活跃起来。一个合理的续着是：34.Ra2 35.Rc7 g6 36.Rb7 Kf5 37.R×f7+ Kg4 38.Rf6 K×g3 39.R×g6+ K×f4 40.R×e6 Kg3 41.Re3+，和棋。

34.Ra8

尼姆佐维奇下了一场需要耐心和等待的对局。从技术上讲，34.e5是合乎逻辑的着法，尽可能地准备活跃黑兵，然后试图将白方挤压致死。

现在，要走大量没有发生的着法，直到第56回合：

35.Kf3 Re8 36.Rb5 Kg6 37.Rg5+ Kh6 38.Ra5 Re7 39.Rb5 Ra7 40.Rc5 Ra3+ 41.Ke2 Ra7 42.Kf3 Rb7 43.Ra5 Rb3+ 44.Ke2 Rb7 45.Kf3 Rc7 46.Rb5 Rc3+ 47.Ke2 Rc7 48.Kf3 Rd7 49.Ke3 Rd1 50.Ra5 Kg6 51.Rg5+ Kh6 52.Ra5 Rb1 53.Rc5 Ra1 54.Rb5 Ra4 55.Rc5 Ra8 56.Rb5（图248-3）

56.Rh8!!

尼姆佐维奇的下法非常巧妙，他具有很强的斗志和高水平的心理能力。从表面上看，黑方的计划显然是将他的王调动到f6，然后保护h5兵。杜拉斯在这种情况下的首要任务似乎是防止王到达f6。

57.Rg5??（图248-4）

杜拉斯想限制黑王的灵活性，但是却忘了黑方又能让白车做什么呢。

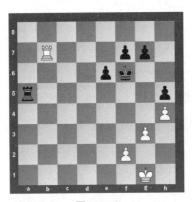

图248-2

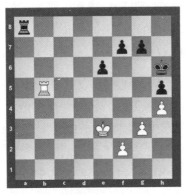

图248-3

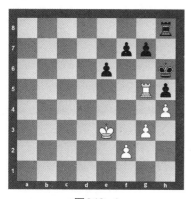

图248-4

图248-5

57.f5!

哇！可以想象尼姆佐维奇困住白车时的欣喜若狂。黑方的获胜计划是把车调动到g4，并强制进入兵残局中，利用多一兵取得胜利。

58.Kf4

58.f3 Ra8　59.g4 h×g4　60.f×g4 g6　61.g×f5，释放了白车，但在61.g×f5之后，黑方仍然获胜，这要归功于相连的通路兵。

58.Ra8　59.Ke5 Ra6（图248-5）

白方陷于楚茨文克，因为e6的压力无法维持。

60.Kf4 Ra4+　61.Ke5

61.Kf3 Rg4　62.R×g4 h×g4+　63.Kf4 Kg6　64.Ke5 Kf7，黑方兵残局取胜。

61.Re4+　62.Kd6 g6　63.f3

63.Ke7 Kg7!

63.Re3　64.g4 f×g4　65.f×g4 Rg3　66.g×h5 R×g5 67.h×g5+ K×h5，白方认输。

这个残局对杜拉斯来说从来没有好过，他痛苦地输了两次。尤其是对尼姆佐维奇的这局，一定是一场噩梦。但是也能看出尼姆佐维奇是一个善于运用心理战的棋手。他简直就催眠了对手！这样的能力是经常性取胜或将和棋变为赢棋的重要组成部分。

如果杜拉斯可以被这样操控，那么这个故事也会发生在其他棋手身上。记住，这种诱导对手失去注意力的心理方法可以用于其他局面。但是秘诀在于找到一个类似于56.Rh8!!富有想象力的思路，并且包括了微妙的着法以及何时诱捕的完美时机。

选局249

埃利斯卡塞斯 – 鲍戈留波夫

比赛 1939

白先（图249-1）

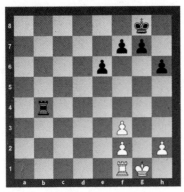

图249-1

这里，在f3放置叠兵比在常规的g2或g3格实际上更适合。这是因为黑方没有有利可图的换兵。破坏兵结构的另一个优点是王可以被放置在活跃的g3格。然而，一个缺点是开放的g线可能被黑方利用。

27.Ra1 g5

在兹诺斯科–博罗夫斯基的对局中提出了一个有趣的想法：把车放到g5，并迫使王表明其意图。如果白方把它放在f1，黑方可以争取以下的设置：兵在f6和e5，然后推进王到h3，瞄准较弱的h2兵。如果当王被置于h5时白方尝试通过把车放到第4线阻止王，黑方能够挺进f兵到f4，堵住车。在那个局面，黑车防御了g7和e5兵，黑王能挺进到h3，拿下h2兵。这可能是黑方最好的实际获胜机会。

如果白方见到了在g5的将军，而走Kh1，那么黑方可以尝试让王达到另一边，并将注意力集中在f兵或交换车上。一个似是而非的变化是：27.Rb5 28.Kg2 Rg5+ 29.Kh3。这是抵消黑方计划的一种方法，比29.Kf1或29.Kh1更灵活，并会增加和棋机会。

28.h3 Kg7 29.Ra5 Kg6 30.Kg2 h5!

黑方希望在未来某个时候摆脱h兵，并时刻准备着g5–g4，虽然换兵会增加令白方受益的和棋机会。

31.Rc5 f6 32.Ra5 Rb3 33.Rc5 e5 34.Rc6 Kf5 35.Ra6 Rb4

35.Kf4?? 36.R×f6#，将杀。

36.Rc6 Rf4 37.Ra6 g4

黑方无法进一步改善他的局面以及改变兵的结构。

38.h×g4+ h×g4 39.f×g4+ R×g4+ 40.Kf3

这个局面已经明确，是一个明显的和棋。

40.Rb4 41.Ra3 Kg5 42.Re3 Rd4 43.Kg2 e4 44.Re2 Kf4 45.Ra2 f5 46.Ra8 Rd2 47.Re8 Re2 48.Ra8 Rd2

48.e3，不会引起任何实质性的事情，后续的着法：49.Ra4+ Kg5 50.Kf3 R×f2+ 51.K×e3，理论和棋。

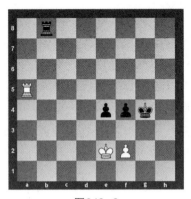

图249-2

49.Re8 Rd7 50.Ra8 Rd5 51.Re8 Rd2 52.Re7 Rd8 53.Ra7 Kg5 54.Ra5 Kf6 55.Kf1 f4 56.Ke2 Rb8 57.Ra6+ Kf5 58.Ra5+ Kg4 （图249-2）

59.f3+！

这是一个需要记住的很好的技巧。当黑方在f线上有两个叠兵时，很容易和棋。

59.e×f3+ 60.Kf2 Rb2+ 61.Kf1 Rh2 61.Kg3 62.Rg5+

62.Rb5 Rh5 63.R×h5 K×h5 64.Kf2

当兵像这里一样挺进得很高时，兵残局也是和棋。

64.Kg4 65.Kf1 Kf5 66.Kf2 Ke4 67.Kf1 Ke3 68.Ke1，和棋。

与兹诺斯科-博罗夫斯基的雄心勃勃的计划相比，鲍戈留波夫下得相当乏味。这是一个可以与电脑对弈的绝佳局面——两方都可以下。残局是理论和棋，但是如果进攻方下得精确，会涉及一些陷阱，因此值得更深入地研究。在实际比赛中，这是一个相当常见的车残局。我自己曾经在有叠兵的情况下，设法与等级分更高的棋手下成和棋。但当然，我已经从尤伟的残局书中知道了上述的残局。

选局250

斯皮尔曼 – 鲁宾斯坦

圣彼得堡 1909

黑先（图250-1）

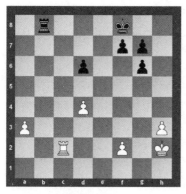

图250-1

这个著名的例子是鲁宾斯坦在他的巅峰时期所创作的，它很有启发性，因为它展示了在车和王的最佳灵活性和协作的帮助下如何针对弱点和孤兵。

在这个局面中，白方有4个孤兵，鲁宾斯坦对其中的2个先行施加压力，它们远离防守的王。

40.Ra8!

40.Rb3，错误的方式，因为白方太灵活了，之后的走法：41.Ra2 Rd3 42.a4! R×d4 43.a5 Rc4 44.a6 Rc8 45.a7 Ra8 46.Kg3，最起码是和棋。

41.Rc3

如果：41.Ra2 Ra4 42.Kg3，然后 42.Ke7!，因为在车残局中灵活性是最重要的原则。后续着法：43.Kf3 Ke6 44.Ke4 g5，黑方控制。

41.Ra4! 42.Rd3 Ke7

黑车的位置无法改善，是时候使王活跃起来了。

43.Kg3

43.d5 g5!，接着走Ra7和Kf6。

注意，如果立即走43.Kf6?，白方回应44.Rf3+。

43.Ke6 44.Kf3 Kd5 45.Ke2

更好的防御是：45.h4!，带有致命的陷阱，45.R×d4??

（*45.Kc4将保持局面的压力*） 46.Ke3 R×d3+ 47.K×d3+-，白方赢得兵残局，要归功于边上的通路兵。

45.g5!

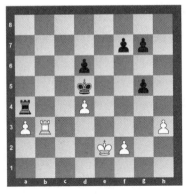

图250-2

图250-3

图250-4

鲁宾斯坦固定了h3兵，变成未来的目标。

46.Rb3（图250-2）

46.f6!

鲁宾斯坦采用了一种经典的方式，将王翼的3个战术弱点合为一个。不能走46.R×d4？ 47.Rb5+，g5兵下一步丢掉；也不能走46.K×d4 47.Rg3!，双重威胁Rg4+和R×g5。

47.Ke3

47.Rb7 R×a3 48.R×g7 K×d4或者48.R×h3，黑方不错的获胜机会。

47.Kc4 48.Rd3 d5!

d4兵被固定了。

49.Kd2 Ra8! 50.Kc2

50.Ke3 Re8+ 51.Kd2 Re4，白方无法阻止丢失兵。

50.Ra7!

黑方等待王走到d2。

51.Kd2

51.Re7!（图250-3）

显然没有威胁，但更严重的是白方现在陷于楚茨文克。

52.Rc3+

52.Kc2 Re2+ 53.Rd2 R×d2+ 54.K×d2 Kb3!，黑方获胜要感谢他的灵活的王。

52.Re3 R×e3 53.f×e3 f5 54.Kc2 Kb5，白方不能同时控制a兵和黑方的f通路兵。

52.K×d4 53.a4! Ra7 54.Ra3 Ra5!

黑方要尽快地封锁住兵。

55.Ra1 Kc4 56.Ke3 d4+ 57.Kd2 Rf5!（图250-4）

58.Ke1

58.a5 R×f2+ 59.Ke1 Rb2 60.a6 Rb8 61.a7 Ra8 接下来通过王调动到b6，得到兵。

58.Kb4 59.Ke2 Ka5 60.Ra3 Rf4!

一个非常适合车的格子。它保护d4兵，同时对f2兵施压。

61.Ra2（图250-5）

图250-5

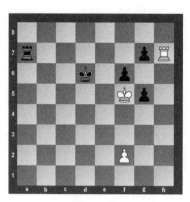

图250-6

61.Rh4!

这是f4格的另一个好处，它可以作为进一步调动子力去对抗敌人弱点的支点。

62.Kd3

62.Ra3 Kb4，白车因要保护两个边兵而过载。

62.R×h3+ 63.K×d4 Rh4+! 64.Kd3 R×a4 65.Re2 Rf4! 66.Ke3 Kb6 67.Rc2! Kb7

黑方必须阻止Rc8，接着Rg8。

68.Rc1 Ra4

黑方的车在前往c8的路上。

69.Rh1 Kc6 70.Rh7 Ra7 71.Ke4 Kd6 72.Kf5（图250-6）

72.g6+!

漂亮地过渡到能获胜的兵残局。

73.K×g6 R×h7 74.K×h7 Ke5 75.Kg6 g4!，白方认输。

因为在不久的将来黑方将升变，无法被阻止。

选局251

卡帕布兰卡 – 阿廖欣

纽约　1924

黑先（图251–1）

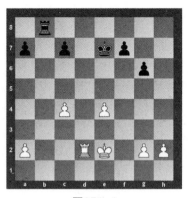

图251–1

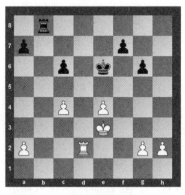

图251–2

白方多1个兵，但有3个孤兵，而黑方只有两个孤兵。黑方拥有更加灵活的王和车，因此尽管他的子力欠缺，但仍然有很好的和棋机会。

黑方走了37.Ke6。

最简单的和棋方法是把车走到最佳格里使它活跃。续着：37.Rb4! 38.Kd3 c5 39.Kc3 Ra4!，车的调动能力很强，阻止白方走出理想的a2–a3。由于黑车太过强大，使得白方很难进一步改善自己的局面。这不是我们第一次看到灵活的车的重要性。

38.Ke3 c6（图251–2）

38.Rb4不再那么强大，因为它让白王的灵活性很强，后续着法：39.Kd4 Ra4 40.Kc5。

另一种可能性：38.c5 39.Rd5 Rb2，可能不是阿廖欣的那杯茶，但可以下，考虑到它会导致进一步的换兵。

39.h4

39.c5，利用d6格，可能有积极地应对39.Rb5 40.Rd6+ Ke5 41.R×c6 Ra5，虽然黑方少两兵，但是有很好的补偿。主要的威胁是：Ra3+。

另一种走法：39.h3 Rh8? 40.c5!。

39.Rh8!

图251-3

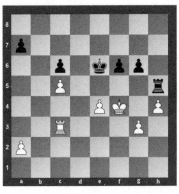

图251-4

黑方获得调动到第5线的先手。

40.g3 Rh5（图251-3）

黑车被完美地放到了第5线，兼顾攻防。

41.Rh2 Ra5 42.Kf4 f6! 43.Rc2

白方计划c4-c5，切断黑车，接下来g3-g4和h4-h5。不要立即走43.g4?，因为黑方有效地回应：43.g5+!。

43.Re5 44.c5 Rh5 45.Rc3（图251-4）

白方计划Ra3，希望用c兵交换黑方的a兵，但是很容易被黑方的下一步阻止。

45.a5! 46.Rc2 Re5 47.Rc3 Rh5 48.Kf3 Ke7 49.Kg4 Kf7! 50.Rc4

50.Kh3 g5 51.Kg4 Kg6，接下来走：52.g×h4和53.Re5对白兵施加压力，展示更深入的要点54.Kf7!。

50.Kg7 51.Rd4 R×c5 52.Rd7+ Kf8 53.Kf4 Kg8 54.Ra7 Kf8 55.a4 Kg8 56.g4

56.Ke3 Rc3+ 57.Kd4 R×g3 58.R×a5 Kf7 59.Ra8 Ra3，另一个和棋。

56.g5+! 57.h×g5 R×g5 58.Ra6 Rc5 59.Ke3 Kf7 60.Kd4 Rg5 61.R×c6 R×g4 62.Rc5 Rg5

这里，棋手们同意和棋。

阿廖欣给出了63.R×g5 f×g5 64.Ke5 Kg6 65.Kd6 Kf7，和棋。

在白方的局面中，孤兵是累赘。它们没有进攻能力，将白车限制在被动的状态下。

选局252

富洛尔－维德马尔

诺丁汉　1936

白先（图252-1）

图252-1

图252-2

白方的局面略优，包含了更好的兵形结构（2个兵岛对3个兵岛），还有更强的车和王。尽管有这些显著的优势，但要将它们转化为胜利并不容易。首先，你需要高水准的技术准确度，其次，如果防守精确，不可能获胜。在实践中，防御这些残局并不容易，即使是著名的大师、特级大师也会犯错误，最终导致失败。

32.Ke2 Ke7　33.Kd3 Kd6　34.Ra5!

自然的着法34.Kd4?!，帮助把车置于一个更灵活的格子，34.Rb8 35.Ra5 Rb6，有不错的和棋机会。记住，在车残局中，一切都与灵活性有关。

34.Ra8　35.Kd4

白方阻止黑方c5。35.b4?!，效率会低，因为：35.Kc7 36.Kd4 Kb6。

35.f5!（图252-2）

一个很好的防御着法，妨碍了白方在王翼夺取空间的计划，白方计划g2-g4和h2-h4结合e2-e4的中心推进。如果在这个局面中，白方走e2-e4，黑方能够进行两次交换。交换兵是众所周知的防御策略，因为当子力减少时，许多车残局都是和棋。

36.b4　Rb8

更积极、更符合原则的续着：36.Kc7　37.Kc5 Kb7　38.Kd6 Re8 39.Ra3 d4!

40.e×d4 Re2。通过弃兵，黑方的车将获得在第2线的活跃。黑方有很好的和棋机会，后续着法：41.Rc3 R×g2 42.R×c6 R×h2 43.a4 g5！。不要错过任何可以依靠于弃兵能使防守方的车活跃起来的机会。

37.a3 Ra8

37.Rb6?，将使黑方在不久的将来更有可能屈服于楚茨文克，同时也使白方进一步改善了局面。

38.e4!

这一中心突破的主要思路是进入王翼。

38.f×e4 39.f×e4 d×e4 40.K×e4（图252-3）

40.Ra7?

一个更好的防御是：40.Kc7! 41.Re5!

（41.Kf4 Rf8+! 42.Kg3 Kb6导致了明确的和棋。）

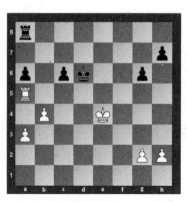

图252-3

41.Kb6 42.Re7 a5!黑方发挥最大的灵活性。 43.R×h7 a×b4 44.a×b4 Ra4 45.Rg7 R×b4+ 46.Kf3 Rh4 47.h3 Rh6 48.Kg4 c5 49.Kg5 Rh8 50.R×g6+ Kb5 51.Rg7 c4 52.h4 Rc8，黑方有足够的反击来达到和棋。

41.Kf4 h6

等待是行不通的，因为白方每一步都在改善他的局面，例如，41.Ra8 42.Kg5 Ra7 43.Kh6 Ke6 44.g4 Kd6 45.h4 Ke6 46.g5 Kd6 47.a4 Ke6 48.b5等。

42.h4 Ke6 43.Kg4 Ra8

43.Kf7 44.h5

44.h5! g5

44.g×h5+ 45.K×h5 Rg8 46.g4! Kd6 47.R×a6

45.g3 Ra7 46.Kf3 Ra8 47.Ke4 Ra7（图252-4）

48.Re5+!

白方迫使黑方做出决定。如果它移到王

图252-4

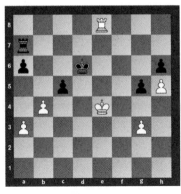

图252-5

翼，白方将王推到后翼，反之亦然。

48.Kd6

48.Kf6也会输，49.Rc5 Rc7 50.Ra5 Ra7 51.Kd4 Ke6 52.Kc5黑方活跃车为时已晚。52.Rd7 53.R×a6 Rd3 54.R×c6+ Kf7 55.a4 R×g3 56.R×h6，黑方的局面瓦解了。

49.Re8 c5（图252-5）

49.Re7+ 50.R×e7 K×e7 51.Ke5通向兵残局，此残局白方的王特别灵活。

50.Rd8+! Kc6

50.Kc7 51.Rh8 c×b4 52.Rh7+ Kb8 53.R×a7 K×a7 54.a×b4 Kb6 55.Kf5 Kb5 56.Kg6 K×b4 57.K×h6 a5 58.K×g5，白方先升后。

51.Rc8+ Kb6 52.R×c5 Rh7 53.Re5 Kc6 54.Re6+ Kb5 55.Kf5 Rf7+ 56.Rf6，黑方认输。

选局253

齐戈林 – 塔拉什

布达佩斯　1896

白先（图253-1）

毫无疑问，白方的子更灵活、兵的位置更好，具有一定的优势，但是通过精确的下法，黑方仍然可以获得和棋。正是因为这样的局面，我们才有了一句名言：所有的车残局都是和棋。白方齐戈林首先改善了王的位置。

28.Kf3 h5

黑方一劳永逸地阻止了白方h兵的前进。另一个思路是用28.Ra4切断了王的路线，29.h5 h6，让兵止步。30.Ra7 Ra5! 31.g4 Ra4

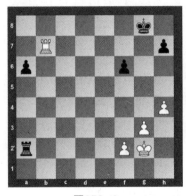

图253-1

（积极的*31.f5!*也导致了和棋。）

32.Kg3 Ra2 33.f3 Ra4 34.Rc7 Rb4! 35.Rc6 Kg7 36.R×a6。这是著名的和棋局面。黑方少一兵，局面消极，但是白方无法获胜。

29.Rc7 Ra5

威胁是：30.Rc5。在这个局面中，塔拉什提和，而齐戈林拒绝了，因为白方无论如何都不会输。

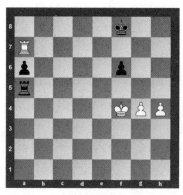

图253-2

30.Kf4 Kf8（**图253-2**）

31.f3

更精确的是：31.Ra7，31.Kg8 32.f3 Ra4+? 33.Kf5 Ra3并不好，因为34.Kg6 Kf8 35.Rf7+。

然而，更好的是走：32.Ra3，阻止白方通过33.Kf5挺进。

31.Kg8

更好、更积极的防御是：31.Ra4+ 32.Kf5 Ra3 33.f4 R×g3 34.K×f6 Kg8 35.Rc5 Rg4，和棋。

32.Ra7 Kf8

黑方等待，实际上在这里是有效的。

33.g4 h×g4

更简单的是：33.Kg8。

34.f×g4（**图253-3**）

图253-3

34.Ra1??

塔拉什的一个令人难以置信的错误决定了比赛结果。他应该继续等待策略：34.Kg8!。35.h5有可能用35.Rb5!弃掉a兵。因为：36.R×a6 Kg7 37.Ra7+ Kg8导致一个著名的和棋局面，正如弗里德斯坦所展示的。一种合理的延续是：38.h6 Rc5 39.Rg7+ Kf8!

（不能走39.Kh8? 40.Rf7 Rc6 41.Kf5，f6兵丢掉了。）

40.Rg6（**40.Kg3 Rc1!**）

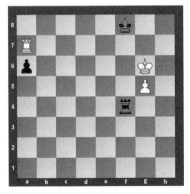

图253-4

40.Kf7 41.h7 Rc8 42.Rh6 Kg7 43.Rh1 Ra8，和棋。

（*但是不能走43.Rh8?? 44.Kf5 Kf7 45.Ra1，白胜。*）

35.Kf5 Rf1+ 36.Kg6 Rf4 37.g5 f×g5

37.R×h4输棋，下面的着法：38.Ra8+ Ke7 39.g×f6+等。

38.h×g5（图253-4）

38.Ra4

不可能用38.Kg8建立一个防御的局面，因为：39.Ra8+

（*当然不能走：39.R×a6?? Rf8，理论和棋。*）

39.Rf8 40.R×f8+ K×f8 41.Kh7。

将车放在对方兵的后面也不起作用。38.Rg4 39.R×a6 Rg1 40.Ra8+ Ke7 41.Rg8，我们获得卢塞纳局面。

39.Ra8+ Ke7 40.Kh6 a5 41.g6 Ra1 42.g7 Rh1+ 43.Kg6 Rg1+ 44.Kh7 Rh1+ 45.Kg8 Ra1 46.Ra7+ Ke8 47.Ra6! Rh1

否则，白方用下一步Kh7决定对局的结果。

48.R×a5

卢塞纳局面已经出现。

48.Re1 49.Rh5 Rg1 50.Re5+ Kd7 51.Kh7，黑方认输。

这个著名的车残局是由齐戈林精确走出的。事实上，看看齐戈林如何获胜，塔拉什如何多次保持和棋是非常有启发性的。

选局254

富洛尔 – 彼得罗夫

森梅林格-巴登 1937

白先（图254-1）

从表面上看，这个局面对于伟大的残局专家富洛尔来说很危险，因为黑方

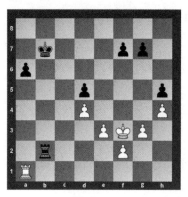

图254-1

有一个对f2施压的车和一个有王支持的远方通路兵。然而，一个更重要的有利条件是白方只有1个兵链，黑方则将其分为了3个部分。这个残局与之前的齐戈林–塔拉什的对局具有相同的主题，但这里黑方远比白方更加灵活，可以通过精确的下法获得和棋。

32.Ra5! Rb5?!

32.Kb6!是最强的一着，强调灵活性比物质更重要。这对于此局面当然是正确的，但对于一般的车残局来说也是如此。对局可能会这样继续：33.R×d5 a5 34.Rd8 Kb7 35.Rf8 a4

（*35.f6 36.Rg8没什么区别，仍然是和棋。*）

36.R×f7+ Kb6 37.d5白方开放第4线给车，现在可能从两个方向攻击a兵，f8-a8或f4-a4。 37.a3 38.Rf8 Kb7 39.Rf4，现在黑方必须找到唯一的一着：39.Rb6!。 40.Ra4 Ra6 41.Rb4+ Rb6，和棋。

然而，41.Kc7?!不精确，因为：42.Rb1。

33.Ra2!

白方防御第2线。

33.g6

33.a5 34.Kf4白方的王走向e5。阻止白王在王翼和中心的野心的最好方法是：33.Rb6! 34.Kf4 Re6! 35.Kg5 g6。

34.Kf4 f6（图254-2）

图254-2

这个兵结构略弱于兵涛f7-g6-h5。

35.g4

另一个思路是35.f3，接下来g4。

35.h×g4

当然不能走35.a5?? 36.g×h5 g×h5 37.Kf5，白方清理王翼。

36.K×g4 Rb1!

黑方必须阻止f4-f5，制造h线的一个通路兵。36.a5? 37.f4 Kc6 38.f5，更灵活的王和危

图254-3

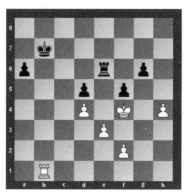

图254-4

图254-5

险的h兵给了白方很好的获胜机会。

37.Ra5! Rb5?!

37.Kb6! 38.R×d5 a5是最好的和最积极的选择。

38.Ra1!

现在第1线比第2线更重要。

38.Rb2（图254-3）

39.Kf3!

另一个选择是：39.f4?!，接着f5，但是富洛尔更喜欢防御的兵涛f2-e3-d4，并且准备Rg1，接着R×g6。

39.Rb6 40.Rg1 f5

黑方防御g6，但是e5和g5被削弱。

41.Kf4 Re6!

这看起来很消极，但重要的是阻止白方提前准备的入侵。

42.Rb1+（图254-4）

42.Ka7?

在这里王太消极了。更好的走法是：42.Kc7有合理的和棋机会。

42.Rb6?通向一个可以获胜的后残局：43.R×b6+ K×b6 44.Kg5 a5 45.K×g6 a4 46.h5 a3 47.h6 a2 48.h7 a1Q 49.h8Q Qg1+ 50.Kf6 Q×f2 51.Qd8+ Ka6 52.Qd6+ Ka7 53.Qd7+ Ka6 54.Q×f5，黑方不能吃e3，因为在e6有决定性的将军。

43.h5?

更强的是避免在e4的将军43.Kg5!，接下来走h4-h5。

43.Re4+ 44.Kg5（图254-5）

44.Rg4+?

正确的是：44.g×h5！ 45.K×f5 h4，黑方的两个远方通路兵应该会确保和棋。

45.Kf6 g×h5 46.K×f5

白方的计划是在中心区域制造两个通路兵。

46.Rg2

46.Re4！是阻止白方计划的一个更好的尝试，随后白方必须找到47.Re1！。

47.Ke5 Rg5+

47.R×f2 48.K×d5，白方的中心连兵明显强于黑方断开的边兵。

48.Ke6 h4 49.Rh1 Rh5 50.f4 Kb6 51.f5 Kc7 52.f6 Kd8 53.Rf1！ Rh6

或者：53.Ke8 54.Rb1 Kd8 55.Rb8+ Kc7 56.f7。

54.Kf7！

54.K×d5，也能获胜，但是更慢。黑方认输。

由富洛尔完成的漂亮的车残局。除了第43步之外，他发挥得非常完美。令人震惊的是，富洛尔根据菲利道尔著名原则处理兵，他非常相信兵链和兵整体的机动性。黑方有可能获得和棋，但是需要更多的灵活性。像许多其他人一样，这个车残局只是表明它很难处理。

选局255

卡什丹－阿廖欣

奥赛 福克斯通 1933
黑先（图255-1）

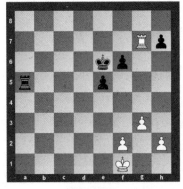

图255-1

黑方有两个兵岛，位置较差。看看阿廖欣如何以最积极、最有活力的方式解决他的问题，非常有启发性！

36.h5 37.Rh7 e4 38.Ke2（图225-2）

38.f5！

在这种情况下，为了灵活性而弃子是可能的。黑方与他的最没有价值的兵分开，为了防止白王进入e3格。

消极的方式如下：38.Re5　39.Ke3 Kd5　40.h4 Ke6　41.Ra7 Kd5　42.Kf4 Ke6　43.Ra6+ Ke7之后：44.Ra4，弃兵：44.e3　45.f×e3 Kf7。然而，消极的防御可能并不适合阿廖欣，他通常更喜欢一种积极的防御方式——这是车残局的一条黄金原则。

图255-2

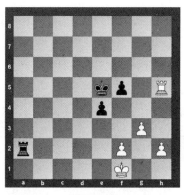

图255-3

另一种用于防御的方式是：38.Rf5　39.Ke3 Rf3+　40.K×e4 R×f2　41.R×h5 Kf7，但这导致黑方更难获得和棋。无论何时，在积极的和消极的车残局变化中进行选择时，通常应该选择积极的方式！

39.Rh6+!

39.R×h5?! Ra2+　40.Kf1 Ra1+　41.Kg2 Ra2　42.Rh8 Kf7对黑方来说是更容易的和棋方式，因为e2-e3不能有效地被阻止。

39.Ke5　40.R×h5 Ra2+　41.Kf1（图255-3）

41.e3!

阿廖欣发挥了最大的灵活性并且弃掉了另一个兵。关于这个残局，你可以清楚地看到车的灵活性价值一个兵，而王的灵活性价值另一个兵！作为一般原则，这可能是有效的，至少当白方的王和车像这里一样处在被动中时。注意：41.Ra1+　42.Kg2 Ra2威胁e3，无效，因为：43.Rh8!。

但是不能走：43.g4?! Kf4!。

42.f×e3 Ke4　43.Kg1

如果白方走：43.h4，黑方有惊人的续着：

见选局256。

选局256

图256-1接续选局255最后一着的分支变化：43.h4

黑先（图256-1）

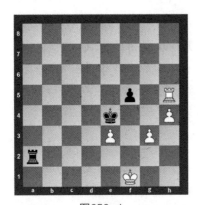

图256-1

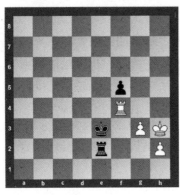

图256-2

43.f4!!这是一个非常有启发意义的弃兵，目的是为了在将杀和获取兵的过程中，黑方挺进王之后防止被白方从后面进行将军。

44.g×f4（*44.e×f4 Kf3 45.Ke1 K×g3 46.f5 Kg4黑方又收获了一个兵，获得了基本的和棋机会。*）

44.Kf3 45.Kg1 Ra1+ 46.Kh2 Ra2+ 47.Kh3 Ra1，白方无法摆脱黑方协调性强的子力的频繁骚扰，不得不通过重复来获得和棋。惊人的例子！

右图接续局面255主变的最后一着43.Kg1

黑先

43.Re2 44.Rh4+ Ke5

这一次，阿廖欣选择了被动防御，但这也是最务实的着法。他本可以按照最大灵活性的原则行事，走：44.K×e3不怕王的路线被切断，45.Rf4。事实上，这并不重要，之后的着法：45.Re1+ 46.Kg2 Re2+ 47.Kh3（图256-2）

47.Rf2!!，此兵残局是和棋。 48.R×f2 K×f2 49.Kh4

（*49.g4 f4 50.g5 f3 51.g6 Ke3 52.g7 f2 53.g8Q f1Q+走向可以和棋的后残局。*）

49.Kg2 50.h3 Kh2!。

45.Rh8 Kf6 46.Rf8+ Kg6 47.Re8 Kf7 48.Rc8 R×e3

在同一侧翼，两个兵对一个兵通常很容易和棋。通路兵不会改变这个判断。

49.Kf2 Ra3

白王的路线被从第3条线切断。

50.h4 Kf6 51.Rc6+ Kf7 52.Rc2 Rb3 53.Re2 Kf6 54.Re3 Rb4

现在王的路线被从第4条线切断，想要用车争夺第4线并不容易。

55.Kf3 Ra4 56.Rb3 Rc4 57.Rb6+ Kf7 58.Rd6 Ra4，和棋。

白方无法赢下这个残局，因为白王不能渗透到黑方的位置里。

59.Ke3，思路是Rd4，黑方应着：59.Re4+ 60.Kf3（否则Rg4）60.Ra4。白方的兵一文不值，因为在它前进之后，黑方的王恰恰走到它的前面，把它吃掉。

这个车残局与著名的卡帕布兰卡-塔塔科维尔（选局258）有一些相似之处，这表明在车残局中，有时你必须弃掉1个甚至2个兵为了获得灵活性。在一个变化中：43.h4 f4!!，我们甚至看到了3个弃兵！所以其中道理是：当伟大的大师们遇到特殊局面，准备弃掉两个甚至3个兵时，你永远不应该害怕弃掉1个兵来获取灵活性。

选局257

塔拉什 – 鲁宾斯坦

圣塞巴斯蒂安 1911

黑先（图257-1）

白方多一个兵，并且有一个活跃的车。另外，在后翼还是三兵对一兵的情况。黑方能够活下来的原因是白方被弱化的王翼。

32.Rd8! 33.Ra6

33.Ke2看起来像是更安全的选择，但是之后：33.f4，黑方在王翼的行动成为很好的反击。白方的走法看似很强：34.Ra4 Kf5 35.Rd4，但兵残局出人意料的和棋，35.R×d4 36.c×d4 b5!。（图257-2）

37.a3 Ke6 38.Kd2 Kd5 39.Kc3 h5 40.h4

图257-1

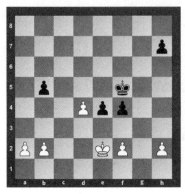

图257-2

Ke6 41.b3 Kd5 42.a4 b4+! 。展示了为什么这个兵残局是和棋的主要思路。43.K×b4??不能这样走，因为：43.K×d4，接下来是带有将军的e1升变。

33.Rd2 34.R×b6+ Kg5 35.Ke1 Rc2 36.Rb5?

一个更好的获胜尝试是：36.a4 f4

（*36.Kf4 37.a5 Kf3 38.a6 Re2+ 39.Kd1 K×f2 40.Rf6 R×b2 41.R×f5+ Ke3 42.Ra5 Kd3 43.Kc1 Rb8 44.a7 Ra8 45.Ra3 e3 46.Kd1 e2+ 47.Ke1白方胜。*）

37.a5 f3 38.a6 Re2+ 39.Kd1! e3

【*39.R×f2 40.a7 Rf1+ 41.Kd2 Ra1 42.Rb7 Kf6*

（*42.f2 43.Rf7*）*43.Ke3，白方可以在这个车残局中获胜*】

40.f×e3 R×e3 41.a7 f2 42.h4+ Kf5 43.a8Q f1Q+ 44.Kc2 Re2+ 45.Kb3 R×b2+ 46.K×b2 Qf2+ 47.Kc1 Q×b6 48.Qf3+，在后残局中，白方有很好的获胜机会。

36.Kg4 37.h3+

白方想要避免.f4和.Kf3。

37.K×h3 38.R×f5 R×b2

现在在车残局是一个强制和棋。

39.Rf4 R×a2 40.R×e4 h5 41.c4 Kg2 42.Rf4 Rc2 43.Rh4 Kf3 44.Kd1 K×f2 45.c5 Ke3 46.R×h5 Kd4，双方同意和棋。

黑方鲁宾斯坦通过在王翼尽可能积极、灵活地下法来设法获取和棋。白方塔拉什想要获胜，需要精确计算。这个例局让人想起选局255，阿廖欣是如何设法与卡什单打成平局的。

选局258

卡帕布兰卡 – 塔塔科维尔

纽约 1924

白先（图258-1）

图258-1

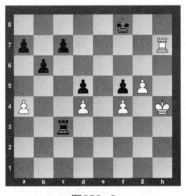

图258-2

这个经典的局面是一个闻名世界的例局，以最有启发性的方式证明了在车残局中，灵活性比子力优势更重要。白方的车和王比对手的要强大得多，因为黑王被切断在底线。如果白方把王放在g6或f6使其活跃，将获胜，因为车、王和g5兵之间的配合令黑方难以处理。

卡帕布兰卡走出了妙着：35.Kg3!!

调动的重点是走进王翼的敌营。

35.R×c3+　36.Kh4（图258-2）

36.Rf3?

1）36.Rc1?快速失败，37.Kh5!

（*不能走37.g6? Rh1+　38.Kg5 R×h7 39.g×h7 Kg7　40.K×f5 c5!，黑方获得了一个通路兵，确保和棋。*）

37.Rh1+　38.Kg6，黑方的f兵丢掉，白方将拥有双联通路兵，很容易获胜。

2）最好的防御是：36.a6!，之后白方卡帕布兰卡将被迫发现：37.Kh5 b5　38.Kg6!

Rc6+　39.K×f5 b×a4

（*39.b4　40.a5!*）

40.Rh3不错的获胜机会。

37.g6!　R×f4+　38.Kg5 Re4　39.Kf6!

让王到6线比吃掉f兵更重要。注意，白方的子力之间是完美和谐的。与白方在王翼充分的灵活性和配合相比，少两个兵无关紧要。

39.Kg8 40.Rg7+ Kh8 41.R×c7 Re8 42.K×f5

这是吃掉f兵的好时机，因为所有的黑子都是消极的。

42.Re4 43.Kf6 Rf4+ 44.Ke5 Rg4 45.g7+ Kg8

45.R×g7 46.R×g7 K×g7 47.K×d5，简单获胜。

46.R×a7 Rg1 47.K×d5 Rc1 48.Kd6 Rc2 49.d5 Rc1 50.Rc7 Ra1 51.Kc6 R×a4 52.d6，黑方认输。

卡帕布兰卡被誉为最强的车残局棋手之一其原因之一，是由于这个残局的完美下法。然而，他已经研究了超过1000个车残局，以达到这一程度。

选局259

科尔奇诺依 – 卡尔波夫

世界冠军赛 碧瑶市 1978

白先（图259-1）

图259-1

白王相比黑王更灵活，可以支持a5–a6（或d4–d5）突破，之后Kc3、Kb4，同时经过a5和b6进入黑方的局面中，对c6兵施加压力。在白方的局面中，另一个优势是他在第5线上有3个兵，如果这些兵都能够向下挺进，无疑是一个优势。在白方走了a5–a6之后，f5的兵为白车提供了一个e6的前哨位置，瞄准羸弱的c6兵。白方科尔奇诺依走了**49.Kc3**（**图259-2**），但是两个更强的可能性是：

a）**49.Re6! Ra8 50.Rd6 R×a5 51.Rd7+ Ke8 52.R×b7 Ra3+ 53.Ke4 R×h3 54.Rc7 Rh4+ 55.Ke3 Rh3+ 56.Kd2**，黑方失去c6兵。白方的双联通路兵比黑兵更加危险。

b）**49.Ra2!? Rg3+ 50.Ke4 R×h3 51.a6 b×a6 52.R×a6 Rh4+ 53.Ke3 Rh3+ 54.Kd2**，黑方的c6兵在劫难逃。

49.Re8

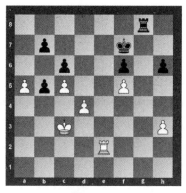

图259-2

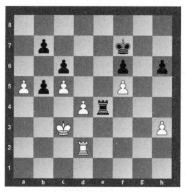

图259-3

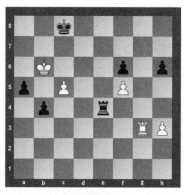

图259-4

一个更积极和更好的防御如下：49.Rg5 50.Kb4 R×f5 51.a6 b×a6 52.Ka5 Rd5 53.K×a6

（53.Re4? f5）

53.R×d4 54.Kb6 b4，黑方有足够的反击来获得和棋。

50.Rd2

50.R×e8? K×e8，由于黑方在b5有一个通路兵，因此一无所获。兵残局是和棋。

另一种可能性是：50.Ra2!?，接着a5-a6。

50.Re4（图259-3）

51.Kb4?!

更多的推断将是51.d5!突破。

除此之外，白方可能会回到与突破有关的计划a5-a6。可以通过51.Ra2或者51.a6 b×a6 52.Ra2实现。

51.Ke8 52.a6! b×a6 53.Ka5 Kd7 54.Kb6

相比a6兵，消除c6兵更为重要。

54.b4 55.d5! c×d5 56.R×d5+ Kc8

尝试用王去堵住c兵是符合逻辑的，但是56.Ke7也是和棋。

57.Rd3

白方必须阻止b兵的挺进。

57.a5 58.Rg3（图259-4）

58.K×a5 Rc4 59.Kb6 Rc3。

58.b3?

另一个错误是：58.a4?，可以看到之后的走法：59.c6 Re8 60.Rg7 b3 61.Ra7 Kd8

（或者61.Kb8 62.c7+ Kc8 63.Ra8+ Kd7 64.R×e8 K×e8 65.c8Q+）

62.Ra8+ Ke7 63.R×e8+ K×e8 64.c7 Kd7 65.Kb7 b2 66.c8Q+。

最后一个和棋的机会是：58.Rd4! 59.K×a5

（*59.c6 b3 60.Rg8+ Rd8*）

59.Kc7 60.Kb5 Rd7。

59.Kc6!

59.R×b3?? Rb4+ 60.R×b4 a×b4，黑胜。

59.Kb8 60.R×b3+

黑方的所有兵都将被残杀。

60.Ka7 61.Rb7+ Ka6 62.Rb6+ Ka7 63.Kb5 a4 64.R×f6 Rf4 65.R×h6 a3 66.Ra6+ Kb8 67.R×a3 R×f5 68.Rg3 Rf6 69.Rg8+ Kc7 70.Rg7+ Kc8 71.Rh7，黑方认输。

这个有启发性的车残局表明，即使是世界上最好的棋手也很难意识到突破的正确时机。应该考虑在此期间封棋，对弈者也有更多的时间思考对局的最后阶段。此外，白方科尔奇诺依因擅长处理车残局而闻名。他甚至为此写了一本书*Practical Rook Endings*。

不要忘记去研究那些你必须要牢记的、重要的车残局。斯帕斯基曾说过这是个好建议，但要遵循它是更难的部分！如同此说法，即使是强大的棋手也会一次又一次地在车残局中犯错误。我知道有几位国际特级大师公开承认他们忽略了对车残局的研究，但是世界上最优秀的棋手却不会！

我们现在继续进行多子残局，每方最少有两个子。

选局260

桑托里尼

黑先（图260-1）

图260-1

防守方在对马和车的情况下想要获得和棋并不难。诀窍是避开对手将车放在尽可能远的地方，同时牵制马。

这里黑方通过1.Kc8!避免对王保持和棋。

1. Rc1?，输了，如桑托里尼所示。赢得这个局面的关键是把黑车逼到更差的格子里。2.Rd3! Rc2 3.Rd1!黑方陷入楚茨文克，必须把车置于尴尬的c4格，这使得它更容易受到马的击双。3.Rc4 4.Rh1 Rc2（*4.Kc8? 5.Nd6+*）

5.Nd4! Rb2+（*5. Rc4 6.Rh8+ Rc8 7.Nc6+ Ka8 8.R×c8#*）

6.Kc6 Ka8（*6. Rb4 7.Rh8+ Ka7 8.Nb5+*）

7.Rh3 Rb1 8.Rh2（**图260-2**），黑方再次陷入楚茨文克。

图260-2

8. Rb4 9.Nb5 Rc4+ 10.Kb6 Kb8

【（*10.Rc8 11.Nc7+ Kb8 12.Na6+ Ka8 13.Ra2!*

（*13.Rh7? Rc6+!*），黑方不能避免下一步在c7双将。】

11.Nd6 Rb4+ 12.Kc6 Ka8 13.Rh8+ Rb8 14.Nc8!。

2.Kc6 Rc1+ 3.Kb6 Rb1等。

黑方通过牵制马和将军的交替来轻松获得和棋。不要忘记，即使防守方的王被逼到底线，如果你避免对王并且拥有一个灵活的车，这仍然是一个轻松的和棋。试试和电脑一起下这个残局，你会发现掌握它的主要原则并不难。

选局261

菲利道尔　1749

白先（图261-1）

早在1749年，菲利道尔就发现了这是一场强制性的胜利。尽管如此，今天仍有许多强大的棋手不能赢下这个残局。

正确的解决方案是：**1.Rf8+!**

首先白方将黑车逼到底线。注意1.Bc6?不是一贯的策略，1.Rd7+!。

图261-1

1.Re8 2.Rf7

白方已经占领了第7线，威胁Ra7、Ra8将杀获胜。

2.Re2!

这是最好的防御。2.Kc8 3.Ra7 Rd8+ 4.Kc6 Kb8 5.Rb7+ Ka8（*5.Kc8 6.Be6+*）

6.Rb5! Ka7 7.Ra5+ Kb8 8.Kb6 Kc8把王放在将杀网里，之后9.Bc6。

3.Rh7!（图261-2）

获得重要的一先，迫使黑车离开第2线。

3.Re1

最严密的防守。3.Re3，输得更快，4.Rd7+。当黑车被置于第3线时，是迫使王宣布其意图的信号。4.Ke8（*4. Kc8 5.Ra7立即获胜，因为黑车不能转移到b3，这就是为什么车被放在第3线不好的原因*）

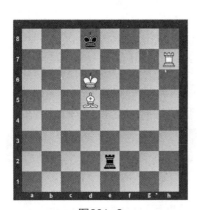

图261-2

5.Ra7 Kf8 6.Rf7+ Ke8 7.Rf4（威胁 8.Bc6+）

7.Kd8（7. Rd3 8.Rg4）

8.Be4!重点是黑方没有在d3的将军。

8.Ke8 9.Bc6+。

4.Rb7!

两侧翼之间的这种交替是这类残局的典型特征。

4.Rc1

4.Kc8 5.Ra7 Rb1 6.Rf7，白方通过之后的着法强制得车：6.Kb8 7.Rf8+ Ka7 8.Ra8+ Kb6 9.Rb8+。

5.Bb3!（图261-3）

这是关键的着法。防守方的车被迫进入致命的第3线。

5.Rc3

5.Kc8遇到了有效的着法：6.Rb4! Kd8。思路是将其摆动到棋盘的另一侧。7.Rh4 Re1（*7. Kc8 8.Bd5 Kb8 9.Ra4*）

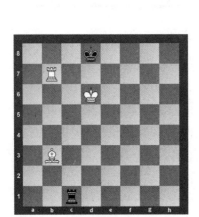

图261-3

8.Ba4!非常漂亮的象的调动，控制d1和e8，这是要记住的关键局面。

8.Kc8 9.Bc6 Rd1+ 10.Bd5 Kb8 11.Ra4 。为防止下一步将杀，黑方必须放弃他的车。

6.Be6 Rd3+ 7.Bd5 Rc3 8.Rd7+

当对手的车被放在第3线时，记住这个将军很重要，迫使王决定去哪一边。

8.Kc8

8.Ke8 9.Rg7 立即获胜，因为Rf3不能走。

9.Rh7 Kb8 10.Rb7+ Kc8 11.Rb4! Kd8（图261-4）

11.Rd3 12.Ra4

12.Bc4!

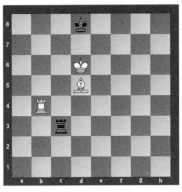

图261-4

这就是为什么车必须要置于b4的原因。

12.Kc8 13.Be6+ Kd8 14.Rb8+，下一步将杀，白胜。

多下几次这个残局并牢记它，直到你可以做到手到擒来。与计算机一起练习也是很有用的。我能保证在你的对局中会不止一次的出现它，无论是作为进攻方还是防守方——所以不要忽略对它的深入研究！

选局262

蒂曼－卢茨

荷兰 1995

黑先（图262-1）

图262-1

想要和棋，防守方就要熟悉第2线防守和科赫朗的方法。

79.Ra4+ 80.Bd4 Kg5 81.Rg7+ Kh4（图262-2）

这就是我们所说的科赫朗方法涉及的局面，它是为了获得和棋的坚固防守。81.Kh5?

图262-2

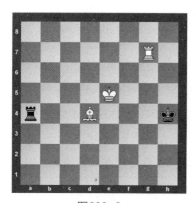

图262-3

图262-4

是一个错误，因为：82.Kf5走成了之前的菲利道尔局面，82.Ra5+ 83.Be5白方强制获胜。然而，81.Kh6可以走。

82.Ke5（图262-3）

如果白方准备Kf4，要先通过82.Rd7保护象，然后黑方走：82.Kg4！。

如果白方用82.Rg8等待，黑方也会通过82.Rb4!等待。

82.Ke3，黑方应以：82.Kh5！。

82.Kh3!

这是采用科赫朗防御的主要思路。黑方的王走向与白王相反的方向。

83.Rg1 Rb4 84.Be3（图262-4）

84.Rg4!

这就是所说的第2线防御，干扰了白子的配合。黑方本可以被动地走84.Ra4继续使用科赫朗的方法。这只是一个品位或习惯的问题，无论你是用哪种防守方式，你都应该知道它们的下法。

85.Ra1 Kg2

黑方的王自然是从底线走出来的。这就是重点：占领第2线。

86.Bf4 Rg8 87.Ra2+ Kf3 88.Ra3+ Ke2 89.Ke4 Re8+ 90.Be5 Re7 91.Ra2+ Ke1（图262-5）

科赫朗局面再次形成，旋转了90°。

92.Kd4 Kf1! 93.Bf4 Re2!

黑方正在结合科赫朗方法和第2线防御。

94.Ra8 Re7 95.Kd3 Kg2 96.Rf8 Re6 97.Rf7 Re8 98.Be3 Ra8 99.Bc5 Ra4 100. Ke3 Rg4

图262-5

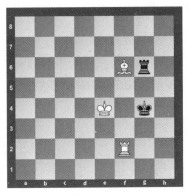

图262-6

图262-7

黑方继续第2线防御。如果黑方想继续按照科赫朗的方法，可能的走法：100.Kg3 101.Rg7+ Kh4 102.Bd4 Kh5等。

101.Bd6 Rg6 102.Rf2+ Kh3 103.Be5 Kg4 104.Ke4 Kh5 105.Bf6 Kg4（图262-6）

第2线防御的主要思路是不允许王被赶回底线，如果白方现在将军，车不可能保持在2线，黑王在下一步再次溜出去。

106.Rf4+ Kg3 107.Ke3 Kh3 108.Rf5 Rg3+ 109.Kf2 Rg2+ 110.Kf1 Rc2 111.Rg5 Rc4

111.Rg2!，是最直接的防御。如果车被吃掉，就形成逼和局面。

112.Be5 Kh4 113.Rg8 Re4 114.Bg3+ Kh5 115.Kf2 Ra4

115.Rg4!更简单。

116.Kf3 Kh6 117.Be5 Rb4 118.Bf4+ Kh7 119.Rg5 Ra4 120.Kg4 Rb4 121.Kf5（图262-7）

121.Rb5+，这里双方同意和棋。有可能与50回合规则和棋有关。

一个聪明的方法是走第2线防御获得逼和的可能性。121.Rb6 122.Be5 Rg6! 123.Rh5+ Rh6 124.Rg5 Rg6!，具有启发性的和棋，因为白方不能避免换车。

选局263

卡帕布兰卡 – 拉斯克

福斯报 1914

白先（图263）

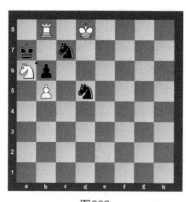

图263

卡帕布兰卡和拉斯克于1914年在柏林相遇，他们进行了10场快棋赛，卡帕布兰卡轻松获胜。后来，其中一场比赛的局面被建议了这个思路。

1.N×c7 N×c7 2.Ra8+!!

向可以获胜的兵残局过渡。

2.N×a8

2. K×a8 3.K×c7 Ka7 4.Kc6，显然没有区别。

3.Kc8

黑方陷于楚茨文克。

3.Nc7 4.K×c7 Ka8 5.K×b6 Kb8，白胜

选局264

接续上一个选局263的最后一着5.Kb8

白先（图264）

当我教小孩子兵残局时，这个局面就是其中要学习的一个。但是我常常将王放到h6和h8，兵放到b5和b6，最终走向图示的局面，之后Kh6-g6-f6等。

6.Ka6!

把王放到一个大的中心区域是一个很常

图264

见的错误，但在这里是不准确的。6.Kc6?! Ka7!，白方被强制重复局面，之后的走法：7.Kc7

（7.b6+?? Ka8!走向和棋，这是众所周知的马前兵残局的陷阱）

7. Ka8 8.Kb6 Kb8 9.Ka6!，白方重回正轨取胜。

6. Ka8 7.b6 Kb8 8.b7 Kc7 9.Ka7，兵升变，白胜。

选局265

道托夫 – 科尔奇诺依

瑞士 2003

黑先（图265-1）

图265-1

车马对车马的残局是排在第三或第四位的常见残局，特点是每方都有两个子。根据弗莱尔的调查，它也是最具战术性的残局。诸如多一兵或灵活的子之类的局面小优势在子力配置上变得更加重要。

38.Ra1

黑方少一兵，必须要积极，通过威胁b3兵或沿着白方的第2线施加压力。

39.Rd8+

一个替代的方案是：39.Ke3 Rc1

（*39.Rb1 40.Rd8+ Kh7 41.Nd2*）

40.Rd8+ Kh7，现在才走：41.Rb8。之后：41.Rc3+ 42.Kd2! Nd4 43.R×b4 R×b3

（*一个更好的机会可能是：43.R×f3 44.Ne5 N×b3+ 45.Kc2 Na1+ 46.Kb2 Rf2+ 47.K×a1 f6 48.Rb2! Rf1+ 49.Rb1 Rf2 50.Ng4 Re2 51.Rb2 R×e4希望获得车对车马，没有兵的残局。*）

44.R×b3 N×b3+，走向我们已经讨论过的一个残局中，白方有实际的获胜机会。在高水平棋手中，进攻方获胜的结果多于和棋。

39.Kh7 40.Rb8 Nd4（图265-2）

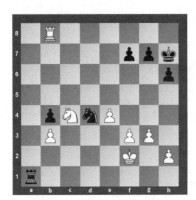

图265-2

图265-3

41.Nd2?

41.R×b4?给了黑方太多的反击机会：41.Ra2+ 42.Kf1 N×f3。

一个更积极的方法是：41.Nd6 f6 42.Ke3 N×b3 43.R×b4，具有实际的获胜机会，虽然防守方在同一侧翼能够用3个兵控制住4个兵被认为是一种成功。

41.Ra2?

黑方有极好的和棋机会，之后：41.Rh1 42.Nf1 N×f3，令人惊讶的是，黑方科尔奇诺依没有像这样走。相反，对局变得更加复杂，但对白方有利。

42.Ke3（图265-3）

42.Nc2+?

强制变化：42.Rb2 43.K×d4 R×d2+ 44.Ke3 R×h2 45.R×b4 h5应该尝试过。由于灵活的车在通路兵的后面，它给了黑方合理的和棋机会。显然，科尔奇诺依想要避免这样的被动延续，转而采用主动防御和计算过的风险。

43.Ke2

白方必须小心，43.Kd3 Ne1+，避免44.Ke2? N×f3!。这样的战术技巧在这类残局中很常见。

43.Rb2 44.Rd8! Na1

黑方无法利用d4格，这就是为什么他走到角格里，为了在对b3兵施加压力的情况下获得最大的灵活性。

45.Rd3 f6 46.f4

如果白方准备以46.Kd1开始攻击黑子，黑方回应：46.Kg6 之后的思路是：47.Kc1 Rc2+ 48.Kb1?，黑方强有力的应着：48.Rc3!。这样的变化在含有车和马的残局中，战术种类丰富，颇具启发性。

46.h5?（图265-4）

正确的走法是常规的：46.Kg8，接下来Kf7。

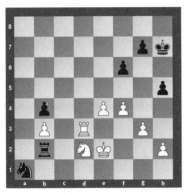

图265-4

47.Kg6 48.h4?

更关键的仍是e兵的挺进：48.e5 Kf5

（*48.f×e5 49.Kc1 Rc2+ 50.Kb1 Rc3 51.Rd6+展示了在第48回合把兵走到e5是重要的。*）

49.Kc1! Rc2+ 50.Kb1 Rc3 51.Rd5 Nc2

（*51.N×b3 52.e×f6+ K×f6 53.Ne4+再次展示战术！*）

52.e×f6+ Ke6（图265-5）

53.Rd6+

图265-5

54.Na3+ 55.Ka1 Rc1+ 56.Nb1 R×b1+ 57.Ka2 Rc1 58.f8Q+，白方升后，同时将军。

48.Kf7 49.Rd7+ Ke8 50.R×g7 N×b3 51.Nc4 Rg2（图265-6）

47.Kd1?

白方道托夫错过了一个获胜良机：47.e5!f×e5 48.f×e5 Kg6 49.Rf3！（白方切断了王的路线）49.Rc2

（*49.Nc2 50.Rf4 Ra2 51.e6 Ra7 52.Kd3，黑方的局面瓦解了。*）

50.e6 Rc7 51.Rf4 Re7

（51.Nc2 52.Nf3）

52.R×b4 R×e6+ 53.Kd3等。

（*53.f×g7? Na3+ 54.Kb2 Rc2+ 55.Ka1 Rc1+ 56.Nb1 R×b1+ 57.Ka2 Kf7 58.Rd4 Ra1+! 59.Kb2 Rb1+，一个难以置信的和棋，局面固有的相互的战术机会。*）

53.Kf5

（*53.K×d6 54.Ne4+ Ke6 55.N×c3 Na3+ 56.Kb2 K×f6 57.Nd5+*）

54.f7!

（*54.f×g7? Na3+ 55.Ka1 Rc1+ 56.Nb1 R×b1+ 57.Ka2 Rc1 58.g8Q Rc2+，黑方通过长将和棋。*）

图265-6

52.Ne3

52.Rb7 R×g3 53.Nd6+ Kd8

（53.Kf8?? 54.Rb8+，接下来击双得车。）

54.R×b4 Nc5，由于白方在王翼的弱兵，对局结果应该是和棋。

52.Kf8 53.N×g2

53.Rb7 R×g3，也是和棋。

53.K×g7

马残局很容易和棋，由于王和马的不利

位置，白方不能防守e4兵。

54.e5 Nd4 55.e×f6+ K×f6 56.Ne3 b3 57.Kc1 Ne2+ 58.Kb2 N×g3 59.K×b3 Ne2 60.Kc4，这里双方同意和棋。

正是通过非常积极的防御，科尔奇诺依设法和棋，他的马调动到棋盘角上的确令人印象深刻。这一课要学习的是，你无论何时走到这类残局，尝试查看局面中所有的战术。这样的残局在时间紧迫的情况下特别难以走出。

选局266

列科－亚当森

多特蒙德 1996

黑先（图266）

图266

这是一个具有启发性的局面，表明如果双方棋手各自都有一侧多兵，那么至关重要的是：更强的灵活性使多兵成为危险的资产。

32.Rd1+ 33.Re1 Rd2

通常，如果黑方的车更灵活，应避免与白方交换，但是在这个局面下，兑换之后发生的情况可能会有好处：33.R×e1+

34.K×e1 e4！。这是值得进一步分析的一着。

白方无法避免f4格被严重削弱，因为：35.Kf2 e×f3　36.g×f3 Kd6　37.Ke3 Ke5是强迫。然而，白方不得不小心。

如果他走：38.Be2，接下来c2-c3和b3-b4，他应该能和棋。

但是，看似无辜的38.c3?，败于兵残局，之后：38.Bd5！ 39.B×d5 K×d5。

选局267

接续上一个选局266：38.c3?分支变化的最后一步：39.K×d5

白先（图267-1）

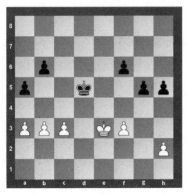

图267-1

不相信或不理解为什么这个兵残局白方会失败的读者应该更详细地了解它。黑方的计划是简单地走：b6-b5，接着a5-a4。在这样的情况下，黑方的威胁是双重的：

a）他想用王攻击c兵。

b）他想在王翼制造一个通路兵，并且将防守的王引诱到棋盘的另一侧。

与此同时，黑方拿下c兵和a兵，然后升变a兵。白方没有太多能做的事情。可能会走：40.c4+ Ke5！ 41.b4 f5 42.h3 h4！ 43.c5 b×c5 44.b×a5 f4+ 45.Kd3 Kd6，白方不能防御a兵或攻击c兵，因为g5-g4决定的突破。

34.Re2 Rd4 35.Kf2

35.h3会减慢黑方王翼兵的推进。然而，缺点是王翼的黑格弱点，这可能在未来会看到影响。

35.g4（图267-2）

图267-2

在这个局面中，很明显黑方王翼多兵，结合黑方灵活的车、象和王，比尚未开始前进的白兵更具危险性。

36.Bd3 h4!?

黑方计划用h4-h3在大斜线上摧毁白方的兵。正常的续着是活跃王。之后：36.Ke6，准备f5，用象将军37.Bc4+ Kf5 38.Bd3+ Kg5，它们帮助黑方把王置于多兵的一侧。黑方的思路是把王设立在f4，预备之后g×f3。

37.f×g4?!

缺点显然是黑方现在在e线有一个危险的通路兵。更聪明的防御是：37.Re3!，计划遇到37.h3，通过38.c3 Rd8 39.f×g4 h×g2 40.h4反击。

37.Rf4+ 38.Kg1 R×g4（图267-3）

39.c3?!

很容易理解为什么白方不愿意在后翼调动他的多兵，尤其是现在黑方已经建立了一个通路兵。然而，问题在于，由于c4格的弱点，在兵挺进到b4后，不会走远。从这个角度来看，最好用像39.Kf1或39.Rd2这样的着法来等待。

图267-3

39.Bd5! 40.b4 Ke6

黑方现在有一个非常强大的中心化局面，准备f6-f5。

41.Rf2（图267-4）

41.Ba6 f5 42.Rf2 Rg8，没有真正的区别。

41.Rg5

更有效的续着是：41.e4! 42.Be2 Rg7，由于黑方的局面更加灵活和中心化，所以不必担心多兵的调动。一个有启发性的变化如下：43.c4 Bc6 44.Bf1 a×b4 45.a×b4 f5 46.Rf4 e3! 47.R×h4 Ke5 48.Rh6 Be4 49.R×b6 f4，黑方获胜，因为f4-f3将要到来。

42.c4 Bc6 43.Bf1 a×b4 44.a×b4 f5 45.Ra2 f4

45.e4也是不错的。

46.Ra6 B×g2!

是时候收割了！

47.R×b6+ Kf5 48.Rb8 h3 49.c5 e4

图267-4

50.Rf8+

50.c6 e3　51.c7导致四步杀：51.Be4+　52.Bg2 R×g2+　53.Kf1 Bd3+　54.Ke1 Rg1#。

50.Ke5　51.c6 e3　52.B×g2 R×g2+　53.Kf1 Rc2　54.b5 Ke4

两个多兵都已经挺进地很远了，但决定性因素是黑方灵活的王和白方第2线的控制权。

55.Ke1　Kf3

菲利道尔大概会走：55.f3，这是最好的一着——在14步之内被强制将杀。

56.Kd1　Rc5　57.Ra8 Kf2

黑方按照不着急的原则行动。57.e2+更简单也更快。

选局268

鲍尔－弗莱尔

法国　2006
黑先（图268-1）

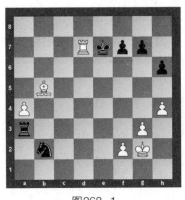

图268-1

根据实践经验，弗莱尔认为尽管白方有一个远方通路兵，但要在这样的残局中获胜并不容易。开放局面中所有防御的可能性都是值得的，记住这一点很有用。

41.Kf8!

41.Kf6向中心移动，但f7兵有问题，之后：42.Ra7，威胁Be8。

42.Ra7 g5

黑方给王一些呼吸，同时计划用g5-g4固定f2兵。

43.h×g5

白方不介意交换他的最差的兵，但是残酷的43.a5!值得认真关注。然后，43.g4

（43.g×h4　44.g×h4 Nd3　45.a6 Ne1+　46.Kf1 Nd3　47.Ke2 Nf4+　48.Kd2 Ne6

49.Bc4!）

44.a6 Nd3 45.Ra8+ Kg7 46.Re8! Nb4

（46.Nc5 47.Rc8! Ne6 48.Rc4）

47.Re7! Kf6 48.Rc7 Nd5 49.Rc6+ Kg7 50.Bc4 Nc3 51.Rc7，白方获得第二个兵。注意车和象在这些变化中表现出的完美合作。

图268-2

43.h×g5 44.a5 Nd3（图268-2）

45.Kf3

弗莱尔认为，白方能否赢得这个残局值得怀疑，45.B×d3 R×d3 46.Rb7 Ra3 47.Rb5 f6。照例，当两个子对两个子时，在交换之前，进攻方必须要小心。你应该只在确定会走向有利的残局时进行交换，否则你显然要避免交换。白方不应该过分担心王，而应该加强后翼的局势。

最强的续着是：45.a6! Ne5 46.Rb7 g4 47.a7 Kg7 48.Kf1 Nf3 49.Bd7 Ne5 50.Be6，接着Bd5获胜。

45.Nc5+ 46.Kg4 Ne6 47.Bd7 Nc5 48.Bc6 Nd3 49.Bd5 N×f2+ 50.Kf5

白方成功地获得了一个非常积极的局面，所以黑方必须精确防御才有机会能幸存下来。50.K×g5明显会遇到50.R×g3+的回应。

50.Rd3! 51.R×f7+ Ke8（图268-3）

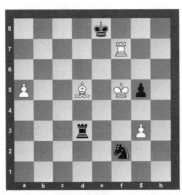

图268-3

52.Ke6

Fritz推荐漂亮的走法：52.Rh7! R×g3

（52.R×d5+? 53.Ke6）

53.Ke6 Re3+ 54.Kd6 Ne4+ 55.B×e4 R×e4 56.a6，白方获胜。

52.Re3+

52.R×d5? 53.K×d5 K×f7 54.a6。

53.Kf6

另一个获胜的续着是：53.Kd6 Ne4+ 54.Kc6 Ra3

（*54.N×g3，白方回应：55.Rf3!*）

55.Kb6 Nd6 56.Rh7。

53.Ng4+ 54.Kg7 Ra3 55.Rf5?

正确的是：55.Ra7 Kd8 56.Be6 Nf2 57.Bf5，白方胜。

55.Ke7 56.R×g5 R×g3!

56.R×a5? 57.R×g4 R×d5 58.Re4+，白方通过建立一个卢塞纳局面赢得了车残局。

57.a6 Ra3 58.R×g4 R×a6（图268-4）

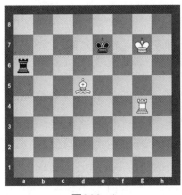

图268-4

著名的残局，车对车象，没有兵，我们已经在选局261~262讨论了获胜方式和和棋方式。不要忘记学习取胜和防御的方法，因为车象对车的残局，有兵的、没有兵的，在每63个对局中就会出现一次。如果你记住了这个没有兵的特殊残局，那么根据存在的资源，有可能拯救许多有难度的有兵残局。换句话说：即使棋盘上没有出现这个残局，当你计算变化时，它肯定也会现身。

59.Re4+ Kd7 60.Kf7 Ra1 61.Be6+ Kd6 62.Kf6 Rd1 63.Bg4 Rf1+ 64.Bf5 Rd1 65.Re6+ Kc5 66.Be4?!

66.Re8，保留了一些实际的获胜机会，但如果黑方采取相当容易的2线防御，这个局面当然会成为和棋。

66.Rd6，和棋。

我们可以从这个残局中学习的是，虽然白方有一个灵活的车和象，以及一个额外的兵，而且它还是一个边上的通路兵，但是想要获胜必须要下法精确。单靠后翼很难获胜，因此白方需要增加一个王翼的弱点。用车马，也许还要一个兵，黑方能制造出战术的可能性，让白方更难获胜。黑方实际上是通过在王翼交换兵奠定了基础，然后在所有兵都被交换掉之后设法幸存下来。

选局269

菲舍尔－泰曼诺夫

温哥华 1971

白先（图269-1）

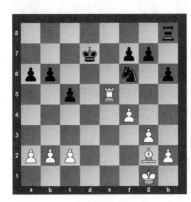

图269-1

车象对车马是最常见的残局，每方两个子，大约每11场对局就会出现1次。这样的统计信息意味着有必要对这个残局进行专门的研究，学习在这种子力关系下的下法原则。

根据一般原则，车象要强于车马，但是弗莱尔不同意这种表面的评估，因为与他的仔细调查不相符。当然，我们会怀着热情接受这个重要的知识，并且每当我们接触到这种残局时就会意识到它。首先，兵结构的微小变化或更灵活的王都可以极大地改变对这样局面的总体评估。

25.Bf1

在这里，象肯定比马强一些，因为有一个完全开放的中心和向两侧发挥的可能。现在象对f1-a6斜线施加压力，a6兵被迫宣布其意图。

马缺乏一个积极的前哨位置，因此对于黑方来说是一个难以处理的残局。当下两个子的棋局时，重要的是它们两个都要被有效地利用，因为如果其中的一个无效，仅仅因为这个因素就足以输掉对局。

防守方理想的情况是让他的马被放在d4上，而c2兵在c4上。这种变化不仅会显著改善马，还会使象变得更糟糕。马通常更喜欢封闭局面，或前线较短的局面。

25.a5 26.Bc4 Rf8

黑方的子放置的位置比白方的要被动得多。但是，黑方有一个更灵活的王。

27.Kg2

作为一项原则，王应该留在马的行动范围之外，以避免令人不快的击双。

27.Kd6 28.Kf3

现在，白方的王也活跃起来。

28.Nd7 29.Re3 Nb8

在这个局面中，由于e6格的弱点，很难通过将f兵放在f6格来释放车。

图269-2

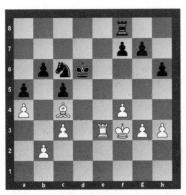

图269-3

30.Rd3+ Kc7（图269-2）

31.c3

一个典型的预防性着法，通过保护d4格来消除马带来的刺痛。注意，f4兵也控制了中心的一个重要格子，同样不适用于被放置在c6上的黑马。

31.Nc6 32.Re3 Kd6 33.a4

打破卡帕布兰卡著名的原则，将这个兵放在一个白格上是正确的，因为黑方没有办法攻击它。更重要的是固定b6兵，然后为未来通过b5入侵的王创造可能的格子。

33.Ne7 34.h3 Nc6（图269-3）

35.h4

白方按照不着急的原则走棋，这是在控制局面时重要的心理原则，可以在执行具体变化和具体突破开始之前让对手更加疲惫。

35.h5?!

黑方也打破了卡帕布兰卡著名的原则，但在这种情况下，h5兵是象或车的未来目标。最好走像35.Ne7这样的着法等待对局。

36.Rd3+ Kc7 37.Rd5 f5

现在黑方被迫在白格放置另一个兵，这只会让象更加开心。

38.Rd2 Rf6 39.Re2 Kd7 40.Re3 g6

白方可以轻而易举地挑衅这些弱点，终究无法避免。

41.Bb5 Rd6 42.Ke2 Kd8?!

42.Kc7 43.Rd3 Re6+，最好避免交换车。

43.Rd3!

这绝对是交换的正确时机，进入到象对马的有利残局中，因为黑方在棋盘的两侧都有明显的弱点。

43.Kc7　44.R×d6　K×d6

选局270

接续上一个选局269的最后一着44.K×d6

白先（图270-1）

图270-1

图270-2

45.Kd3 Ne7　46.Be8 Kd5　47.Bf7+

象不仅击中了g6弱点，还迫使黑方王走向局部。注意，兵之间的完美配合控制中心，象控制中心的白格。

47.Kd6　48.Kc4 Kc6（图270-2）

49.Be8+

白方再次利用象来使黑王转移。

49.Kb7　50.Kb5 Nc8　51.Bc6+

重要的将军。51.B×g6?? Nd6#，表明白方必须对这样的将杀非常小心！

51.Kc7　52.Bd5 Ne7　53.Bf7 Kb7
54.Bb3 Ka7　55.Bd1! Kb7　56.Bf3+（图270-3）

我们刚刚目睹了大斜线上的漂亮调动。当我们来到后残局，选局294~295时，将看到大斜线的重要性。我们要利用大斜线，总要考虑是否在棋盘上有象或后。

56.Kc7　57.Ka6 Nc8　58.Bd5 Ne7
59.Bc4 Nc6　60.Bf7 Ne7　61.Be8

这种残局很典型，根据两个弱点的原则，有象的一方胜有马的一方。黑方陷于楚茨文克。

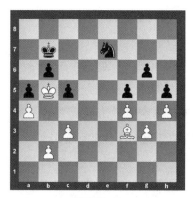

图270-3

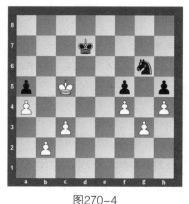

图270-4

61.Kd8

避免立即丢子的唯一着法，但是现在白方利用他更活跃的局面，接下来走出漂亮而有决定性的着法。

62.B×g6！ N×g6 63.K×b6 Kd7 64.K×c5（图270-4）白方用1个象换3个兵，仍然保持更加活跃的局面。

64.Ne7 65.b4！

这实际上是唯一可以获胜的一着，所以白方要花时间在他的这一侧。

65.a×b4 66.c×b4 Nc8 67.a5 Nd6 68.b5 Ne4+ 69.Kb6 Kc8 70.Kc6 Kb8 71.b6，黑方认输。

永远不要忘记这个经典！而且，最重要的是定期复习！菲舍尔最喜欢的子是白格象。你应该问问你自己：你最喜欢的是哪个子？

选局271

波罗刚－萨洛夫

法国 1999

白先（图271-1）

在每方都有两个子的残局中常见度排名在第三或第四位。每25场对局就会发生一次。需要考虑的重要一点是，如果对手缺乏反击并且无法产生威胁或灵活性，那么小的局面优势可能是决定性的。如果你背负着一个坏象，这种情况很可能会发生。

对局继续：**61.Rc5 Bd7 62.Bd3 Kd6**

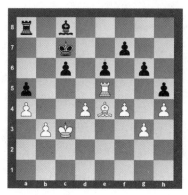

图271-1

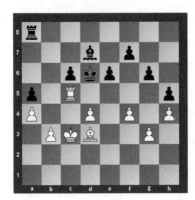

图271-2

图271-3

63.Bc4 Kc7 64.Re5 Kd6 65.Bd3 Kc7 66.Rc5 Kd6（图271-2）

白方按照不着急的原则走棋，但是王不可能进入到黑方的局面，白方如何以更具体的方式获胜呢？答案是白方只需要打开局面，利用他在机动性方面的优势。

67.b4!

交换黑方a5的弱点，并释放黑车，似乎与白方的立场是矛盾的，但这是有创造性的技术，会导致通路兵的危险情况，因此两个弱点的原则被提上日程。

67.a×b4+ 68.K×b4 Rb8+ 69.Kc3 Ra8 70.a5 Kc7 71.Be2（图271-3）

71.Rb8

71.Kd6白方能回应：72.a6，计划Kb4-a5，因此符合逻辑的续着是：72.Kc7 73.Ra5! Kb6 74.Kb4 Bc8 75.Ra3! B×a6

（按等待的下法：75.Ra7，恰巧遇到了76.Bc4 Ra8 77.Rb3!! B×a6 78.Ra3 Bb7 79.R×a8 B×a8 80.f5! g×f5 81.Be2白方在h线获得了一个通路兵。）

76.R×a6+ R×a6 77.B×a6 K×a6。

选局272

接续上一选局271，分支变化的最后一着：77.K×a6

白先（图272-1）

这个兵残局是一个很好的例子，表明王的灵活性有时比一个兵更有价值。

白方通过下面走法获胜：78.Kc5 Kb7 79.Kd6 Kb6 80.Ke7 Kb5 81.K×f7 Kc4 82.K×e6 K×d4 83.Kf6 c5 84.K×g6 c4 85.f5 c3 86.f6 c2 87.f7 c1Q 88.f8Q。后面的走法可以在后残局中获胜：88.Qe1 89.Qd6+ Kc4 90.K×h5

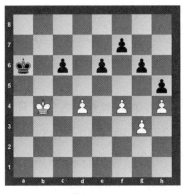

图272-1

接续上一选局271，主变的最后一着：

71.Rb8

白先

72.Rc4

白方计划把车放在通路兵的后面，但是允许黑方活跃车。这是有创造性的技术，但是也许不是最好的。可能的走法：72.Bd3 Ra8 73.a6 Kb6 74.Kb4，接下来Ra5，如之前提到的。

72.Rb1　73.Ra4　Rg1

73.c5 74.Rc4得兵；

而73.Kb8? 74.Rb4+ R×b4 75.K×b4走向了可获胜的象残局，之后的走法：75.Bc8 76.Kc5 Kc7 77.a6。

74.a6 Bc8 75.a7 Bb7 76.a8Q B×a8 77.R×a8 R×g3+ 78.Kc4 Kd7?

黑方应该继续走：78.Kd6，不允许王入侵c5。

79.Kc5?

更强的是：79.Ra7+ Ke8 80.f5!，如果80.e×f5，那么白方81.Kc5和Bc4。

79.Rh3?

79.Ke7! 80.Ra7+ Kf6

80.Ra7+ Ke8（图272-2）

81.f5!

兵的重要突破，对额外兵的利用。白方即将胜利。

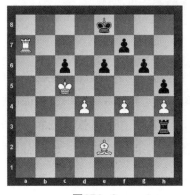

图272-2

81.R×h4

81.e×f5 82.Bc4;

81.g×f5 82.B×h5 R×h4 83.B×f7+ Kf8 84.B×e6。黑方的兵像多米诺骨牌一样倒下。

82.f×g6?

应该走82.f6!!，漂亮的变化立即决定对局的结果：82.Rf4 83.Kd6 R×d4+ 84.K×c6 Rd8 85.Bb5 Kf8 86.Kc7，车不能移动，只能覆盖底线。

82.f×g6 83.Bf3 Kf8 84.B×c6 Rf4 85.Ra1 Kf7 86.Re1 Rf5+ 87.Kd6

87.Re5也不错，足够取胜。

87.Rf4 88.Be4

88.Re4，是备选方案。

88.Kf6 89.Kc5 h4 90.Bc6 h3 91.Bd7 h2 92.R×e6+ Kg5 93.Re1 Rf2 94.Bc6 Kf4 95.d5 Rc2+ 96.Kb6 Rd2 97.Kc7 g5 98.d6 g4 99.d7 Kg3 100. d8Q R×d8 101.K×d8 Kf2 102.Rh1 g3 103.Ke7，黑方认输。

选局273

图克马科夫 – 沃伊特凯维奇

伯尔尼 1993

先手（图273-1）

图273-1

两车对两车的残局是第五个最常见的每方两个子的残局，它们要被重点研究，因为在每25场对局中就会出现1次。与单车对单车相比，获胜机会增加了。白方走了：35.Rbb7，降低黑方其中一车的灵活性，使其被动。

35.Rf8 36.g4!

这是防止黑方通过h6–h5和g7–g6建立强大的防御兵涛阵型的标准着法。

36.Ra4 37.h3（图273-2）

37.h5?!

此刻，没有理由削弱王翼，同时给白方更多的操作空间。37.Raa8!是最符合逻辑的一着，试图用Rac8交换一对车，但不能走Rab8?，因为 R×f7!。这种技巧在双车残局中很典型，必须时刻注意它们。白方实际上被迫让他的一个车离开第7线，除非他想按照卡帕布兰卡–杜拉斯/耶茨的模型为胜利而战。毕竟，白方的获胜机会因重要的g3–g4而有所提高。

38.g5!

图273-2

图273-3

38.g×h5 Rh4　39.Rc5 R×h3　40.Rb4 f5!，避免车被困。

38.g6　39.Kg2 Raa8　40.Rc6!

这个车在f6上有一个不错的前哨，同时避免强制的交换Rac8。

40.Rab8　41.Rbc7 Rb5　42.h4 Rb4 43.f3!（图273-3）

43.Rfb8

43.R×h4?　44.e4，威胁Rc1和Kg3，败于：44.Ra8　45.Rf6 Ra5　46.Kg3 Rh1　47.Rc×f7 R×g5+　48.Kf4，由于三步杀，黑方不能移动车。这种将杀结构也是典型的双车残局。

44.Rf6　R8b7?

保留f兵至关重要。现在白方的中心兵很容易决定对局结果。黑方的最后机会是：44.Rf8。45.e4 Rb5　46.Re7，白方的e5-e6无法避免。但是，如果黑方防守准确，走：46.Rb2+　47.Kg3 Rb3!，尚不清楚白方如何获胜。

选局274

接续上一选局273，分支变化的最后一着47.Rb3!

白先（图274）

这个局面和思路是非常重要的，一定要记住。对于灵活的车，其重要的位置是它对白方局面的唯一弱点f3兵施加压力的地方。这很重要，继续的着法展示：48.e5 Ra3　49.e6 f×e6　50.R×g6+ Kh8，现在白方必须通过走51.Rf6来处理f3兵。

然而，黑方有一个强制的和棋：51.R×f6　52.g×f6 Kg8　53.R×e6 Kf7　54.Re5 K×f6　55.R×h5 Ra1，以车和象前兵到达臭名昭著的和棋残局。如果你熟悉格利戈里奇-斯梅斯洛夫的对局，那么确保和棋并不难。

图274

接续上一局273，主变的最后一着44.R8b7?

白先

在对局中，黑方根本没有机会：45.Rf×f7 R×c7 46.R×c7 R×h4 47.e4 Kf8 48.Rc8+ Kg7 49.Rc7+ Kf8 50.Rc1 Rf4 51.Rc8+ Kg7 52.Rc7+ Kg8 53.Rc6 Kg7 54.Rc7+ Kg8 55.Kg3 Rf8 56.f4 Re8 57.Rc4 Rf8 58.Rc5 Re8 59.Kf3 Ra8 60.f5 Ra3+ 61.Kf4 h4 62.Rc8+ Kg7 63.f6+ Kf7 64.Rc7+ Kf8 65.Rg7

黑方认输。

选局275

伊万丘克 - 肖特

阿姆斯特丹 1994

白先（图275）

图275

白方伊万丘克走了25.h4!

较弱的后翼和e5上的孤兵不足以让白方获胜，因此他必须挑起第三个弱点。挺进h兵的思路是在h兵的帮助下，让g兵走到g6。白方必须扩大王翼才能获胜。那是唯一的机会。

25.Re8

黑方想进行四车交换，然后把王中心化到e6，快速走b7-b5和Nb7。这迫使白方走b2-b4，之后黑方c6-c5摆脱他的叠兵。自然地走法25.h5意味着黑方希望保持这个局面封闭，但是计划不是现实，因为白方可以及时地走g3-g4，在过程中活跃王。

26.g4

白方想把他的兵走到g5和h5，接下来Ng4，对e5兵施压。

26.Nb5?

白方在h5和g4的兵对抗黑方g7和h6的兵，导致白方能够用马占据f5格的结构。在f5交换之后，白方e4×f5，在王翼会多一兵。

27.R×f7 K×f7 28.Rf1+ Ke6 29.Nf5 Rg8 30.g5!

白方有一些实际的获胜机会。他梦想的计划是：Kg2-g3-g4，接着h4-h5和g5-g6，如果黑方在g6交换，然后白方继续Kg5和Rf1-h1-h7，对g7兵施压。白方在48回合获胜。

选局276

朱迪特·波尔加 – 拉奇克

多特蒙德　1990

白先（图276）

图276

蒂博·卡罗利写了一本很棒的书 *Judit Polgar—The Princess of Chess*，在波尔加-拉奇克的对局中，他在白方波尔加的 **22.Rad1!!** 后面放了两个感叹号。

他认为这是漂亮的一着，因为它是将e7车引入d7的自然技巧，以这种方式，通过把车走到c1，对c7兵施压，间接地保护d5兵。这个主题是罕见的，但是我们乐于了解它，因为想要正确地走动两个车，需要考虑所有的横线和竖线。

本能地走：22.Rfd1不起作用，因为在白方底线有将杀的威胁，22.Red7 23.Rac1 R×d5 24.R×d5 R×d5 25.Kf1 c6，白方少一兵。

22.Red7

如果黑方22.Bf8，不把d5兵放在火力之下，那么白方之后将改善她的车的位置：23.Rd3 Kg7 24.Rc1。

23.Rc1 Rf7　24.Rfd1

最终结果是白方通过巧妙地操控车获得了一先。

24.Rfd7 25.Kf1!

白方的每一步都在改善她的局面。

25.Kh8 26.Ke2 Bf8 27.Rd3 h6

27.Kg7 28.Ng5 Kf6 29.Ne6。

28.Rb3!

白方专注于b7的战术弱点。

28.Rb8

当然，如果黑方走28.b6，白方：29.Rc6。

29.Rc6 b×c6 30.R×b8 Kg7 31.d×c6 Rd4 32.Nd2 Rd6 33.Nc4 R×c6 34.b3

白方波尔加在68回合将她的优势转化为胜利。

选局277

马林 – 恩奎斯特

斯德哥尔摩 2001

白先（图277）

图277

白方刚刚走了克拉姆尼克的建议：20.Kb1，计划调动车Rc1-c6，结合Rb3。黑方走了20.a5，以便能够用Rac8回应Rc1，因为a7兵不再是没有保护的。这实际上是奥尼丘克的聪明想法，也准备了少兵进攻，为后翼制造弱点。

21.a3 Be7 22.Re1 Kf7?!

正确的是让王有最好的灵活性：22.Kf5，接下来g7-g5，h5-h4，践踏白王王翼上的兵。后来，我在与国际大师丹·克拉姆林的比赛中成功使用了这个思路。

23.Rc1 Rd7 24.Rc6 a4

白方的b2兵被固定，现在黑方可以关注未来的弱点。

25.Kc2 f5

白方马林指出，这一着法削弱了e5格和黑格大斜线，但是这个情况似乎还是可以下的。

26.Bd4 Bg5 27.Be5 Bh4 28.Rd2 Raa7 29.f4 Be7 30.Rd3 Ra8!?

30.Bf6，是为了和棋而进行的更积极的尝试。

31.Kd2 Kg8?!

这不仅是消极的，而且是无计划的。王最好被放置在f7上。

32.Rdc3 Raa7 33.Rg3 Bh4 34.Rc8+ Rd8 35.R×d8+ B×d8 36.Rd3 Bb6 37.Ke2 Rd7?!

让车灵活、积极很重要，正确的走法是：37.Ra5，不错的和棋机会，之后的走法：38.Rc3

（或者：38.Bd4 B×d4 39.R×d4 Kf7）

38.Bc5!

38.Rc3 d4?

转折点。38.Kf7 正确的和棋机会。

39.Rc8+ Kf7 40.Kd3 Ba7?

40.g6 41.Rc4 Ra7 42.B×d4 B×d4，不得不走。积极的a4兵原则上与后翼兵具有相同的价值。

41.Rc4

白方很容易获胜。

278～300　后残局

后残局的一个特点是：必须始终注意王的安全，尤其是当有更多的子与后配合协作时，例如一个或两个车。它们需要大量的计算，因此必须对最重要的局面进行研究，以便于更容易处理它们。

在这些局面中，无兵的后残局出现的频率很高，因为那样会更容易理解后的特殊性。更深层的知识被吸收，然后被比照用在其他局面中。重要的不是残局本身，而是对后与生俱来的能力的了解。

选局278

菲利道尔 1803

白先（图278）

图278

由于没有逼和的资源，白方很容易战胜中心兵（e兵、d兵）或马前兵（b兵、g兵）。

1.Qf8+ Kg2 2.Qb4

巧妙的一着，缩短阶梯。

2.Kf2 3.Qf4+ Kg2 4.Qe3 Kf1 5.Qf3+

这是要牢记的局面。黑王不能走到g1，被迫将王放到兵的前面。这给了白方时间改善王。

5.Ke1 6.Kb6 Kd2 7.Qf2 Kd1 8.Qd4+ Kc2 9.Qe3 Kd1 10.Qd3+

白方再次重复相同的模式，直到王离得足够近，才可以将杀。

10.Ke1 11.Kc5 Kf2 12.Qd2 Kf1 13.Qf4+ Kg2 14.Qe3 Kf1 15.Qf3+ Ke1 16.Kd4 Kd2 17.Qc3+ Kd1 18.Kd3 e1Q 19.Qc2# 或19.Qa1#。

选局279

洛力 1763

黑先（图279）

图279

1. Kc2!或1. Kc1!是正确的。把王放到兵前面是错误的：1. Ka1? 2.Kb6! Kb1 3.Kc5+，白王离得足够近，可以与后编织将杀网。例如，3.Kc1 4.Qa8 Kb2 5.Qg2+ Kb1 6.Kb4! a1Q 7.Kb3。新升变的后太笨拙，不能阻止将杀或丢后。

2.Qa6 Kb2　3.Qb5+ Kc2　4.Qa4+ Kb2　5.Qb4+ Kc2　6.Qa3 Kb1　7.Qb3+ Ka1

现在显然是进入角落的正确时机。白王距离太远，局面是和棋。

选局280

奥尔维茨 1965

白先（图280）

图280

后对兵通常是一场胜利，除非在第7线上有一个车前兵（a兵、h兵）或一个象前兵（c兵、f兵）。如果是这种情况，进攻方的王必须足够近才能获胜。奥尔维茨的研究显示了当兵在第6线时如何获胜。

1.Qh6!!

令人惊讶的是，这是获胜的唯一途径。谨防逼和陷阱：1.Qc2??或1.Qd3?? c2!一个基本的和棋。例如，2.Qa3+ Kb1 3.Qb3+ Ka1!。

1. Kb2

1. Kb1　2.Qb6+ Kc1　3.Qe3+（或3.Qg1+）

3. Kb2　4.Qd4!（或4.Qe5!），兵就像在主变中一样被牵制。

2.Qf6!

这是重点。当兵在第6线时，牵制它很重要！

2.Kc2

2. Kb3　3.Kg6 c2　4.Qa1!，简单获胜。

3.Kg6 Kd2　4.Qd4+ Kc2　5.Kf5，白胜。

选局281

比尔格尔 1843

白先（图281-1）

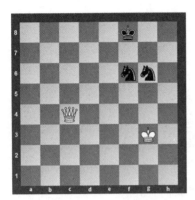

图281-1

我从帕赫曼的*Endspiel im Schach*研究这个残局，了解到它是和棋。但是根据Nalimov残局库分析，这个局面实际上是白胜的结果。从符合逻辑的1.Qc7!开始，43回合之内被强制将杀，这一步切断王的路线，使其处于底线。

根据帕赫曼和谢龙所说，白方应该走：1.Qe6?，但是这是和棋，后面的走法：1.Kg7。后在e6看起来很强。白方走了等着2.Kf3，现在根据残局库分析很容易出错。帕赫曼和谢龙分析：

2.Nh7?（*正确的是：2.Ng8!和棋。*）

3.Kg4 Nhf8 4.Qd6 Kf7 5.Qd5+ Kg7 6.Kg5?? 显然，帕赫曼和谢龙想展示两个马的实力，在6. Nh7+之后，黑方得后。最好的着法是：6.Qb7+!，展示了后的真正实力。在30回合强制将杀。

1. Ne7 2.Qb7

白方准备Kf4，远离可能的击双。

2.Nfd5（图281-2）

3.Kf3

去中心！

3.Kf7 4.Qb3 Ke6 5.Ke4 Kd6 6.Qd3 Ke6 7.Qh3+ Kd6 8.Qh6+ Kc5 9.Qf8

很难解释后移动的原因，因为这是计算机的暴力破解。

9.Kd6 10.Kd4 Ke6 11.Qh6+ Nf6 12.Qe3+ Kd7 13.Qd2 Kd6 14.Qb4+ Ke6

图281-2

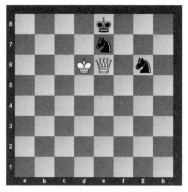

图281-3

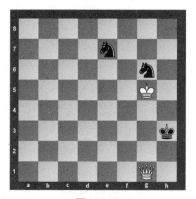

图281-4

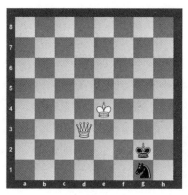

图281-5

15.Qb6+ Kf7 16.Qb3+ Ke8 17.Ke5

通过中心！我们当然可以看到白方已经成功挺进了王，现在接近黑方局面的心脏。

17.Nd7+ 18.Kd6 Kd8 19.Qd3 Nf8 20.Qd1 Ke8 21.Qe2 Nfg6 22.Qe6（图281-3）

白方现在的两个子都深入敌营。当两个马都处在彼此保护的位置时，进攻方就成功了，因为更容易将杀。黑方的马不再协调，只是互相踩着脚尖。

22.Kf8 23.Kd7 Kg7 24.Ke8

白王越来越深入黑方局面的大脑。

24.Kh6 25.Kf7 Kg5 26.Qe4

楚茨文克。

26.Nf5

根据残局库，这是最好的着法。人类的着法：26.Kh5 27.Qg2! Kh6 28.Qg3! Kh5 29.Qg1!! Kh4 30.Kf6 Kh3 31.Kg5（图281-4）

黑方陷于楚茨文克，因此不得不移动其中一个马。

27.Qg2+ Kf4 28.Q×g6 Nd4 29.Kf6

针对单马的获胜技巧，就像对待单王一样。白方要去将杀而不是吃马。

29.Ke3 30.Qe8+ Kf3 31.Qe7 Ne2 32.Qe5 Ng1 33.Qd4 Ne2 34.Qd3+ Kf2 35.Kf5 Ng1 36.Ke4 Kg2（图281-5）

37.Qd1 Nh3 38.Qf3+ Kh2 39.Ke3 Nf4 40.Qf2+ Kh3 41.Kf3 Nh5 42.Qg1 Nf6 43.Qg3# 将杀。

这个残局令人印象深刻的是进攻方如何在整个棋盘上使用后，尤其在底线的等着是漂亮的调动技术的关键部分。

选局282

帕赫曼

国际象棋残局练习 1977

黑先（图282-1）

图282-1

当马被象保护，而象被王保护时，防守方有建造防御堡垒的可能性。在接下来的局面中，如果白方小心地将象从b2移到a1，再移回到b2，以此类推，黑方就无法突破。

1.Kd3

黑王可以入侵d线，但没用。1.Qd1+ 2.Ka2 Qd3 3.Ba1 Qd2+ 4.Bb2（王在b1或a2与结果无关，因此4.Kb1也是和棋。）

2.Ba1

注意2.Kc1?是一个严重的错误，因为：2.Qa2!，白方输棋，之后走法：3.Nf3 Qc4+ 4.Kb1 Qc2+ 5.Ka2 Qa4+ 6.Ba3

（*6.Kb1 Qd1+，马丢了。*）

6. Kc2 7.Ne1+ Kc3，黑方威胁三步杀。

要学到的是，如果防守方在他的局面中缺乏协调，就会导致输棋。自1843年，比尔格用一项研究证明了这一点以来，就为人所知。一个著名的实际例子是帕赫曼-吉马德，1955。

2.Kd2 3.Bb2 Kd1 4.Ba1 Qb4+ 5.Bb2

虽然是5.Ka2，暂时将c1格让给黑王，但是在5.Kc1之后依然保持和棋。白方在e2或b3有一个救命的将军，然后把马返回到d4。

5.Kd2 6.Ka2（图282-2）

黑方不能改善他的局面。

自1903年以来，在卡斯泰特的一项研究中知道这是一个和棋。黑方能调动他的王回

图282-2

到c4，然后去b4和a4，但从另一个角度看，与我们已经见过的和棋相同。这是一个值得记住的重要防御堡垒，马和象表现出了协调性。注意，马被置于与象相同颜色的格子上，这样可以控制相反颜色的格子。

要记住，在对局的其他阶段，这也是有用的结构。它之所以重要的原因在于3种力量的和谐展示，尤其是象和马之间的和谐。残局本身并不常见。当我是一个初学者时只遇到过一次，并设法用后获胜。

选局283

洛力　1763

白先（图283-1）

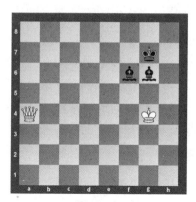

图283-1

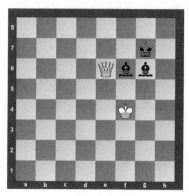

图283-2

如果进攻方没有办法破坏黑方建立的和谐或者用王入侵，则后对双象是和棋。

1.Qd7+ Kf8

1.Bf7?是一个严重的错误，因为白方立即用2.Kf5破坏了黑方的力量。2.Bc3获胜的最短变化是：3.Qa7! Bb2 4.Qb6 Ba3 5.Qb7! Bc5 6.Qb2+ Kf8 7.Qb8+ Be8 8.Ke6，在几着之内黑方的c5象会丢掉。

另一种王的移动是1.Kg8和1.Kh8，和棋。

但是不能走1.Kh6？因为在黑方的局面中和谐被打破。这在2.Qc7之后很明显，22回合强制将杀。如果你有兴趣更详细地研究如何获胜，可以查阅Nalimov残局库。

2.Qe6 Kg7 3.Kf4（图283-2）

3.Bh7!

这是保持平衡的唯一一着。

4.Qd7+ Kg8

4.Kg6，也是和棋，但是更复杂。最好按照轻原则（"保持简单！"）进行防御。

5.Qg4+

5.Kg4唯一的回应着法是：5.Bg6。对于防守方来说，这种设置非常容易被记住。白方不可能用王入侵或用后破坏力量。

5.Kf7

如果白方走法中立，黑方把象走到g6，就建立了众所周知的局面。

选局284

菲利道尔 1777

白先（图284-1）

图284-1

图284-2

要获胜白方必须到达相同的局面，创造一个轮到黑方行棋的楚茨文克局面。

1.Qe5+ Ka7 2.Qa1+ Kb8 3.Qa5

在三角形调动（调动：从a5到e5再到a1，回到a5，三角形的运动）的帮助下，黑方被迫将车从王那里移开，然后白方在将军的帮助下强制得车。

3.Rb1 4.Qe5+ Ka7 5.Qd4+ Ka8 6.Qh8+（图284-2）

6.Ka7

避免丢车的唯一方法是：6.Rb8，但是之后7.Qa1#。

7.Qh7+

白方下一步得车，接下来快速将杀。

选局285

格利戈里耶夫 1917

黑先（图285）

图285

格利戈里耶夫在这个局面中，通过车在h3和e3之间来回摆动获得和棋。黑方无法使王进入第3线，除非防守方帮助你，否则不可能制造一个楚茨文克的情况。

1.Kf4+ 2.Kh2 Qg4 3.Re3 Kg5 4.Rh3 Kh5 5.Re3 Qf4+ 6.Kg2 Kg4 7.Rb3 Qd2 8.Re3 Qd5+

8.Qd4 9.Rh3是和棋。

注意不要犯同样的错误，就像1982年蒂曼与纳恩对局所做的那样，白方走了9.Kh2??，不得不在9.h3之后认输。白方陷于楚茨文克，没有解救自己的办法：10.Kg1 Qd1+ 11.Kh2 Qf1或者10.Rg3+ Kf4。

9.Kh2 Qc6

9.Qc4，威胁楚茨文克10.Qf1，显然可以被10.Kg2阻止。

10.Rh3 Qh6 11.Kg2

这个局面是和棋，是需要记住的重要局面。11.Re3 h3，但是没关系，之后：12.Rg3+ Kf4 13.R×h3，很容易的和棋。

选局286

阿维尔巴赫 – 邦达列夫斯基

莫斯科 1948

黑先（图286-1）

谢龙发现可以用巧妙的60.Qg6+!来破坏白方局面的和谐。

60.Ke6?实际是由邦达列夫斯基走出的，引出了格利戈里耶夫在1917年的著

图286-1

名研究，他发现当防守方用车控制第3线时局面是和棋。对局继续：

61.Rh3 Qe4+ 62.Kh2 Kf6 63.Re3 Qd5 64.Rg3 h5 65.Re3 Kg5 66.Rg3+ Kf4 67.Re3 h4 68.Rh3 Qb7 69.Re3

（*69.R×h4+? Kf3*）

69.Kg4 70.Rh3 Qb1 71.Kg2 Qb7+ 72.Kh2 Qc7+ 73.Kg2 Qc2 74.Re3，对弈者同意和棋。

61.Kh2

61.Kf1 Qf5黑方阻止车抵达第3线。62.Rh2 Qf3 63.Kg1 Qd1+ 64.Kg2 Qg4+ 65.Kf1 h5 66.Rh1

（*66.Rg2 Qd1#*）

66.h4 67.Rg1 Qd1+ 68.Kg2 h3+ 69.Kh2 Qf3，黑方得到f2兵。

61.Qf5 62.Kg3

62.Kg2 Qg5+ 63.Kh3 Qg1

62.Qe5+（图286-2）

63.Kf3

63.Kh3 Qg5 64.Rg4 Qf5 65.Kg3 h5 66.Rh4 Qg5+ 67.Kh3 Qg1 68.R×h5+ Ke4，白方已经失去了局面的和谐，完全失败了。

63.Qg5 64.Rh3

64.Rg4 Qh5 65.Kg3 Qh1

64.Kd4 65.Rg3

65.Rh2 h5 66.Rg2 Qh4

65.Qd5+

黑方利用白王没有被放在车后面的事实。

66.Ke2 Qh1

黑方已经为h兵升后做好了一切准备。

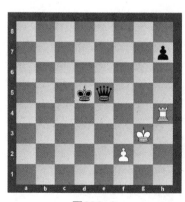

图286-2

选局287

洛力　1763

白先（图287）

一个相对常见的情况，防守方已经使一个车前兵升后，而进攻方拥有更活跃的局面，且轮到行棋。如果王和后足够近，它们可以建立将杀。

1.Qd1+ Kb2

1.Ka2输得更快：2.Qa4+ Kb2 3.Qb4+ Ka2 4.Kc2。

2.Qc2+ Ka3 3.Qc5+!

这是应该记住的思路。黑方失去后或者屈服于将杀。

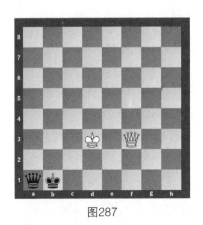

图287

3.Ka2 4.Qc4+ Ka3 5.Qa6+ Kb2 6.Qb5+

后以阶梯形路线调动，越来越近。

6.Ka3

6. Kc1 7.Qc4+ Kb2 8.Qb4+。

7.Qa5+ Kb2 8.Qb4+ Ka2

8. Kc1 9.Qd2+ Kb1 10.Qc2#

9.Kc2 Qc3+

最后的把戏总是要发挥出来的。

10.K×c3，白方下一步将杀。

选局288

卡尔森 - 阿罗尼扬

埃利斯塔 2007

白先（图288-1）

在过去，当封棋在比赛日程中时，这个局面很可能已经被议和，无须进一步发展。当黑王控制兵的封锁格时，这是理论和棋。但是，根据今天的时间控

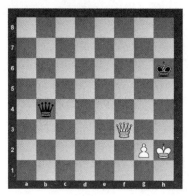

图288-1

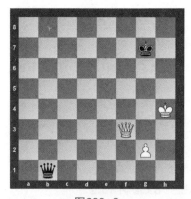

图288-2

图288-3

制，你应该继续下这个残局。和棋并不容易。看看阿罗尼扬在面对卡尔森时如何捍卫和棋。

69.Kh3 Qb1

用69.Qd4把后中心化看起来更简单，但由于时间紧张和疲劳的出现，很容易对兑换后的各种可能性感到压力。

70.Qf6+ Kh7 71.Qf3

注意，卡尔森并不着急，因为防御比进攻更难。

71.Kg7 72.Kh4（图288-2）

白方尽量避免移动g兵，以确保获得一个可取胜的兵残局，在兑换之后机会出现。阿罗尼扬的计划只是简单地让王跺脚。

72.Kh7

72.Qh7+ 73.Kg3 Qg6+ 74.Qg4 Kh8!是可下的，但是它只会改善白方的局面，75.Kh4。然而，这个局面仍然是和棋。

73.Qf7+ Kh6 74.Qh5+ Kg7 75.Qg4+ Kh7 76.Qh5+ Kg7 77.Qe5+ Kh7 78.Qd5 Kg7 79.Qd4+ Kh7 80.Qd7+ Kh8

80.Kh6 81.Qc6+ Kg7 82.Kg5，威胁Qf6+，随后Qg6+，但是黑方会通过将后放到合适的格里，轻松避免这种情况的发生。

81.g4 Qh1+ 82.Kg5（图288-3）
82.Qc1+??

这步将军是致命的败着。82.Qe4中心化，仍然是保持和棋的关键。一个有趣的变化是：82.Qa8 83.Qf5 Qg8+ 84.Kh6 Qg7+ 85.Kh5 Qf7+ 86.Q×f7，逼和，得益于王在角落里。

83.Kg6 Qb1+ 84.Qf5，黑方阿罗尼扬认输，因为无法阻止换后或将杀。

防守方要记住，让白王在棋盘上走得太远是非常危险的，因为那时黑方需要精确的防守。

不要忘记与电脑一起练习这个残局。在有限的时间里这并不容易。

选局289

里比利 - 斯帕斯基

蒙彼利埃 1985

白先（图289-1）

图289-1

图289-2

残局库众多颠覆性的发现之一是它分析了两个额外的兵——车前兵和马前兵是理论和棋。

这里白方走了83.h6（图289-2），威胁将杀。

里比利的建议是83.Qe4，计划g3-g4，根据残局库，最简单的是83.Qc3，和棋。

83.Qb2

83.Q×h6+?走向失败的兵残局，之后：
84.Qh4 Kg7

（或者84.Qh7 85.Kg4! Q×h4+ 86.K×h4 Kg8 87.Kg5 Kg7 88.g4）

85.Q×h6+ K×h6 86.Kh4 Kg6 87.Kg4。

84.Kh4

84.Qg7+ Q×g7 85.h×g7+ K×g7，和棋，因为白方无法取得对王。然而，g2兵是另一回事，在这种情况下，黑方的下法会有所不同。

84.Qh2+（图289-3）

85.Kg5?

局面是和棋，更好的是：85.Qh3，但是为什么要让防守方这么容易呢？根

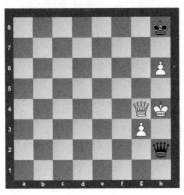

图289-3

据残局库，黑方走85.Qf2!和棋。

（85.Qd2?，失败，之后：86.Qe6 Qd8+

【86.Kh7 87.Qf7+ K×h6 88.Qh5+ Kg7 89.Qg5+，白方兵残局获胜。】

87.Kh5 Qd1+ 88.g4 Qh1+ 89.Kg5

【当然不能走89.Kg6?， 89.Q×h6+ 90.K×h6，逼和】

89.Qc1+ 90.Kf5! Qc2+ 91.Qe4 Qf2+ 92.Kg5! Qd2+ 93.Qf4 Qd5+ 94.Qf5 Qg8+

95.Kh4!，白方胜）

关键是之后的86.Qe6 Kh7，白方无法强制换后。

85.Q×h6+，和棋，由于逼和。

学习如何防御这个残局的最好也是唯一的方法就是与计算机对战。

选局290

西奥卡茶－恩齐克

莫斯科 1956

黑先（图290-1）

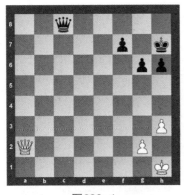

图290-1

黑方应该按照三步计划下这个残局：

（1）将后中心化。

（2）挺进王进入对方的领地。

（3）f兵的挺进决定对局结果。

对局继续：

52.Qc1+ 53.Kh2 Qf4+ 54.g3

帕赫曼和阿维尔巴赫相信在这一步之后黑方的获胜机会增加，但是如果白方走法正确依然可以保持和棋。事实上，利用放在g3和h4的兵，白方想和棋毫无问题，但是f3格应该得到照顾，如果白方不小心，黑方可以利用它。

根据帕赫曼的说法，后残局的黄金原则是确保王的安全，这就是白方应该更喜欢54.Kh1的原因。阿维尔巴赫也更喜欢这一着，它是更安全的选择。缺点是黑方有一个替代计划，挺进王，推进g兵到g3，制造底线的将杀威胁。吉丁斯推荐54.Kg1，但是王在这里稍微暴露了一些，有沿着经典的斜线（a7-g1）进行的中心将军，因此帕赫曼和阿维尔巴赫的推荐更加精确。

54.Qf3

后站在了极好的进攻位置，同时也防守f7兵。

55.h4 h5

根据德沃列茨基的说法，如果白方不允许黑王渗入白方的局面，那么此局为和棋。

56.Qd2 Kg7 57.Qd4+ Qf6 58.Qd2（图290-2）

58.Qe5

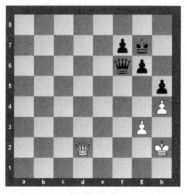

图290-2

后的中心化是后残局中非常重要的原则，因为它使对手更难以进行烦人的将军。第一步已经完成，黑方正在为下一步做准备：王的挺进。

59.Kg2 Kf6!

黑方的目标是渗入白方的局面中，白方必须阻止。

60.Qd8+ Kf5 61.Qd7+ Qe6 62.Qb5+ Qe5

62.Ke4？ 63.Qe2+ Kd4 64.Qd2+ Kc4 65.Qc2+ Kb4 66.Qd2+ Ka4 67.Qd4+。

63.Qd7+ Qe6 64.Qb5+ Kf6 65.Qg5+ Kg7 66.Qd2

到目前为止，白方防守得很好，因此黑方必须尝试其他方法。

66.Qc4!（图290-3）

后的好地方，准备再次挺进王。

67.Kh2?!

当其他更简单的选择可用时，白方没有

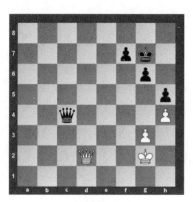

图290-3

必要下得那么消极，例如，67.Qb2+、67.Qd6或67.Qd8，有效地阻止了黑方活跃他的王。这个错误可能与在这种后残局中低估了进攻方灵活的王的价值有关。

67.Kf6! 68.Qd8+ Ke6 69.Qe8+ Kf5

黑方兵链的薄弱环节，即f7兵，由中心化的后保护。这是黑方能够推进王的必要条件。

70.Qd7+ Ke4 71.Qe7+ Kd3（图290-4）

黑方的关键思路是将他的王放在白王的附近。这将使黑方可以把后置于与王相同的线上，从而缓解将军的影响。

72.Qa3+ Kc2 73.Qe7?

73.Qd6?本来可以阻止黑王通过d线，但仍然会输，因为：73.Qe2+，接着换后。例如：74.Kh3 Qe6+ 75.Q×e6 f×e6，一个可以获胜的兵残局。

73.Kd1 74.Qd8+ Ke2 75.Qe7+ Qe6 76.Qb7 Kf2!

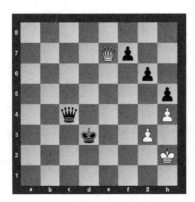

图290-4

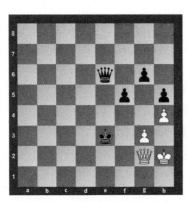

图290-5

现在黑方的王已经足够接近白王了。

77.Qg2+

77.Qb2+ Qe2是黑方努力追求的典型思路。黑方将杀或换后。

77.Ke1 78.Qg1+ Ke2 79.Qg2+ Kd3! 80.Qf3+ Kd2 81.Qf4+ Ke2 82.Qc7

是时候进行第三步了。

82.f5

当王彼此靠近时，防御的可能性会更差，但白方仍然可以通过精确的走法保持和棋。

83.Qc2+ Kf3 84.Qg2+ Ke3（图290-5）

85.Qb2

如果85.Qg1+ Kd2

（这里吉丁斯推荐：85.Ke2 86.Qg2+ Kd3 87.Qf3+ Kd2 88.Qf4+ Ke2 89.Qc7 Qe4!，但是之后90.Qc1!，局面仍然是和棋。）

86.Qd4+ Ke2 87.Qb2+ Kf3 88.Qg2+

【*88.Qc3+? Qe3!*，不要忘记这个重要的思路！

（*88.Kf2? 89.Qd2+ Qe2 90.Qf4+ Ke1+ 91.Kg1!*）

89.Qc6+ Qe4 90.Qc3+ Kf2 91.Qd2+ Kf1! 92.Qc1+ Qe1，黑胜。注意，黑方的后应该放在第1线或第3线，以便从反将中受益。】

88.Ke3 89.Qg1+，和棋。

85.Qc4 86.Qa3+ Qd3 87.Qc5+?

87.Qa1!，根据纳恩的说法是和棋，87.Qa7+也是如此。

87.Kf3（图290-6）

黑方将要获胜。

88.Qc6+

88.Qg1 f4!第三步的高潮彻底摧毁了白方的局面。89.g×f4

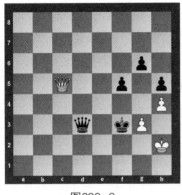

图290-6

（*如果89.Qg2+ Ke3 90.Qg1+ Kd2 91.g×f4 Qe2+*，由于更灵活的王，黑方在即将到来的兵残局中获胜。）

89.Qc2+ 90.Kh1 Qe4! 91.Qg5 Qb1+ 92.Kh2 Qc2+ 93.Kh1 Qc1+ 94.Kh2 Q×f4+，根据恩奇克的分析，黑方胜。

88.Qe4 89.Qc3+ Kf2 90.Qc5+ Qe3 91.Qc2+ Qe2!

现在可以将后置于第2线，并应用反将，在f4的将军不可用。

92.Qc6 Kf1+

92.f4 93.g×f4 Ke3+，根据第三步也很容易获胜。

93.Kh3 Kg1!

王长征的高潮。

94.Qc5+ Qf2 95.Qe3! f4!!，白方认输。

第三步的高潮是以最具破坏性和最漂亮的方式进行。95.Q×e3??显然会导致逼和。白方最后的希望破灭了。

一个非常有启发性的残局表明进攻方的王越灵活，防御就越困难。

选局291

阿廖欣 – 雷谢夫斯基

阿罗夫锦标赛，荷兰 1938

白先（图291-1）

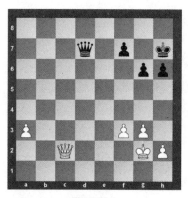

图291-1

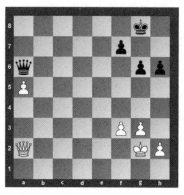

图291-2

根据阿维尔巴赫的说法，就像这里一样，当进攻方削弱了他的王的位置时，防守方就会有很好的和棋机会。第2线是弱的，白王要想更安全，兵应在f2而不是f3。

44.Qa2 Kg8

黑方防守兵位置中最薄弱的环节，同时避开黑格大斜线。

45.a4 Qc6 46.a5 Qa6（图291-2）

相比车残局，防守方可以暂时被动地把后放到通路兵的前面。当白方力争把后走到b6时，通常会带来烦人的将军。在车残局中，开始挺进王很容易，但在这里，暂时没有作用。

47.g4

白方在使他的后变得灵活之前，要改善他在王翼的局面。47.Qd5，允许47.Qe2+ 48.Kh3 h5和棋，因为白方不可能改善他的局面。例如，如果白方走49.Qe4，黑方回应：49.Qf1+ 50.Kh4 Qb5，不可能留下通路兵。一个有趣的陷阱是：51.Qa8+ Kg7 52.a6? Qe2 53.Kh3? Qf1+ 54.Kh4 Qg2，黑胜。后残局和车残局之间的主要区别之一是，在前者中，进攻方在为胜利而战时必须更加小心。

47.g5 48.Kf2 Qd6 49.Kf1 Qa6+ 50.Kg2 Kg7 51.Qb2+ Kg8 52.Qb8+ Kg7 53.Qe5+ Kg8 54.Kf2 Qa7+ 55.Ke2 Qa6+ 56.Kd2 Qc4!

黑方切断了白王的路线，因此它不能进入c线。如果白方设法在他的王、后和a兵之间建立配合，那么黑方输棋的风险就会大大增加。

57.Qf5?

这是一个错误，之后这个局面被迫和棋。更好的是57.Qc3或57.h3。

57.Qd4+ 58.Ke2 Qb2+ 59.Kd3 Qb3+ 60.Ke2 Qb2+，和棋。

有一个远方通路兵的后残局的主要原则是你的王的位置要相对安全，或者你能建立子力之间配合。如果不是，那么这种类型的残局通常是和棋收场。

选局292

阿廖欣 – 尤伟

诺丁汉 1936

白先（图292-1）

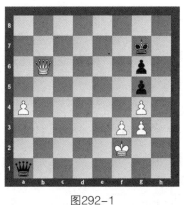

图292-1

在比赛手册中，阿廖欣评论说，计划是在适当的时候挺进兵到a5和f4。但是，从长远来看，只有一种获胜的方式，那就是及时地活跃王。

56.Qb4 Qh1

56.Qa2+，事实上帮助了白方改善局面。57.Ke3，进一步将军57.Qe6+ 58.Kd3 Qa6+导致无处可去，之后：59.Qc4，因为：59.Qd6+，在60.Qd4+之后没有可能了。

57.Qe1 Qh2+ 58.Ke3 Kh7 59.a5 Qa2 60.Qd2 Qa1 61.Ke2 Kh6（**图292-2**）

61.Qe5+ 62.Kf2 Qc5+ 63.Kg2 Qc4 64.f4，导致与对局中相同的走法。

62.f4!

白方的走法很有启发性。白方想把兵走到g5，然后逼黑王到第8线。接着，白方朝着通路兵挺进王。

62.g×f4 63.g×f4 Qa4 64.Kf2

白方不着急，走64.g5+，事实上是可能的，因为64.Kh5，白方回应：65.Kf3！

图292-2

图292-3

Qa3+

（65.Qc6+ 66.Kf2）

66.Qe3 Q×a5 67.Qe2!!

（67.Kg3??，导致逼和，之后67.Q×g5+! 或67.Qe1+!）

67.Qa3+ 68.Kg2+ Kh4 69.Qf3 Qa2+ 70.Qf2+ Q×f2+ 71.K×f2，白方在兵残局中获胜。

64.Kh7 65.g5! Qa3

黑方想要在第3线上切断白王的路线。

66.Qd7+ Kh8 67.Qc8+ Kh7 68.Qc7+

后的极好格子，它执行3个任务：黑方的王被切断，实施对2个兵的保护。

68.Kh8 69.Ke2（图292-3）

最后，白王靠近a兵。

69.Qa2+

等待策略不起作用，之后的走法：69.Kg8 70.Kd2 Kf8

（或者70.Kh8 71.Qc3+）

71.Qd8+ Kg7 72.Qf6+ Kh7 73.a6，黑方不过是被迫将军白王。但是，这将无济于事，因为在所有将军结束后，白方将在第8线找到保护。

70.Ke3 Qb3+ 71.Kd4 Qb4+ 72.Kd5 Qb5+

72.Kg8 73.a6!兵不会被吃掉，之后：73.Qb5+ 74.Kd4 Q×a6 75.Qc4+。出现的兵残局对于白方来说是如此的强大，以至于即使没有f兵也能获胜。

73.Kd4

73.Kd6更精确，例如：73.Qd3+ 74.Ke7，但是阿廖欣想用最安全的方式获胜，而不是最快的方式。

73.Qa6

73.Qb4+ 74.Ke5 Qb5+ 75.Kf6 Qf5+ 76.Ke7 Qf8+!，对黑方来说是一个典型的逼和思路，并且可以解释为什么他坚持让王留在角落里。然而，这不是和棋，因为白方可以走：77.Kd7获胜，但是它证明了王要抓住g6兵并不容易。

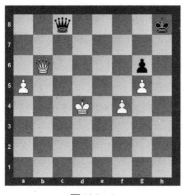

图292-4

74.Qb6 Qc8（图292-4）

75.Qd6!

也许这是过度细化，因为75.a6完全可以下。尽管如此，后的中心化仍是一种很好的技术，记住它非常有用。

明显不能走：75.Q×g6??，当黑方可以随心所欲地将军白王时，不必担心后吃兵。

75.Qc2　76.a6 Qd2+　77.Ke5 Qc3+ 78.Ke6 Qc8+ 79.Ke7

一切按照计划进行，现在黑方尤伟必须防御第8线的将军。

79.Kh7　80.Qd7 Qc3 81.Ke6+，黑方认输。

因为在f6格将会换后。

选局293

萨米什 – 马罗茨

卡尔斯巴德 1929

白先（图293-1）

图293-1

根据弗恩和德沃列茨基的说法，这个残局是和棋。但是斯皮尔曼认为白方有很好的获胜机会。无论伟大的残局专家怎么说，在这类残局中每个人都应该很小心，因为后的存在。实际上，这个残局可能是输棋，即使是像拉尔森和凯列斯这样高水平的对局中也发生过，如选局298。

46.Qc7+ Kg8　47.f3 Qd3　48.e4 Qd2 49.Kh2 Qb2 50.Qg3 Kf7　51.f4

这个兵的挺进并不一定准备e4–e5，但它准备f4–f5，因为黑方在对局早些时候用h5削弱了局面。

51.Qe2　52.Qb3+

图293-2

52.e5?!不会导致任何实质性的事情，之后：52.Qe4。很快，白方被迫吃掉f6，从而使黑方的防御任务更容易。

52.Kf8?（图293-2）

马罗茨处理后残局的专家，他犯了一个不寻常的错误。应该走：52.Ke7。

53.Qb8+?

白方出人意料地忽略了强大而自然的走法：53.Qe6!，准备e4-e5，同时威胁吃掉f6兵将军。

53.Kf7 54.Qc7+ Ke6

唯一的一着，否则白方以极好的效果推进e兵。

55.f5+ g×f5 56.Qc8+ Ke7 57.Q×f5

尽管黑方的兵位置分散，但它是很强的，因为白方不能制造出一个通路兵。

57.Kf7 58.Kh3 Qd3+ 59.Qf3 Qd7+ 60.Kh2 Qb5!?

60.Kg6看起来更重要，因为白方现在获得了他的通路兵。然而，这个局面仍然是一个相当简单的和棋。

61.g4 h×g4 62.Q×g4

虽然白方的通路兵是边兵，但是黑方必须小心，不要让白王渗入他的局面。

62.Qb2+ 63.Kg3 Qc3+ 64.Qf3 Qc7+ 65.Kg4 Qd7+ 66.Kh5 Qe8!

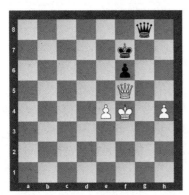

图293-3

一步好着，盯上了微微暴露的白王。

67.Qf5 Qh8+ 68.Kg4 Qg8+ 69.Kf4（图293-3）

69.Qg1?

一个关键的错误让白方把王挺进到黑方更深的领地。69.Qg2不会允许，因为：70.Qd7+ Kf8 71.Kf5?? Qh3+，黑方获胜。

一个更简单的和棋：69.Qb8+，思路是：70.e5 Qb4+ 71.Qe4 f×e5+ 72.K×e5 Q×e4+

图293-4

73.K×e4 Kg6。

70.Qd7+ Kf8（图293-4）

70.Kg6不可能，71.Qg4+，走向一个可获胜的兵残局。

71.Qd5?

71.Kf5 Qf1+ 72.Kg6是为获胜而走出的最有逻辑的着法。72.Qg1+ 73.K×f6 Qb6+ 74.Qe6 Qf2+ 75.Qf5，黑方除了认输没有任何有价值的续着。

71.Qg6

黑方阻止对方王进一步挺进。

72.h5 Qh6+ 73.Kg4 Ke7

最简单的和棋是：73.Qg7+ 74.Kf5 Qh7+ 75.K×f6 Qh6+，伴随将军吃掉h5兵。

74.Qc5+ Kd7 75.Qf5+ Ke7 76.Qf4 Qg7+ 77.Kh4 Qg2 78.h6 Kf7 79.Qc7+ Kg8 80.Qd8+ Kh7 81.Qe7+ K×h6 82.Q×f6+ Kh7 83.Qf7+ Kh8 84.Qh5+ Kg8!

84.Kg7? 85.Qg5+ Q×g5+ 86.K×g5，幸亏可以对王，白方获胜。

85.Qf5

这个局面是和棋，但由于某种原因，马罗茨在这一刻输掉了。估计他输在了时间上。注意，85.Qg4+ Q×g4+ 86.K×g4 Kf8!，将走向另一个重要的局面，曾在兵残局中介绍过。

选局294

雷谢夫斯基 – 法恩

诺丁汉 1936

黑先（图294-1）

在比赛手册中，阿廖欣认为，如果黑方把王走向中心，阻止了未来在d线上的通路兵，那么防守会很容易。暴露的白王也会帮助到黑方，给他反击的机

351

图294-1

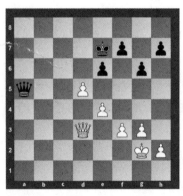

图294-2

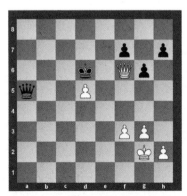

图294-3

会。弗恩不同意，他认为白方有很好的获胜机会。通常，兵越多，获胜的机会就越大。相比四兵对三兵的情况，五兵对四兵更容易获胜。

38.Qa1 39.Qe5+ Kg8 40.Kg2

白方阻止黑后占据另一个角。在这种情况下，h2兵不得不移动，从而在g3制造了一个明显的弱点。

40.Qe1

在白方心脏位置的黑后是强大的。

41.Qb8+ Kg7 42.Qb2 Kg8 43.Qc2

白方明智的调动计划是e2-e4，然后d4-d5，黑方必须对此做出反应，尝试封锁d5的兵。

43.Qb4 44.Qd3

把后放到未来通路兵的后面是明智的。

44.Kf8 45.Kh3 Qa5 46.e4 Qh5+ 47.Kg2 Qa5 48.d5 Ke7（图294-2）

49.Qd4!

将后放在一条大斜线上是掌握后残局的重要手段。在克拉姆尼克和亚当斯（局面295）的对局中，我们将再次接触这个思路。

49.e×d5 50.e×d5 Kd6

根据阿廖欣的计划，弗恩下得很有侵略性，但是并没有阿廖欣想象得那么容易。

51.Qf6+（图294-3）

51.K×d5

聪明的走法：51.Kc5!!，在棋盘上肯定不容易找到。主要变化的走向：52.Qe7+ Kb5 53.d6 Qd2+ 54.Kh3 Qh6+ 55.Qh4

（55.Kg4?? f5#）

55.Qd2 56.Q×h7 Qd5! 57.Kh4 Q×f3

58.Kg5 Kc6，黑方完成了和棋。这种变化证明了 阿廖欣的独创性评论是正确的，即黑方应该积极地运用王，但是变化本身不容易掌握。

52.Q×f7+ Kd4

52.Kc6更精确，因为：53.Q×h7 Qa2+　54.Kh3 Qe6+　55.g4 Qf6!　56.Qh4 Q×f3+　57.Qg3 Qf6，有一些和棋的机会。

53.Q×h7?

后在这里变得颠沛流离，黑方的灵活性造就了严重的反击。正确的是：53.Qd7+! Ke3　54.Qe7+ Kd3

（54.Kd4? 55.Qe4+强制换后，简单获胜。）

55.Qe4+ Kd2　56.f4，不错的获胜机会，因为黑方被切断了路线，同时白方每一步都在改善他的局面。

53.Qa2+　54.Kh3 Qe6+　55.g4 Ke3!　56.Qb7 Kf2!　57.Qb8 K×f3　58.Qf8+ Ke2　59.Qf4?

59.Kh4!，更有野心。

59.Qd5!

黑后在这个中心格上太强了，白方没有办法改善局面，双方同意和棋。

选局295

克拉姆尼克 - 亚当森

维克安泽 2000

白先（图295）

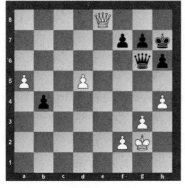

图295

在这个令人兴奋的局面中，克拉姆尼克有两个通路高兵，而黑方只有一个。最直接的胜利是：45.d6! b3

在45.Q×d6　46.Qe4+之后，我们有下列分支走法：

a）46.g6　47.Qb7，这个局面的价值在于它展示了白格大斜线的重要性。在这条斜线的帮助下，白方不仅能保护王免受烦人的将军，还能支持a兵。

b）46.f5 47.Qb7。

c）46.Qg6 47.Q×b4 Qc6+ 48.Kh2

［48.f3?，导致类似情况发生的还有局面：291，阿廖欣和Reshevsky（雷谢夫斯基）的对局，通过削弱王的位置，设法和棋。］

48.Qf3 49.Qb6，白方轻松获胜。

46.d7 Qc6+ 黑方理解大斜线的重要性，但屈服于通路兵。

47.Kh2 Qf3 48.Qe1 Qd3 49.a6，黑方认输。

黑方意识到49.Q×d7 50.Qb1+，是毫无希望的。

选局296

鲁宾斯坦 – 卡帕布兰卡

圣彼得堡 1914

黑先（图296-1）

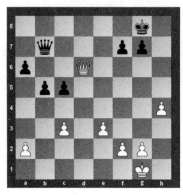

图296-1

黑方少一个兵，c5兵受到攻击。白方的后比黑方的更灵活。黑方唯一幸存的机会是利用在后翼多的兵，使其变成通路兵。在后残局中，黄金原则之一是拥有一个通路兵比多一个甚至几个兵的子力优势更加重要。

27.b4！（图296-2）

极好的一着，它利用了黑方比白方更容易制造一个通路兵的事实。

28.Q×c5

其他的选择是：

a）28.c×b4，遇到了：28.Q×b4! 29.Q×a6 c4，黑方的通路兵比白方的危险得多。30.Qa8+ Kh7 31.Qe4+ Kg8 32.Qe8+ Kh7 33.Q×f7 c3，由于致命的通路兵，迫使白方进行长将。

b）28.c4!? 也许是一个更好的获胜尝试。尽管如此，黑方仍有很好的和棋机会，之后：28.Qc8

图296-2

图296-3

图296-4

（塔拉什推荐：*28.Qa7*，准备*a5*，*a4*和*b3*，能够遇到：*29.Qd8+ Kh7 30.Qa5*，但是之后黑方有强大的*30.Qe7 31.Q × a6 Qe4*，局面和棋。在不失去后翼的一个兵，给黑方创造一个通路兵的情况下，白方不可能移动后，如果白方走了*32.h5*，黑方可以走*32.Qb1+*来等待，*33.Kh2 Qe4*。）

29.Qb6 Qf5!（**图296-3**）

灵活性不仅在车残局中重要，而且在后残局中也很重要。黑方不会被动地防御他的兵，而是不惜一切代价在后翼得到一个通路兵。30.Q × a6 Kh7!，黑方少两个兵，但仍然有时间确保王的安全并撤出第8线，以避免给白方一个可能的将军，获得先手。31.Qa7 f6!，否则白方下一步将走e3-e4，迫使黑方放弃c5兵或f7兵。

32.Qe7 Qb1+ 33.Kh2 Q × a2 34.Qe4+ Kh8 35.Qe8+ Kh7 36.Qh5+ Kg8 37.Q × c5 b3，黑方的通路兵太危险，白方迟早会被迫走出长将。

28.b × c3 29.Q × c3 Qb1+ 30.Kh2 Q × a2

黑方的通路a兵相比白方在王翼的四对二多兵更具危险性，因此白方被迫寻找长将。

31.Qc8+ Kh7 32.Qf5+ g6 33.Qf6 a5 34.g4 a4 35.h5（**图296-4**）

35.g × h5

35.a3，看起来像将杀，之后36.h6，但是黑方有挽救的着法：36.Qb2!

（不能走*36.K × h6? 37.Qh8+ Kg5 38.Kg3*，黑方必须放弃他的后，以避免下一步将杀。）

355

36.Qf5+

如果白方走得太过消极：36.g×h5，黑方应着：36.Qd5!。现在37.h6?没有可能将杀，因为37.Qh5+ 38.Kg3 Qg6+，黑胜。

36.Kg7 37.Qg5+ Kh7 38.Q×h5+ Kg7

在这，对弈双方同意和棋。

在主变中，我们看到黑方在a线上获得了一个危险的通路兵，同时在边上黑方还有b线或c线通路兵。在哪条线上制造通路兵没什么关系，重要的是它是一个通路高兵，可以抵消子力欠缺并提供一个平衡的局面——因此，为了迫使对手走出长将，通路兵是必要的。如果无法制造一个通路兵，那么获得好的和棋机会的另一种方法是交换后翼的所有兵，并在王翼尝试用3个兵对抗4个兵。

目前的著作把后和车的残局归类为"NQE"（"Not Quite an Endgame"），发音为"nuckie"，使用弗莱尔引入的术语，我反对斯皮尔曼的定义，他说这应该被视为中局。毕竟，后和车的价值是9+5=14，而不是13，这是斯皮尔曼对残局的巧妙定义。然而，这个残局显然是一个边缘的案例。

选局297

弗莱尔 – 勒热纳

法国 1995

黑先（图297-1）

如果一方多一个兵，但王更加暴露，通常这种情况不可预测。在实践中，这意味着如果对手王的位置更差，通常可以看作一个兵的落差。

36.Rc1 37.Qd8+

37.Q×a7 Qg5看起来很危险，但根据电脑显示这个局面是平衡的，之后：38.Ke2，白方的后不能保护王。

37.Kh7 38.Qd7 Qc5+（图297-2）

38.Qe5? 39.Qf5+ Q×f5 40.e×f5，是一个有利的车残局，由于多兵和灵活的王。

图297-1

图297-2

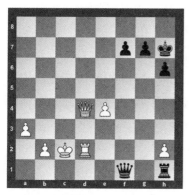

图297-3

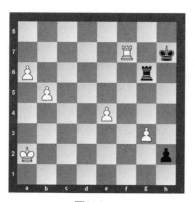

图297-4

39.Qd4?!

可以理解白方兑换后的愿望。更好的
是：39.Kg3 Qe5+ 40.Kh3 Qh5+ 41.Kg2 Qg5+
42.Kh3 Qh5+，长将和棋。

39.Qg5

39.Qh5!，稍微多一点测试。

40.Ke2 Rh1?!

安静的移动：40.a5! 更好。白方暴露的王
不会逃跑。黑方是灵活的，这种预防性着法针
对的是白方的多兵。梦想是把兵走到a4。

41.Kd3 Qh5　42.Q×a7 Q×f3+

42.Rc1!?指出重心为王而不是物质的多
少。一个合理的回应是：43.Qf2 Qb5+ 44.Ke3
Qc5+ 45.Ke2 Qc4+ 46.Ke3 Qc5+，和棋。

43.Qe3 Qf6　44.Qd4 Qf1+　45.Kc2（图
297-3）

45.Qb1+?

中局/残局的转折点。45.Qa6会使白方更
难保护他的王。46.Kb3

（*46.Qd3 Qa4+*）

46.Ra1，拒绝白王相对安全的a2格，黑
方可以继续后的将军，以保持平衡。

46.Kb3 Rf1

46.Re1 47.Qd3 Q×d3+ 48.R×d3 R×e4
49.a4白方轻松获胜。

47.Qd3 Q×d3+

47.Qc1，给黑王带来麻烦，之后：48.e5+
g6 49.e6。黑方能回应：49.Rf6，但是之后：
50.Qc3 Q×c3+ 51.K×c3 R×e6 52.a4，黑方
处境很难。

48.R×d3 g5　49.a4 h5　50.a5 g4　51.Ka2 Rf6　52.Ra3 Ra6　53.b4 h4

54.b5 Rg6 55.a6 g3 56.h×g3 h3 57.Rf3 h2 58.R×f7+（图297-4），黑方认
输。

由于黑方错失了几次好机会，这场比赛的结果肯定是不可预测的。

选局298

拉尔森 - 凯列斯

圣安东尼奥 1972

白先（图298-1）

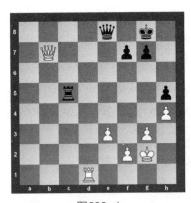

图298-1

相比其他残局，在同一侧，进攻方4个兵
对3个兵，对局可能会很尖锐。白方额外的兵
并不容易利用，这个特殊的残局甚至被拉尔
森输掉了！这说明了重子残局下起来是很困
难的。你必须时刻注意王的位置。

31.Rd6 g6

黑方已经建立了兵涛，如果白方通过交
换进入车残局，那么它是最好的防御结构。
作为一项原则，白方应该避免车的交换，进

入到后残局是最坏的情况，但是最好的情况是保持所有的重子在棋盘上。

32.Rd7 Qe6 33.Rd8+ Kg7 34.Qb4

如果白方发现有必要换后，那么他必须至少要得到一个通路兵，就像后面
的变化一样：34.Qb2+ Qe5 35.Qd4。

如果白方把他的重子集中到第8线：34.Qb8，在一系列的走法之后，黑方有
坚固的防御：34.Qe4+ 35.Kh2 Rc2 36.Rg8+ Kh7 37.Rh8+ Kg7，等。

34.Qc4 35.Qb2+ Qc3 36.Qb7 Rf5 37.Qe7 Qb2

重子的典型下法，相互威胁王的位置。

38.Qf8+ Kh7

注意b2上强大的黑后，攻击对方的王，防御自己的王。

39.Qg8+ Kh6 40.Rd2 Qg7

当然不能走40.Q×d2?? 41.Qh8#。

图298-2

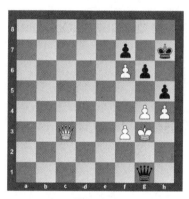

图298-3

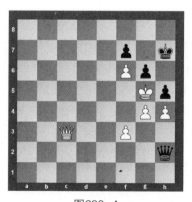

图298-4

41.Qa8 Kh7

41.Qc3 42.Rd5 R×d5 43.Q×d5，提供比车残局更好的实际获胜机会。

42.e4（图298-2）

42.Qc3!

这是唯一的着法。42.Re5?会输棋，之后：43.Rd7 Re6 44.Qb7 Kg8（44.Rf6?，e兵决定了结果：45.e5 Rf5 46.e6。）

45.Qc8+ Kh7 46.Rc7!一个非常好的想法。立即威胁：Q×e6。46.Rf6

（46.R×e4? 47.Qb7立即输棋；

46.Re5也会输棋，之后：47.Qb7 Kg8 48.Qb8+ Kh7 49.R×f7）

47.Qb7! Kg8

（47.Kh6 48.e5 Rf5 49.f4，不能走49.e6? Qf6!。）

车被困住了——48.e5 Re6 49.Qc8+ Qf8 50.Qd7 Qg7

（50.Re8防御底线，但是之后：51.e6!黑方在第7线和第8线的弱点一目了然。）

51.Q×e6 f×e6 52.R×g7+ K×g7 53.Kf3，白方兵残局获胜。

43.e×f5 Q×d2 44.Qb7 Kg8 45.f6

45.f×g6 f×g6 46.Qe4，白方的获胜机会明显更少了。

45.Qd6 46.Qc8+ Kh7 47.Qc3 Qd5+ 48.f3 Qa2+ 49.Kh3 Qb1 50.Kg2 Qa2+ 51.Kf1 Qa6+ 52.Ke1 Qe6+ 53.Kf2 Qa2+ 54.Kg1 Qb1+ 55.Kg2 Qa2+ 56.Kh3 Qb1 57.g4 Qh1+ 58.Kg3 Qg1+（图298-3）

59.Kf4?

从表面上看，很难相信活跃王会是一个错误，但它确实是一个错误，而且是要记住的、非常具有指导意义的错误。和棋必须接受59.Kh3。

59.Qh2+ 60.Kg5?（图298-4）

60.Ke3 Q×h4 61.g×h5 g×h5 62.Qd3+ Kh6 63.Qd8是更好的和棋机会，但不可否认，白方f6兵是一个弱点，黑方的通路兵很危险，所以和棋仍然不容易。

60.Qg3!

在这个强大的一着之后，白方彻底输了。这太不可思议了，但是国际象棋充满了这样的奇迹，我们必须逐一的学习它们并做好准备，对例外知识的了解最好与其他的分开。

61.Qe3 h×g4 62.Qf4 Q×f3 63.Q×g4 Qe3+ 64.Qf4 Qe2 65.Qg3 Qb5+ 66.Kf4 Qf5+ 67.Ke3 Q×f6 68.Qg5 Qf1

拉尔森走出了最好的防御着法，但是无济于事。68.Q×g5+? 69.h×g5 和棋。

69.Qg4 Qe1+ 70.Kd3 Qe6 71.Qf4 Kg7 72.Qd4+ f6 73.Qb4 Qf5+ 74.Ke2 Kh6

白方的王被切断路线，黑方将很快拿下h4兵。

剩下的无须评论：

75.Ke1 Kh5 76.Qc4 Qg4 77.Qc5+ K×h4 78.Qe7 Qf5 79.Qb4+ Kh5 80.Qc4 g5 81.Qf7+ Kh4 82.Qf8 Kg3 83.Qa3+ Qf3 84.Qd6+ Kg2 85.Qd2+ Kh3 86.Qd7+ f5 87.Qg7 g4 88.Qh8+ Kg3 89.Qe5+ f4 90.Qb8 Qe3+ 91.Kd1 Kg2，白方认输。

原则上，防守方应该争取换后，如果无法做到，那么第二好的就是换车。进攻方试图保留后和车，同时引入第三个进攻者，最好是e兵。其他兵应该保护王避免受到反击。

我们现在转向进攻方有局面优势的两个局面：第一种情况，我们讨论的是孤兵；第二种情况，我们讨论的是如何通过中心的意外突破来获得更加积极的局面。

选局299

吉里－多明格斯·佩雷斯

诺维萨德 2016

白先（图299-1）

图299-1

图299-2

黑方刚刚走了28.f5，阻止白方e3-e4得兵。这样进一步削弱的着法（第2线变得脆弱）是典型的针对有一个孤兵的局面。当棋盘上只有重子时，由于d线的强大压力，孤兵实际上会变得更弱。

29.h4!

白方计划将兵推进到h5，以固定g7兵并且人为的孤立f5兵。

29.Rd7 30.Qc3!

后的很好的调动，利用黑方不能用车在c线进攻它。

30.Kf7 31.h5（图299-2）

两个弱点的原则在这里清晰可见。f5和g7都是潜在的未来弱点，还有d5和一定程度上的a7，所以黑方实际上有4个弱点。

31.Qf6 32.Rd4

注意，当车移动到第4线时，如何使用调动格d4？当对抗几个弱点时，d4支点上变化的子是典型的调动。

32.Ke7

通过将王置于暴露的位置，黑方可能会面临第5个弱点，即王本身。最安全的下法是：32.Kg8，接着Kh7。当与后和车一起时，王的安全是第一要务。

33.a4!

白方想要澄清情况并在后翼制造一个具体的弱点。

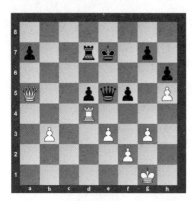

图299-3

图299-4

33.Qe5 34.a5 b×a5 35.Q×a5（图299-3）

在这里，可以清楚地看到黑方有4个兵的弱点。因为白方有更灵活的子，所以黑方很难全部防御它们。黑方还必须考虑王的安全，这当然必须算是第5个弱点。

35.Qe6 36.Rf4 Qe5?

最好的防御是：36.Kf8!，思路是：37.g4? Kg8 38.g×f5

（38.R×f5 d4反击）38.Qf7 39.Qb5 Rb7 40.Qd3 Rd7 41.Qd1 Rd6 42.Qf3 Rf6，白方的子试图防御王翼的兵。

37.Qc5+ Ke6 38.Qc8 Ke7 39.Qc5+ Ke6 40.Qc6+ Ke7 41.Qg6 Qf6（图299-4）

在这里，白方必须做出重要的决定，是下车残局还是保持后在棋盘上。

42.R×f5!

白方吉里强制过渡到技术上可以获胜的车残局，其中g6兵为f7提供了前哨。另一种选择是：42.Qh7 Ke6 43.Ra4（43.Qg8+ Qf7），继续针对黑方的许多弱点进行调动。黑方可以尝试 43.Qf7坚持。

42.Q×g6 43.h×g6 Ke6 44.Rf8 h5 45.Kg2 d4 46.e×d4 R×d4 47.f4 Rd5 48.Rf7 Rb5 49.R×g7 Kf6 50.R×a7 K×g6 51.Ra6+ Kg7 52.Kh3 R×b3 53.Ra5，黑方认输。

选局300

罗森塔利斯 – 恩奎斯特

陶比 2009

白先（图300-1）

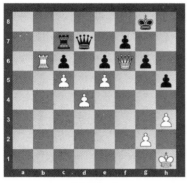

图300-1

图300-2

52.Rc8 53.e6

另一个强大的突破：

53.f×e6 54.Q×g6+ Kh8

54.Kf8 55.Rb3 Ke7 56.Rf3

我必须承认，我完全忽略了这个巧妙且看似不可能的着法：

51.d5!!（图300-2）

第二天，有人告诉白方，卡斯帕罗夫曾下过类似的棋，黑方有3个棋子能吃到d5。

51.e×d5

51.Q×d5 52.Rb8+导致三步杀。

51.c×d5白方可获胜的回应：52.Rd6!

（但是不能走*52.Rb8+? Rc8 53.R×c8+ Q×c8 54.Qe7 d4 55.Qd6 d3 56.c6 d2 57.c7 Q×c7!*。）

客观地说，51.Rc8是最好的，但是从长远来看，白方在d6有一个受保护的兵，下这个局面是徒劳的。黑方几乎无法移动，有3个弱点都远离他消极的重子：如果黑方想调动王到h6，则必须注意c6兵，d6兵受到监视，尤其是f7兵必须受到保护。

52.Rb8+!

52.e6 Qe8 53.e×f7+ R×f7 54.Q×g6+ Kh8 55.Q×h5+ Kg7 56.Kh2!。

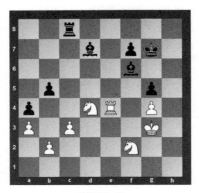

图300-3

（*56.Rb7 Rc7 57.Qg7+ Kd8 58.Qf8+ Qe8 59.Rb8+，12步杀。*）

56.Kd8 57.Rf7。

55.Q×h5+ Kg7 56.Rb4 Rf8

如果：56.d4 57.Qe5+。

57.Rg4+ Kf6 58.Rf4+ Ke7 59.Qh7+ Ke8（图300-3），黑方认输。

"不可能的突破"这个主题的迷人之处在于它非常不寻常。但它在我身上发生过两次，而且还是同一个对手！事实上，它发生在2006年最后一天在斯德哥尔摩的一场比赛中。

罗森塔利斯走出了令我震惊的着法：43.b4?!

如果我走44.a×b4？，黑方走44.a3 45.b×a3 R×c3+，接着46.R×a3。

在对局中，我走了44.c×b4 Kf8 45.Nd3 Rd8，对局处于动态平衡状态中。尽管如此，我在大约63回合还是输了，我对不可能的着法43.b4!?印象深刻，如同使用双象的完美技术。

关于兵的突破还有另一件事，有一本书叫作《弃兵》，由国际大师蒂莫西·泰勒撰写，他记录了各种弃兵的情况。尽管如此，他还是忘记或错过了"不可能的突破"，至少有两个兵能吃掉弃兵。他提到了两个例子，罕见的突破类型，与王的进攻和开放线相关，但是没有进一步调查。在这些收集的重要选局中，103、198、244、256和272包含了令人惊讶的兵突破。不要忘记它！正如尼姆佐维奇在他的著名的书中写到的那样，仅仅束缚一个兵是不够的，必须永远封锁它以终止其扩张的欲望。